【目　次】

共通論題

共通論題① 国際通商法秩序の現状と将来を考える
―― 反グローバル化と不確実性に抗して

座長コメント ………………………………………… 中川淳司　1

アジア太平洋における地域的な通商法秩序の構築に向けた動き
　　　　　　　　　　　　　………………………… 菅原淳一　10

米国トランプ政権の通商政策と日本の対応 ………… 梅島　修　31

Brexit と英 EU 通商交渉の行方 ……………………… 中村民雄　54
―― 英国・EU 包括的経済政治連携協定？

国際通商秩序の今後について ………………………… 西脇　修　75

共通論題② WTO 上級委員会のマンデートを再考する
―― 張勝和委員再任問題を契機として

座長コメント ………………………………………… 荒木一郎　91

WTO 上級委員再任拒否問題を再考する …………… 伊藤一頼　97
―― 司法化の進展とその政治的統制の相克

WTO 紛争解決手続における先例拘束原則 ………… 玉田　大　116

WTO における「訴訟経済」の行使の機能 ………… 清水茉莉　138
―― false か否かの境界線から

自由論題

EU カナダ包括的経済貿易協定（CETA）の批准と
　国際経済法，EU 法，およびベルギー法 ………… 東　史彦　165

EU 国際不法行為法における当事者自治の部分的排除 ………… 福 井 清 貴 186

植物検疫上の国際紛争の解決 ……………………………………… 舟 木 康 郎 205
　── WTO 紛争解決手続を使用しないという選択

文献紹介

Marion Jansen, Joost Pauwelyn, and Theresa Carpenter (eds.),
　The Use of Economics in International Trade and Investment Disputes
　……………………………………………………………………… 阿 部 克 則 224

Heejin Kim,
　Regime Accommodation in International Law:
　Human Rights in International Economic Law and Policy
　……………………………………………………………………… 関 根 豪 政 228

Michelle Limenta,
　WTO Retaliation: Effectiveness and Purposes …………… 菊 間 　 梓 233

Catherine A. Brown,
　Non-discrimination and Trade in Services: The Role of Tax Treaties
　……………………………………………………………………… 田 村 暁 彦 238

Christian Riffel,
　The Protection Against Unfair Competition in the WTO Trips
　Agreement: The Scope and Prospects of Article 10 Bis of the
　Paris Convention for the Protection of Industrial Property
　……………………………………………………………………… 小 嶋 崇 弘 244

Jorun Baumgartner,
　Treaty Shopping in International Investment Law
　……………………………………………… ウミリデノブ・アリシェル 249

Kathrin Betz,
　Proving Bribery, Fraud and Money Laundering in International
　Arbitration: On Applicable Criminal Law and Evidence
　……………………………………………………………………… 内 田 芳 樹 253

中村達也
　『仲裁法の論点』………………………………………… 小川和茂 258

寺井里沙
　『国際債権契約と回避条項』…………………………… 福井清貴 263

2017年貿易・投資紛争事例の概況

WTO紛争事例 ………………………………………………… 伊藤一頼 269
投資仲裁決定 ………………………………………………… 福永有夏 274

　編集後記 ………………………………………………………………… 283

共通論題① 国際通商法秩序の現状と将来を考える——反グローバル化と不確実性に抗して

座長コメント

中川淳司

　英国のEU離脱（Brexit）とトランプ大統領のTPP（環太平洋パートナーシップ）離脱表明を契機として，国際通商法秩序が大きく揺らいでいる。1980年代初頭以来，市場原理に基づく規制緩和を進め，金融自由化や貿易自由化を推進して経済のグローバル化を先導し牽引してきた英米両国がグローバル化に逆行する方針を打ち出したことで，国際通商法秩序の将来に対する不確実性と不透明性が高まった。先進国と新興国の対立等のためにWTOのドーハ交渉が行き詰まったことから，主要国は2010年代に入ってTPP，東アジア地域包括的経済連携（RCEP），環大西洋貿易・投資パートナーシップ（TTIP）等の広域FTAの交渉に通商政策の軸足を移してきた。しかし，Brexitと米国のTPP離脱により，広域FTAを通じた国際通商法秩序の刷新という動きが停滞するおそれが出てきた。

　アジア太平洋では，米国のTPP離脱により，TPPの拡大を通じたアジア太平洋自由貿易圏（FTAAP）の形成というシナリオの先行きが不透明になる一方で，RCEPや日中韓FTAの交渉が進展する見込みは立っていない。米国トランプ政権は，北米自由貿易協定（NAFTA）の再交渉，TPPに代わる二国間の通商交渉等の方針を表明しているが，それらがいつ，どのように実行されるかは，アジア太平洋，さらには世界の通商法秩序の今後の動向を大きく左右する。英国はEUとの間でEU離脱の条件や離脱後の英国EU通商関係について交渉している。交渉の方向性についてはいくつかの選択肢が議論されているが，交渉の結果によっては，英国とEUの通商関係だけでなく，英国に進出している日本企業等にとっても大きな影響が及ぶことになる。

　英米の動きを契機として，国際通商法秩序の将来に対する不確実性と不透明

共通論題① 国際通商法秩序の現状と将来を考える

性が高まった現在，国際通商法秩序の現状と課題を正確に把握するとともに，国際通商法秩序の望ましい将来像を構想し，予想される多様な選択肢や岐路に対応しながらそれを実現する戦略を構築する必要がある。本企画は，国際通商法秩序の現状と課題につき，アジア太平洋や欧州の地域的な通商法秩序，米国トランプ政権の通商政策等に焦点を当てて多角的に検討を加え，合わせて国際通商法秩序の刷新に向けた日本の課題を検討することをねらいとした。報告者の氏名（所属）と報告のタイトルは，報告順に以下の通りである。菅原淳一会員（みずほ総合研究所主席研究員）「アジア太平洋における地域的な通商法秩序の構築に向けた動き」，梅島修会員（高崎経済大学教授）「米国トランプ政権の通商政策と日本の対応」，中村民雄氏（早稲田大学教授）「Brexit と英 EU 通商交渉の行方」，西脇修氏（経済産業省通商政策局通商機構部参事官）「国際通商秩序の今後について」。

　菅原会員の報告は，APEC（アジア太平洋経済協力）が1989年に発足して以来のアジア太平洋における地域的な通商法秩序形成の動きを回顧し，その現状を評価するとともに将来の発展の方向を考察する。

　APEC は1994年にボゴール宣言を採択し，先進国は2010年，発展途上国・地域は2020年までに自由で開かれた貿易・投資を実現するという目標を掲げた。しかし，貿易・投資の自由化方針をめぐる対立のため，早期自主的分野別自由化（EVSL）の協議は1998年に決裂した。代わって，2000年代は二国間 FTA の動きが活発化したが，域内の FTA 件数の増大に伴い，FTA の錯綜がいわゆる「スパゲティボウル」現象を引き起こすことへの懸念が産業界等から上がった。2004年に APEC ビジネス諮問委員会（ABAC）は APEC 参加21カ国・地域によるアジア太平洋自由貿易圏（FTAAP）の実現可能性の検討を APEC 首脳に提言し，米国が2006年に同構想への支持を打ち出したことで，FTAAP 構想の実現に向けた複数の動きが始動した。すなわち，ブルネイ，チリ，ニュージーランド，シンガポールの4国が合意した環太平洋戦略的経済連携協定（P4）を拡大する環太平洋パートナーシップ（TPP）の動き，中国が支持した ASEAN と日中韓3カ国（ASEAN+3）の枠組みによる東アジア自由貿

易地域（EAFTA）の動き，そして，日本が主導した ASEAN と日中韓，オーストラリア，ニュージーランド，インドの 6 カ国（ASEAN＋6）による東アジア包括的経済連携（CEPEA）の動きである。2010年11月の APEC 首脳会議は，これらの取組みを基礎としてさらに発展させることにより，FTAAP を包括的な自由貿易協定として追及するべきであると宣言した。これらの動きで先行した TPP は2016年 2 月に署名されたが，2017年 1 月に発足した米国トランプ政権が発足直後に TPP からの離脱を表明したため，TPP 発効の見通しは立たなくなった。しかし，その後米国以外の11カ国が米国抜きの TPP（TPP11）の実現を目指して交渉を進め，2018年 3 月に TPP の内容を概ね踏襲した環太平洋パートナーシップに関する包括的及び先進的な協定（CPTPP）に署名した。

菅原報告は，WTO 発足以降の技術革新や工程間分業のグローバル展開と経済社会上の新たな課題に対応する WTO プラスや WTO エクストラの規定を設ける FTA の動きの到達点として TPP を位置付ける。米国トランプ政権の TPP 離脱表明により，TPP は頓挫の危機に瀕したが，CPTPP の署名により，TPP で合意された高水準の自由化と高度なルールがアジア太平洋地域における地域的な通商法秩序の形成において最有力の基盤としての役割を果たしてゆく可能性が高まった。とはいえ，TPP と比べれば米国抜きの CPTPP の役割は相対的に低下したといえ，アジア太平洋地域における通商法秩序形成に向けた他の動きの役割が相対的に高まった。具体的には，ASEAN＋6で交渉が進められている RCEP，メキシコ，コロンビア，チリ，ペルーの 4 国を中心とする太平洋同盟の動きである。今後は CPTPP とこれらの動きが FTAAP の形成に向けた競争を展開する可能性がある。他方で，米国トランプ政権は，貿易赤字を抱える相手国に貿易の「均衡」を求める極端な「相互主義」に基づき，二国間交渉で相手国市場の開放や米国国内産業の保護を求める通商戦略を展開している。日本をはじめとするアジア太平洋諸国にとっては，CPTPP や RCEP 等の広域 FTA の早期実現により，同地域の通商法秩序の構築を進展させ，これに参加しない米国の輸出者や企業の機会費用を高めることで，トランプ政権の通商政策の転換を求める米国内の圧力を高めてゆくことが今後の課題となる。

共通論題① 国際通商法秩序の現状と将来を考える

　梅島会員の報告は，米国トランプ政権の通商政策を概観し，現行の国際通商法秩序の下での評価を行うとともに，かかる通商政策に対して日本がとるべき対応を検討する。

　梅島報告によれば，大統領選挙中にトランプ候補が唱えた通商政策分野の公約は，2016年9月に公表された「トランプ経済計画」に盛り込まれていた。それは，通商政策の改革により貿易赤字を解消することで，国内総生産及び国内雇用を増進するというものであった。翌10月に公表された「米国を再び偉大にする100日行動計画」は，政権発足後に採用する通商政策として，①NAFTAの再交渉または離脱，②TPPからの離脱，③中国を為替操作国と認定，④外国の貿易上の不正行為を止めさせるため米国法と国際法に基づくあらゆる手段を利用，の4つを挙げた。トランプ政権は発足後，以上の通商政策分野の公約実現に忠実に取り組んできたと梅島報告は述べる。

　トランプ政権は発足直後にTPPからの離脱を表明した。これによりTPPが発効する見込みがなくなったことを受けて，米国を除く11カ国がCPTPPの署名に至ったことは菅原報告も指摘したところである。トランプ大統領は2018年1月以来，条件次第ではTPPに復帰を検討すると述べているが，4月の日米首脳会談後の記者会見では二国間の取引が米国の労働者にとってははるかに良いと述べた。現政権下でのTPP復帰の見込みは小さいと梅島報告は指摘する。2017年8月からNAFTAの再交渉が開始された。米国は，北米の域内付加価値率の引上げと米国付加価値率50％の導入による自動車原産地規則の見直しなどを要求しているが，米国からの反対給付がほとんどないことから，交渉は難航している。米国はさらに米韓FTAの見直しを求め，2018年3月に大筋合意に至った。米国のトラック輸入関税25％の撤廃を2041年まで延期すること，韓国は米国安全基準を満たした米国自動車の輸入を年5万台まで認めること等を内容とする。韓国産鉄鋼製品は，2015年から2017年までの平均輸入量の70％を特別割当とすることを条件として，後述の1962年通商拡大法232条に基づく関税引上げの対象から除外された。トランプ政権は，「外国の貿易上の不正行為」に対抗する広汎な米国法を発動し，または適用に着手している。アンチダンピング措置，補助金相殺関税の調査開始件数が増加した。2018年2月に

は太陽電池と家庭用洗濯機に対するセーフガード措置を発動した。これらの貿易救済措置以外に，2018年3月には，1962年通商拡大法232条に基づき，安全保障のための貿易制限措置として，輸入する鉄鋼製品に25％，アルミ製品に10％のグローバルな追加関税を賦課した。米国が最大の貿易赤字を計上している中国に対しては，2018年3月，1974年通商法301条に基づき，技術移転及び知的財産に関する中国の政策を不公正と認定して，1300品目，総額500億ドルに上る制裁関税の対象品目リストを公表するとともに，中国の差別的な技術移転政策についてWTO協議要請を行った。中国はこれに対抗して米国の措置についてWTO協議要請を行うとともに，106品目，総額500億ドルの報復関税の対象品目リストを公表した。

　梅島報告は，以上概観したトランプ政権の通商政策について，現行の国際通商法秩序に照らして厳しい評価を加えた。NAFTAの再交渉は未完のため，最終評価は後日に譲らざるを得ないが，TPPの内容を反映させた交渉については，TPPによる国際ルール作りの進展と評価できる。他方で，自動車原産地規則の見直しは，米韓FTAの見直しに盛り込まれたトラック関税撤廃時期の繰延べと並んで，貿易自由化に逆行するものであり，GATT24条8項の「実質上のすべての貿易」の自由化の要請を充足しない可能性がある。米韓FTAの見直しに盛り込まれた鉄鋼製品の数量割当は，貿易に対する障害を引き上げることを禁じたGATT24条4項に違反する可能性がある。1962年通商拡大法232条は，GATT21条の安全保障のための例外として正当化されるというのが米国の立場と思われるが，GATT21条の要件を充足していないとみなす余地がある。中国に対する1974年通商法301条に基づく制裁関税が発動されれば，紛争解決了解に定める紛争解決機関の審理を通じた対抗措置の承認，セーフガード協定11条が禁止する一方的措置の禁止など，WTO協定の根幹を構成するルールに違反する。

　最後に，梅島報告は，トランプ政権の通商政策に対して日本がとるべき措置を考察する。日米間では自由で公正かつ相互的な貿易関係を目指した交渉が2018年6月にも開始される。トランプ政権後も見据えて，将来的に米国のTPP復帰につながる過程として交渉を進めるべきである。WTO協定に違反

するトランプ政権の通商政策に対しては毅然とした対応が求められる。1962年通商拡大法232条に基づく関税引上げに対しては，WTO協議要請も含めた，WTO協定に従った対抗策を講ずるべきである。1974年通商法301条措置の対象は中国であるが，日本は中国の本件WTO協議要請に第三国参加し，当該措置のWTO協定適合性については明確な主張を展開するべきである。

　中村氏の報告は，英国のEU脱退通告以来の英国EU交渉の経緯を振り返った上で，EU脱退後の英国とEUの間の予見可能な通商関係像を特定し，その上で，通商協定を含む将来関係協定の法的論点を検討する。

　英国は2017年3月にEU脱退の意思を欧州理事会に通告し，EU条約50条に基づいて2019年3月までの2年間に脱退協定を締結することとなった。2018年3月に交渉の中間成果が公表され，①在英EU市民の地位保証，②北アイルランドのEU残留，③2019年3月から2020年末までの経過期間中に英国はEU域外国との通商交渉ができることが合意された。この結果，2018年4月より将来関係協定の交渉開始が決まった。

　続いて，中村報告は，英国とEUの将来関係交渉に向けた双方の関心事項と立場を，将来関係全般，通商経済協力全般，物品・サービス貿易，その他の事項，履行確保の制度の項目ごとに整理する。それを基にして，将来関係協定の法的論点を整理する。まず，将来関係については，英国もEUも，政治協定と通商協定を分けて二本立てで交渉する意図である。両者の相互関係（階層的か並列的かなど）が法的論点となる。次に，対象事項についてのEUの条約締結権限の排他性が法的論点となる。通商協定が広範な領域を対象とするほど，EUと構成国の間で条約締結権限のEU排他性をめぐる紛争が生じうる。政治協定はほぼ混合協定となり，通商協定も連動させるほど混合協定になるだろう。通商協定の事項的範囲は，欧州経済領域（EEA）でもカナダEU包括経済貿易協定（CETA）でもない特注（*sui generis*）の協定に合意していく道筋がすでに付けられている。人の移動の自由を認めず，社会政策や所得再配分制度は含まず，自由競争を重視する広範で深いパートナーシップを志向する点ではCETAに近く，双方同一の法・規制から出発して，法・規制の実質的同等性

の確保を志向する点では EEA に近い。法・規制の実効的な履行監視制度の制度設計は，EEA の現行制度に修正を加えたものとなろう。シナリオなき脱退決定から2年を経て，英国は EEA になぞらえた制度の，CETA のような経済的自由化を主眼とする連携協定を求めて EU を交渉に入る段階に達したといえる。

　西脇氏の報告は，第二次世界大戦後の国際通商秩序におけるルールの支配の発展の歴史を辿り，その頂点としての WTO がルール形成の面では困難に直面していることを指摘した上で，米国トランプ政権の動き，WTO のフォーラムや分野別のフォーラムにおいて進んでいる新たなルールメイキングの動きに触れ，国際通商秩序の将来について考察する。

　西脇報告はまず，第二次世界大戦後の国際通商秩序の発展をルールの支配の発展の歴史として跡付ける。戦間期のブロック経済化等の保護主義的な措置への反省から，戦後に自由貿易と通商ルールによる支配の理念に基礎を置くガットが設立された。累次の交渉会合（ラウンド）で関税引下げが多国間の法的な約束（譲許）として合意され，また，アンチダンピング，基準認証，政府調達等に関するルールが合意された。8度目の交渉会合であるウルグアイ・ラウンドにより WTO が設立され，サービス貿易，知的財産保護のルールの追加，紛争解決制度の司法化が実現した。しかし，更なるルール強化を目指して2001年に開始されたドーハ・ラウンドは行き詰まっており，ルールメイキングの場としての WTO の地位が揺らいでいる。

　WTO ドーハ・ラウンドが行き詰まった背景として，西脇報告は世界経済の構造変化を指摘する。先進国主導の経済から，新興国が急速に台頭する経済へと移行する中で，WTO は加盟国の新たな勢力関係にふさわしい合意形成の方策を見出していない。この結果，通商に関するルールメイキングの場は，①広域 FTA を通じたルールメイキング，②有志国によるルールメイキング（plurilateral agreements）へとシフトした。①には TPP，TTIP，日 EUEPA，RCEP 等が含まれる。②には情報技術協定（ITA）拡大交渉，サービス貿易協定（TiSA）交渉などが含まれる。ただし，①の動きは，米国による TPP 離脱や

TTIP交渉の停止により影響を受けた。これが一時的なものか，今後も続くものかを注視する必要がある。

西脇報告は続いて，米国トランプ政権の通商政策に対しても厳しい目を向ける。政権発足後にとられたTPP離脱，NAFTA再交渉，WTO上級委員会への批判と後任の上級委員会委員選考プロセスへの不同意，1962年通商拡大法232条，1974年通商法301条の適用などの一連の政策を批判的に取り上げるが，その一方で，米国の政策が，鉄鋼の過剰供給問題や中国の国家資本主義的な産業政策に対処する上でWTO協定を中心とする既存の国際通商ルールが有効でないとの不満に根ざしていることを指摘する。

他方で，西脇報告は以下の新たなルールメイキングの動きに注目する。①鉄鋼グローバル・フォーラムが過剰生産能力問題解決のために2017年11月に6つの原則で合意したこと，②半導体当局間会合（GAMS）が半導体産業への政府支援についての情報交換等につき2017年11月に合意したこと，③2018年3月の三極貿易大臣会合で補助金規律の強化について合意が成立したことである。

国際通商におけるルールの支配をめぐる現在の困難を機会と捉え，新興国も巻き込んでWTOを始めとする国際通商交渉のあり方の見直しについて議論を喚起してゆく必要がある。普遍的なメンバー，全分野一律で交渉し，合意形成できる時代は終焉し，交渉フォーラム，参加国，イシューを注意深く選び，テイラーメイドで交渉モダリティを作ってゆくことで成果が出る時代に変わった。テイラーメイドのルールメイキングの組合せで新たな国際通商法秩序を構築すること，それと並行して，土台にあるWTOのオーバーホールに取り組んでいくことを今後数年間の課題として指摘し，西脇報告は結ばれる。

以上紹介したように，本企画は，Brexitと米国トランプ政権のTPP離脱表明を契機として不確実性と不透明性が高まった国際通商法秩序の現状を踏まえて，アジア太平洋，米国トランプ政権，英国のEU離脱交渉など，様々な角度から国際通商法秩序の現状に光を当て，そこから取り組むべき政策課題を引き出すとともに，望ましい国際通商法秩序の将来を構想して，その実現のための選択肢や戦略について熟慮することをねらいとした。Brexitにせよ，米国ト

ランプ政権の通商政策にせよ，取り上げた主題は現在進行中のものであり，学会報告が行われた2017年10月以降も，各報告が取り扱ったテーマについては多くの進展が見られた。そのため，報告者各位には，学会報告を基礎としながら，その後2018年4月までの事態の進展を踏まえて内容を大幅に改訂するよう依頼した。学会報告をお引き受けくださり，かつ，筆者の要請に応えて改訂原稿を準備くださった報告者各位に謝意を述べて，座長コメントの結びとする。

(東京大学社会科学研究所教授)

共通論題① 国際通商法秩序の現状と将来を考える——反グローバル化と不確実性に抗して

アジア太平洋における地域的な通商法秩序の構築に向けた動き[1)]

菅原淳一

Ⅰ　はじめに
Ⅱ　アジア太平洋地域における地域的な通商法秩序形成の動き
　1　APECの発足と停滞
　2　二国間FTAの錯綜とメガFTA構想の萌芽
　3　メガFTA時代の幕開けとTPP
Ⅲ　TPPの位置付けと意義
　1　FTAによる貿易投資の自由化・ルール形成
　2　集大成としてのTPP
Ⅳ　アジア太平洋地域における通商法秩序形成を巡る協調と競争
　1　CPTPPの署名
　2　マルチ・トラック化の可能性
Ⅴ　おわりに

Ⅰ　はじめに

　近年、世界の通商情勢が激しく揺れ動いている。世界貿易機関（WTO）の下でのグローバルな貿易投資の自由化やルール形成が長きにわたって停滞する中、世界各国は自由貿易協定（FTA）・経済連携協定（EPA）の締結をはじめ、二国間、地域レベル、あるいは、地域横断的な枠組みにおける貿易投資の自由化やルール形成に積極的に乗り出している。日本はその代表的な例と言えるだろう。日本・シンガポールEPA（2002年11月発効）を皮切りに、日本はこれまでに15件のEPAを発効させた。また、2013年には、日中韓FTA（3月）、日本と欧州連合（EU）のEPA（4月）、東アジア地域包括的経済連携（RCEP）（5月）の交渉を開始、さらに環太平洋パートナーシップ（TPP）交渉にも新たに参加し（7月）、いわゆる「メガFTA」時代の幕開けに大きな役割を果たした。

　こうした世界の通商情勢の変化は、2017年1月に米国でドナルド・トランプ

政権が発足して以降，加速するとともに，その方向を大きく変えつつある。通商問題を語る上で用いられていた「メガFTA」や「地域経済統合」といった言葉は，「一方的制裁措置」や「貿易戦争」といった言葉の前に影を薄くしつつある。その最も大きな影響を受けているのがアジア太平洋地域だろう。米国が，自ら主導し，約6年の歳月をかけて署名に至ったTPPから離脱したことがそれを象徴している。アジア太平洋地域の通商情勢は不透明さを増していると言わざるを得ない。

こうした情勢を受け，本稿では，アジア太平洋地域における地域的な通商法秩序構築の動きを振り返り，その現状とメルクマールとしてのTPPの位置付けを明らかにし，今後想定し得る道筋を展望したい。

II　アジア太平洋地域における地域的な通商法秩序形成の動き[2]

1　APECの発足と停滞

アジア太平洋における地域的な通商法秩序構築の動きを貿易投資の自由化・ルール形成及びFTA・EPAの締結を中心に検討する際には，1989年のアジア太平洋経済協力（APEC）の発足を今日につながる動きのひとつの画期とみなすことができるだろう。当初12カ国で発足したAPECは，1998年には現在の21カ国・地域にまで拡大した。

APECは「協調的自主的な行動」と「開かれた地域協力」をその特徴としている。「協調的自主的な行動」とは，「参加各国・地域を法的に拘束しない，緩やかな政府間の協力の枠組みの下で，参加各国・地域の自発的な行動により取組を推進すること」とされる。また，「開かれた地域協力」とは，「APECの活動を通じて得られた自由で開かれた貿易や投資といった成果が，域内のみにとどまらず，域外の国・地域とも共有される」ことを示すとされる。[3]この自主的，非拘束，無差別（域外均霑）の原則の下，1994年には域内の「自由で開かれた貿易及び投資」を先進国は2010年，発展途上国・地域は2020年までに実現するという「ボゴール宣言」の合意に至った。翌1995年には日本が議長国となり，ボゴール宣言の目標を実現するための「大阪行動指針」を策定した。

しかし，この後，域内の貿易投資自由化の進め方を巡って域内諸国の意見が

対立すると、APECにおける貿易投資自由化の動きは頓挫した。ボゴール宣言及び大阪行動指針を受け、域内の貿易投資自由化を具体的に進める段階となると、米国や豪州、ニュージーランドなどの域内の自由化積極派諸国は、域内貿易自由化の方策として、「早期自主的分野別自由化（EVSL）」を推進した。

EVSL は、域内の「貿易、投資及び経済成長に建設的な影響をもたらすであろう分野を特定し」、「早期の自主的な自由化」を図るというものであった。この EVSL 協議は、日米対立を契機に、1998年には事実上決裂した。その最大の原因は、自主的、非拘束といった APEC の原則の維持を求めた日本等のアジア諸国に対し、米国等が同原則から逸脱し、相互主義的で法的拘束力を有する方式での自由化の推進を志向したことにあった。

2 二国間 FTA の錯綜とメガ FTA 構想の萌芽

2000年代に入ると、WTO の下でのグローバル（マルチ）の枠組み、また、アジア太平洋地域における地域枠組みの双方において、貿易投資自由化の動きは停滞した。APEC における貿易投資自由化の動きは、EVSL 頓挫後は大きな進展をみなかった。また、2001年末には WTO の下で多国間貿易交渉「ドーハ開発アジェンダ」（いわゆる「ドーハ・ラウンド」）が開始されたものの、未だ合意には至っていない。

代わって活発化したのが、二国間 FTA の締結である。2000年代には、「重層的通商政策」へと通商戦略の転換を図った日本、WTO 加盟を果たした中国、「同時多発的」FTA 戦略を進めた韓国という、地域経済統合や二国間 FTA 締結を進める世界の潮流にそれまで乗っていなかった諸国が、域内外諸国との FTA 締結を積極的に進めた。米国も、2002年の大統領貿易促進権限（TPA）取得の前後から FTA 締結を積極化した。2017年末時点で、APEC 参加国・地域間の FTA は62件に達し、そのうち、日本が11件、韓国が10件、中国が8件を占めている。FTA は、非締約国を差別するものであり、相互主義的に自由化を約束し、法的拘束力を有する。つまり、2000年代のアジア太平洋地域では、APEC の原則とは異なる性格を有する FTA によって、二国間を中心に貿易投資の自由化とルール形成が進められたと言える。

2000年代半ばになると，域内のFTA件数の増大に伴い，FTAの錯綜がいわゆる「スパゲティボウル現象」を引き起こし，取引コストの増大を招くことを懸念する声が産業界等から上がるようになった。APECビジネス諮問委員会（ABAC）は2004年に，APEC参加21カ国・地域による「アジア太平洋自由貿易圏（FTAAP）」構想の実現可能性を検討するようAPEC首脳に提言した[8]。この提言に対し，APEC首脳は当初慎重な姿勢を示した。FTAAPはFTAであり，APECの原則と異なる性格を有する点は変わらない。また，21の多様な国・地域がひとつのFTAでまとまることは容易ではない。APEC首脳は，WTOドーハ・ラウンド交渉やAPECにおけるボゴール目標の実現を重視し，FTAAP構想の検討を行うことはなかった[9]。

　FTAAP構想が動き出すのは，2006年に米国が同構想への積極的支持を打ち出してからである[10]。同年のAPEC首脳会議は，「長期的展望」としてのFTAAPを含めた地域経済統合促進のための方法につき検討を行うことで合意した[11]。

　さらに米国は，FTAAP実現に向けた方策として，環太平洋戦略的経済連携協定（P4）への参加を表明した。P4は，ブルネイ，チリ，ニュージーランド，シンガポールの4カ国によって2006年5月に発効したFTAであるが，その源流はAPECにおけるEVSL協議に遡る。EVSLの挫折は，それを推進していたAPEC域内の自由化積極派諸国による新たな動きを生み出した。1998年末には，豪州，チリ，ニュージーランド，シンガポール，米国が，5カ国によるFTAの可能性について非公式な議論を始めていた。国内事情や戦略の相違からこの構想は頓挫するが，2002年にはチリ，ニュージーランド，シンガポールによるFTA交渉が開始された。2005年にはこれにブルネイが加わり，翌2006年にP4が発効した[12]。P4は，金融サービス・投資の両分野については発効後2年以内に交渉を開始することが協定に明記されており，2008年3月から同交渉を開始する予定となっていた。この交渉開始を前に，米国は同交渉への参加を表明した。そして，同年9月にはP4全体への参加を明らかにした。

　P4には，「APEC諸国及び他の諸国」の新規参加を認める条項が予め盛り込まれていた（第20.6条）。P4締結の経緯からみても，P4がAPEC域内での

拡大を当初から想定していたことがわかる。[13]

　米国は，P4をアジア太平洋地域における貿易自由化と地域経済統合の進展という目標を共有する同志国（like-minded countries）による高水準の協定とみなし，その締約国を拡大することによって同地域の貿易投資の自由化や経済統合を進めていくことを想定していた。[14]米国に続き，豪州，ペルーがP4参加を表明し，これが後のTPP交渉へと発展していくことになる。

　こうした「アジア太平洋」という枠組みの動きに加え，2000年代には「東アジア」の枠組みにおけるFTA締結や地域経済統合への動きも活発化した。同地域では，1997年に発生した通貨危機への対応過程において域内諸国の協力の重要性が再認識されたことを大きな契機として地域経済統合の気運が高まり，「東アジア・コミュニティ」や「東アジア共同体」といった構想が提起された。[15]FTAについては，日中韓3カ国各々が積極的に進めた二国間FTA締結の動きとともに，東南アジア諸国連合（ASEAN）をハブとした広域FTA（ASEAN＋1FTA）締結の動きが進んだ。2005年の中国を皮切りに，韓国（2007年），日本（2008年），インド（2010年），豪州・ニュージーランド（2010年）がそれぞれASEANとのFTAを発効させた。さらに，中国が支持したASEANと日本，中国，韓国の3カ国（ASEAN＋3）の枠組みによる「東アジア自由貿易地域（EAFTA）」構想と，日本が主導したASEANと日本，中国，韓国，豪州，ニュージーランド，インドの6カ国（ASEAN＋6）の枠組みによる「東アジア包括的経済連携（CEPEA）」構想の検討が並行して進められた。これら2つの動きは，後に「東アジア地域包括的経済連携（RCEP）」に収斂していくことになる。[16]

3　メガFTA時代の幕開けとTPP

　こうした「アジア太平洋」，「東アジア」双方の枠組みの流れを受け，2010年代には複数国が参加し，広域的で人口や経済規模が大きいFTA，いわゆる「メガFTA」がアジア太平洋地域における貿易投資の自由化やルール形成の主役の座に就いた。

　メガFTA時代の先陣を切ったのがTPPである。TPP交渉は，米国の政権

交代によって当初予定より遅れたものの，ブルネイ，チリ，ニュージーランド，シンガポールのP4締約国に，米国，豪州，ペルー，ベトナムの4カ国が加わり，計8カ国により2010年3月に開始された。TPP交渉は，P4の拡大という形をとりながらも，P4の協定内容に拠らず，新たなFTAの締結を目指す交渉となった。

2010年11月に開催されたAPEC首脳会議では，FTAAPに関する首脳宣言が発出され，その中で「FTAAPは，中でもASEANプラス3，ASEANプラス6及び環太平洋パートナーシップ（TPP）協定といった現在進行している地域的な取組を基礎として更に発展させることにより，包括的な自由貿易協定として追求されるべきである」と明記された[17]。これにより，FTAAPが「包括的な自由貿易協定」であることが明確となり，その「基礎」としてTPPとASEAN＋3（EAFTA），ASEAN＋6（CEPEA）が位置付けられた。

EAFTA及びCEPEAは，この時点では構想段階，あるいは交渉の準備段階にとどまっていたが，TPP交渉の進展や，日本等が参加の意向を示したことによってTPP交渉参加国の拡大可能性が高まったことが刺激となり，ASEAN＋6の16カ国を構成国とするRCEPへと発展・統合され，2012年11月にRCEP交渉を開始することが合意された。これにより，TPP交渉とRCEP交渉がFTAAP実現への道筋の2つの柱とみなされるようになった。

FTAAPのFTAとしての性格が明確になったことにより，異なる原則に拠って立つAPECとの関係も整理された。先述の2010年首脳会議におけるFTAAPに関する首脳宣言では，APECは「FTAAPの育ての親（インキュベーター）」と位置付けられた。さらに，2014年のAPEC首脳会議で合意された「アジア太平洋自由貿易圏（FTAAP）の実現に向けたAPECの貢献のための北京ロードマップ」では，「FTAAPは，APECのプロセスと並行して，APEC枠外で実現されるであろう。APECは，FTAAPの実現への貢献において，APECの非拘束性及び自主的な協力の原則を維持すべきである。」と明記された[18]。

TPP交渉は，開始当初の8カ国に，マレーシア，カナダ，メキシコ，2013年7月からは日本が加わり，計12カ国で進められた。交渉は難航したものの，

2015年10月に大筋合意に至り,2016年2月に署名された。その後は発効に向けて署名各国が国内手続を進め,日本とニュージーランドが国内手続を完了させたものの,米国は2017年1月に発足したトランプ政権が発足直後にTPPからの離脱を明らかにした。TPPはその発効要件(第30.5条)で定められた国内総生産(GDP)要件(域内GDPの85%以上を有する署名国による国内手続の完了)により,米国(域内GDPの約60%)抜きには発効できないことから,米国の離脱によってTPP発効の見通しは立たなくなった。

しかし,その後,米国以外の11カ国が米国抜きのTPP(TPP11)の実現を目指して交渉を始め,TPPの内容を概ね踏襲した新たな協定,「環太平洋パートナーシップに関する包括的及び先進的な協定(CPTPP)」に2017年11月に大筋合意し,2018年3月に署名に至った。

Ⅲ　TPPの位置付けと意義

1　FTAによる貿易投資の自由化・ルール形成

貿易投資の自由化及びルール形成の基盤はWTO協定である。しかし,ドーハ・ラウンド交渉が停滞し,WTOにおける貿易投資の自由化とルール形成の双方が部分的にしか進展をみていないため[19],現在のWTO協定はWTOが発足した1995年以前の経済・社会状況に応じたものにとどまっており,その後20年以上の間に生じた経済・社会上の変化に十分に対応できていない。そのため,2000年代以降進んだアジア太平洋地域におけるFTA締結は,自由化及びルール形成の両面でWTOを補完する意味を持った。

アジア太平洋地域で締結されたFTAの多くは,WTO協定がすでに対象としている領域でWTO協定上の既存の義務を上回る義務を課している規定(「WTOプラス」規定)や,現行のWTO協定では規律されていない領域における義務を課している規定(「WTOエクストラ」規定)を含んでいる[20]。2013年4月のWTO調査によれば,調査対象となったFTAのうちAPEC域内(APEC参加国・地域同士)で2000年以降に締結されたFTAのすべてが,物品貿易の自由化につきWTOプラスの約束をしている。これは,GATT(関税貿易一般協定)第24条の要件を満たすという点からも当然の結果と言える。その他,サービス

貿易，知的財産権保護，貿易関連投資措置，貿易救済措置，税関手続・貿易円滑化，貿易の技術的障害等で多くのFTAがWTOプラスの約束をしている。WTOエクストラ規定については，多くのFTAが投資や競争政策についての規定を有し，環境，労働，反汚職等の規定を有するFTAもみられる[21]。

2　集大成としてのTPP

2000年代初頭からこれまでにアジア太平洋地域で締結されてきたFTAは，WTO発足以降の技術革新や工程間分業（サプライチェーン，バリューチェーン）のグローバル展開，あるいは，経済社会上の新たな課題に対応する「WTOプラス」規定や「WTOエクストラ」規定を設け，WTO協定を補完してきた。TPPは，こうした動きのひとつの到達点であり，これまでのアジア太平洋地域における貿易投資の自由化及びルール形成の集大成と位置付けることができる（表1）。日米両国やブルネイ，ベトナムなど，経済発展水準や人口・経済規模，経済構造，政治体制，文化などが多様なアジア太平洋地域の12カ国が高水準の自由化と高度なルールで合意できたことは，FTAAPへの道筋を大きく開くものと言えるだろう。

TPPでは，物品貿易における関税削減・撤廃に加え，サービス貿易，投資，政府調達において高い水準の自由化が合意された。日本を除く11カ国の最終関税撤廃率はほぼ100％となっている。日本の最終関税撤廃率は95％にとどまったが，TPP以前に日本が締結したEPAにおける日本の関税撤廃率は，日豪EPAにおける89％が最高であったため，日本にとってはこれまでにない高水準の自由化をTPPにおいて約束したことになる。サービス貿易・投資においては，ネガティブ・リスト方式により，多くの国がWTOサービス貿易一般協定（GATS）及びそれまでに締結したFTAを超える水準の自由化を約束した。政府調達に関しては，WTO政府調達協定（及び改正議定書）参加国はTPP署名12カ国中5カ国（日本，カナダ，ニュージーランド，シンガポール，米国）のみであり，締結したFTAで政府調達を除外することも多くみられた。マレーシアやベトナムのように，TPPにおいて政府調達につき自由化のみならず高度な規律を初めて受け入れた新興国もある。

共通論題① 国際通商法秩序の現状と将来を考える

表1 TPP協定の構成

1. 冒頭の規定及び一般的定義	16. 競争政策
2. 内国民待遇及び物品の市場アクセス	17. 国有企業及び指定独占企業
3. 原産地規則及び原産地手続	18. 知的財産
4. 繊維及び繊維製品	19. 労働
5. 税関当局及び貿易円滑化	20. 環境
6. 貿易上の救済	21. 協力及び能力開発
7. 衛生植物検疫措置	22. 競争力及びビジネスの円滑化
8. 貿易の技術的障害	23. 開発
9. 投資	24. 中小企業
10. 国境を越えるサービスの貿易	25. 規制の整合性
11. 金融サービス	26. 透明性及び腐敗行為の防止
12. ビジネス関係者の一時的な入国	27. 運用及び制度に関する規定
13. 電気通信	28. 紛争解決
14. 電子商取引	29. 例外及び一般規定
15. 政府調達	30. 最終規定

(資料) TPP協定及び内閣官房TPP等政府対策本部資料より筆者作成

　また，知的財産や国有企業，電子商取引などの分野において，「WTOプラス」及び「WTOエクストラ」の内容を含む高度なルールが合意された。電子商取引は，それまでのFTAのみならず，WTOやAPEC，経済協力開発機構（OECD）等の国際機関・フォーラム，「日米情報通信技術（ICT）サービス通商原則」などの二国間取り決め等によって進められてきた作業や合意を踏まえたルールとなっており，WTOで合意されている「電子的送信に対する関税不賦課のモラトリアム」の恒久化，デジタル・プロダクトの無差別待遇，「TPP 3原則」と称されることもある「電子的手段による情報の越境移転の自由の確保」（第14.11条），「コンピュータ関連設備の設置・利用要求の禁止」（第14.13条），「ソース・コードの移転又はアクセス要求の禁止」（第14.17条）等が規定された。

　TPPに署名した国の多くにとって，TPPはこれまでにない高水準の自由化と高度なルールを受け入れたFTAとなった。RCEP等の他のメガFTAに先駆けて合意されたこともあり，TPPがアジア太平洋地域，あるいはグローバルな貿易投資の自由化及びルール形成の「ひな形」となることが期待された。この点を特に強く意識していたのは日米両国である。バラク・オバマ米政権

は，TPP 交渉参加の議会への通知において，TPP を「アジア太平洋地域における経済統合の潜在的なプラットフォームを形成する」ものと位置付け，これを「高水準の，21世紀型の協定」とすることを明らかにしていた[22]。さらに，オバマ大統領は，TPP によって，中国ではなく，米国等がアジア太平洋地域のルールを作り上げることができる，という趣旨の発言を再三行っており[23]，米国主導で TPP ルールのアジア太平洋全域への拡大を図っていくことを目指していた。

日本においても，安倍晋三首相は TPP 交渉への参加表明において，「日本と米国という2つの経済大国が参画してつくられる新たな経済秩序は，単に TPP の中だけのルールにはとどまらないでしょう。その先にある東アジア地域包括的経済連携（RCEP）や，もっと大きな構想であるアジア太平洋自由貿易圏（FTAAP）において，ルールづくりのたたき台となるはずです。」と述べている[24]。また，TPP 交渉大筋合意に関する日本政府資料には，TPP の意義として「モノの関税だけでなく，サービス，投資の自由化を進め，さらには知的財産，電子商取引，国有企業の規律，環境など，幅広い分野で21世紀型のルールを構築するもの」であり，「今後の世界の貿易・投資ルールの新たなスタンダードを提供」するものであると明記されている[25]。

これらの点から，日米両国をはじめとする TPP 交渉参加国は，TPP をそれに続くメガ FTA，あるいはグローバルな貿易投資ルールの「ひな形」とすることを念頭に置いて交渉し，合意に至ったことがわかる。

IV アジア太平洋地域における通商法秩序形成を巡る協調と競争

1 CPTPP の署名

2017年1月23日，就任直後のトランプ米大統領は，大統領選中の公約通り，米国が TPP から「永久離脱」することを通商代表に指示する大統領覚書に署名した[26]。これにより，TPP の発効は当面見込めなくなった。この事態にいかに対応するかにつき，残る TPP 署名11カ国の足並みは当初揃っていなかった。TPP の発効要件等に関する規定を修正して米国抜きの11カ国による TPP（TPP11）発効の可能性に言及した豪州，メキシコ，ニュージーランド，これ

に否定的態度をとった日本やマレーシア，中国等の新たな参加国を得て新協定を締結することを示唆したペルー等，11カ国の思惑は異なっていた[27]。対応策を議論するため，2017年3月にチリのビニャ・デル・マルに集まった11カ国閣僚は，「TPPの戦略的・経済的意義を再確認し」，「今後も結束して対応することを確認」するにとどまった[28]。

同年5月にAPEC貿易担当大臣会合の機会に開催されたTPP閣僚会合（ベトナム・ハノイ）において，11カ国は「包括的で質の高い協定の早期発効のための選択肢を評価するプロセスを開始」し，同年11月のAPEC首脳会合までにこの作業を終わらせることに合意した[29]。この合意が，TPP11実現に向けた交渉開始の事実上の号砲となった[30]。

同年7月のTPP高級事務レベル会合（箱根）を皮切りに，11カ国の首席交渉官等による会合が毎月開催され，11月の閣僚会合での合意が目指された。交渉では，TPPを11カ国による新たな国際約束として発効させるため，TPPに必要最小限の修正を加えることに合意された[31]。「必要最小限の修正」とは[32]，発効要件等，TPPを11カ国による新協定として発効させるために必要な修正に加え，米国の離脱によって大きく崩れた参加国間の利害の再均衡を図ることを意味した。ベトナムやマレーシア等の新興国にとってのTPP参加の大きな経済的メリットのひとつは，米国市場への参入機会の拡大であった。これら諸国がこれまでにない高水準の自由化や高度なルールを受け入れたのは，この大きなメリットの代償としてであった。しかし，米国が離脱した上，TPPと同一の自由化約束と義務を負うことになれば，メリットとその代償の均衡は大きく崩れてしまう。そこで「必要最小限の修正」が必要となった。

交渉は，物品貿易やサービス貿易，投資等における市場アクセスに関する約束については，米国にのみ認めたものが除外されることを除き，修正しないことで進められ，主にTPP協定の一部規定の凍結の可否が議論されたようである。作業終了の期限とされた2017年11月，APEC会合に際してベトナム・ダナンに参集した11カ国閣僚により，新協定が大筋合意に至った[33]。その後，積み残された案件についての交渉が続き，2018年1月23日，東京で開催された高級事務レベル会合において最終合意に至った。一時は崩壊とまで言われたTPP

は，米国のTPP離脱表明からちょうど1年で，11カ国による新たな協定として合意された。新協定「環太平洋パートナーシップに関する包括的及び先進的な協定（CPTPP）」は，同年3月8日，チリ・サンティアゴにおいて署名された。

CPTPP協定は，前文と全7条から成る簡潔なものである。第1条でCPTPP協定にオリジナルのTPP協定を組み込むことを規定した上で，第2条でTPPのうち特定した規定の適用を停止（凍結）することを定めている。本条には，凍結項目を列挙した附属書が付されている。発効要件を定めた第3条は，TPPにあったGDP要件が外され，11カ国のうち少なくとも6カ国，あるいは署名国の少なくとも半数のいずれか少ない方の国が国内手続の完了を通知した60日後に発効するとされた。実際に署名したのは11カ国のため，6カ国が国内手続の完了を通知した60日後に発効することになる。第6条には，協定の見直しに関する規定が置かれている。通常の見直しの他に，「TPPの効力発生が差し迫っている場合又はTPPが効力を生ずる見込みがない場合には，いずれかの締約国の要請に応じ，」見直しが行われることが規定されている。

附属書にある凍結項目を概観すると，①市場アクセス（関税，サービス・投資，政府調達）に関する各国の約束（対米約束を除く）は維持されたこと，②凍結された全22項目のうち11項目が知的財産分野である等，米国が強く主張した項目が凍結項目の多くを占めていること，③交渉の過程では凍結対象となることが懸念されていた電子商取引や国有企業等に関する規定は凍結項目から外れていること，が特徴と言えるだろう（表2）。

各国の自由化約束については，日本が米国に対して設定したコメの輸入枠等，米国に対してのみ行われた約束は当然に除外されるが，それ以外はTPPにおける約束が維持された。

ルールについては，生物製剤のデータ保護期間に関する規定（第18.51条），著作権等の保護期間に関する規定（第18.63条）など，知的財産分野を中心に米国の強い主張で盛り込まれた項目が多く凍結された。これは，米国市場へのアクセス改善の代償としてこれらのルールを受け入れた国にとっての協定の利害の再均衡を図るという「必要最小限の修正」の目的に沿ったものと言えるだろ

共通論題① 国際通商法秩序の現状と将来を考える

表2　CPTPPにおけるTPP凍結項目

1. 急送少額貨物（5.7.1（f）の第2文）
2. ISDS（投資許可，投資合意）関連規定（第9章）
3. 急送便附属書（附属書10-B　5及び6）
4. 金融サービス最低基準待遇関連規定（11.2等）
5. 電気通信紛争解決（13.21.1（d））
6. 政府調達（参加条件）（15.8.5）
7. 政府調達（追加的交渉）（15.24.2の一部）
8. 知的財産の内国民待遇（18.8（脚注4の第3-4文））
9. 特許対象事項（18.37.2，18.37.4の第2文）
10. 審査遅延に基づく特許期間延長（18.46）
11. 医薬承認審査に基づく特許期間延長（18.48）
12. 一般医薬品データ保護（18.50）
13. 生物製剤データ保護（18.51）
14. 著作権等の保護期間（18.63）
15. 技術的保護手段（18.68）
16. 権利管理情報（18.69）
17. 衛星・ケーブル信号の保護（18.79）
18. インターネット・サービス・プロバイダ（18.82，附属書18-E，附属書18-F）
19. 保存及び貿易（20.17.5の一部等）
20. 医薬品・医療機器に関する透明性（附属書26-A.3）
21. 国有企業章留保表（マレーシア，経過措置起算日）
22. サービス・投資章留保表（ブルネイ，石炭産業の経過措置起算日）

（注）括弧内はTPPの該当する条文。
（資料）　CPTPP協定及び内閣官房TPP等政府対策本部資料より筆者作成

う。同時に，これらのルールを実現したい米国がTPPに復帰する誘因となることが期待されている。また，投資分野における「投資家対国家の紛争解決（ISDS）」については，その対象として投資許可と投資合意が凍結された。その他の分野では，ルールの水準は概ね維持された。規定の凍結が懸念された電子商取引分野の「TPP3原則」も維持された。

これらの点から，CPTPPにおいては，オリジナルのTPPで合意された高水準の自由化と高度なルールは概ね維持されたと評価することができるだろう。日本でCPTPP交渉を担当した茂木敏充経済財政・再生相は，CPTPPの署名時に「これが21世紀のアジア太平洋地域に新しいルールを作るという大きな基盤になっていく」との認識を示している[34]。CPTPPの発効に向け，署名各国閣僚からは2018年内の発効を目指すとの前向きな発言が相次いだ。

2 マルチ・トラック化の可能性

CPTPPの署名によって，TPPによって合意された高水準の自由化と高度なルールは，アジア太平洋地域における地域的な通商法秩序の形成において，最も影響力を有する土台としての役割を果たしていく可能性が高まった。しかし，その秩序形成の動きの中心に位置していた米国が離脱したことにより，TPPに比してCPTPPが果たせる役割は相対的に低下したと言わざるを得ない。裏を返せば，同地域における他の動きの果たしうる役割が相対的に高まったということになる。他の動きが今後活発化すれば，FTAAP構築に向けた動き，あるいは，同地域における通商法秩序形成の動きがマルチ・トラック化する可能性が生じるとみることができるだろう。

現時点で，CPTPPとともに注目すべき動きとして，3点を指摘したい。第1に，RCEPである。先述のように，RCEPはAPECにおいて，TPPと並ぶFTAAPに向けた土台と位置付けられてきた。[35] RCEP交渉には，CPTPP署名11カ国のうち7カ国が参加していると同時に，中国等のCPTPP不参加で地域的通商法秩序形成に大きな影響力を有する国が参加している。RCEP交渉は現在，その自由化やルールの水準，対象とすべき領域等について参加国の意見の隔たりが依然大きく，難航が伝えられている。RCEP交渉がいつ妥結に至るのか，その合意内容がTPP及びCPTPPとどの程度近いものとなっているかによって，今後のFTAAP構築に向けた道筋は大きく左右されることになるだろう。

第2に，米国の動きである。トランプ政権下の米国の通商政策は，二国間主義を志向している。すでに米韓FTAの再交渉を実質的に終え，北米自由貿易協定（NAFTA）の見直し交渉が現在続いている。2018年の「大統領通商政策課題」では，TPP署名国のうち，7カ国とはすでにFTAを締結しており，日本をはじめとする残り5カ国ともFTA締結等を進めるとの方針が示されている。[36] こうした米国の動きが今後具体化し，実現すれば，アジア太平洋地域に米国をハブとするハブ・アンド・スポーク型の二国間FTA網が構築されることになる。その後も米国がその通商政策を維持すれば，同様のルールを有する二国間FTA網が完成しても，FTAAPのような広域的FTAの構築には発展

しないことになる。また，トランプ政権が進めてきた米韓FTA再交渉及びNAFTA見直し交渉における米国の主張には，原産性判定において（域内産品ではなく）自国産品の調達率を規定する原産地規則や，モニタリングにとどまらない為替に関する規定等，これまでのアジア太平洋地域におけるFTAでは採用されていないルールの導入も含まれており，米国の二国間FTA網によってこれらのルールが同地域に広められるおそれもないとは言えない。

　第3に，太平洋同盟の動きである。チリ，コロンビア，メキシコ，ペルーという中南米の自由貿易志向の強い4カ国で構成される太平洋同盟は，当初からアジア太平洋地域諸国との貿易投資関係の緊密化を掲げていたが，米国のTPP離脱以降，積極的にその具体化を進めている。2017年6月には，豪州，カナダ，ニュージーランド，シンガポールの4カ国と準加盟に向けた交渉を開始することが発表された。太平洋同盟参加4カ国と準加盟交渉参加4カ国の計8カ国のうち7カ国がCPTPP署名国であり，CPTPPの発効や拡大プロセスの進展が遅ければ，太平洋同盟を中心とした動きがFTAAP実現に向けた有力な道筋として浮上する可能性も考えられる。

　これらの動きが同時並行的に進展した場合，FTAAP構築に向けた動き，あるいは，同地域における通商法秩序形成の動きがマルチ・トラック化し，トラック間でFTAAPの土台，あるいは，同地域の貿易投資ルールの「ひな形」を巡る協調と競争の動きが生じるだろう。たとえば，CPTPPと太平洋同盟を中心とした動きは，参加国の重複が多いため，TPPとCPTPPの関係のように，きわめて近似したルールを有することが考えられる。この場合は，両者が協調して共有するルールのさらなる拡大を図ることが見込まれる。他方，RCEPは，日本等が「質の高い」協定を目指しているが，自由化やルールの水準を巡る交渉参加国の意見の隔たりは依然大きい。

　TPPの源流とも言える，米国や貿易投資の自由化に積極的なAPEC諸国によって進められてきたFTAと，RCEP交渉参加国の大半を占める東アジア諸国がこれまで締結してきたFTAは，自由化やルールの水準が異なっていた。ピーター・ペトリ教授とマイケル・プラマ教授は，前者を米国型，後者をASEAN型として，両者を21分野について比較している。この分析によれば，

「関税」,「非関税障壁」など16分野で米国型の方がASEAN型よりも高水準であり，ASEAN型が米国型よりも高水準であったのは，「植物衛生検疫」や「協力」など5分野であった[37]。また，2013年4月のWTO調査に基づき，米国及びチリとASEAN及び中国が締結したFTAを比較すると，「WTOプラス」規定及び「WTOエクストラ」規定ともに，後者よりも前者の方が含まれている項目が多くなっている[38]。RCEP交渉難航の背景には，TPP及びCPTPPにおいて「米国型」を取り入れた日本等の諸国と，従来の「ASEAN型」の延長を志向する中国等の諸国の「ひな形」を巡る競争がある。

 さらに，この競争は，近年米中間の新たな競争へと発展している。先述のオバマ米大統領の発言に明らかなように，米国は中国をアジア太平洋地域におけるルール形成の競争相手とみなし，TPPを中国に先んじて米国主導でルールを形成する手段とみなしていた[39]。米国は，中国の「国家資本主義」や「デジタル保護主義」と呼ばれる国家による市場や企業活動への制約がより厳しいルールが，アジア太平洋地域に拡大することを懸念しており，TPPにはこの抑止に資する規定が盛り込まれている。その大半がCPTPPでも維持されている[40]。したがって，RCEPの合意水準によっては，「米国型」と「ASEAN型」の市場アクセスの水準等を巡る伝統的な競争と，米中間に代表されるルールを巡る新しい競争が，CPTPPとRCEP間の競争へと転化することも考えられる。

 域外国であるが，EUのアジア太平洋諸国とのFTA締結の動きについても触れておきたい。近年EUは，韓国（2010年10月署名），シンガポール（2014年10月交渉妥結），カナダ（2016年10月署名），ベトナム（2016年12月交渉妥結），日本（2017年12月交渉妥結），インドネシア（交渉中），フィリピン（交渉中）等とFTA交渉を進め，2000年10月に発効したメキシコとのFTAの現代化交渉が大筋合意に至る（2018年4月）等，アジア太平洋諸国とのFTA締結を積極的に進めている[41]。EUが締結したFTAは，自由化，ルール，いずれの水準も高いが，電子商取引や知的財産権保護（地理的表示）等，これまでのアジア太平洋地域のFTAのものとは異なるルールが含まれている分野がみられる。今後の行方が注目される分野のひとつは，投資分野におけるISDS規定である。TPP及びCPTPPを含む，これまでのアジア太平洋地域のFTAでは，伝統的なISDS

条項が盛り込まれていることが多いが、EU は近年 FTA 等において、伝統的な ISDS 条項の採用を拒絶し、EU が提案する常設で二審制の投資裁判所（ICS）制度の導入を求めている。さらに EU は、二国間 FTA における ICS を束ね、多国間投資裁判所（MIC）を設立することを目指している。[42] カナダとベトナム、シンガポール、メキシコは、EU との FTA において ICS 制度を受け入れているが、日本は現時点で ICS 制度を受け入れておらず、EU との合意をみていない。ICS 制度を含め、今後 EU との FTA 締結を通じて、アジア太平洋地域にこれまでとは異なるルールが広まるかどうかも注目される。

V　おわりに

本稿執筆時点において、アジア太平洋地域における地域的な通商法秩序の構築の動きに関する最大の変数は、トランプ米政権の通商政策である。2017年1月の大統領就任演説でトランプ大統領は、「米国第一主義」を掲げ、「保護こそが素晴らしい繁栄と強さにつながる」との考えを明言[43]、貿易赤字は悪であり、敗北であるという「ゼロ・サム思考」や、米国が貿易赤字を抱える相手国に貿易の「均衡」を求める極端な「相互主義」に基づき、二国間交渉による相手国市場の開放を求める通商戦略を志向している。[44]

2018年3月から4月にかけては、1962年通商拡大法232条に基づく、国家安全保障上の脅威を理由とした鉄鋼・アルミ製品への輸入制限措置（追加関税の賦課）の発動[45]や、1974年通商法301条に基づく、中国における知的財産権の侵害を理由とした対中制裁関税措置案（約1,300品目、500億ドル規模の中国からの輸入品への追加関税の賦課等）の公表等を行い[46]、WTO 発足以降米国の歴代政権が自制してきた一方的措置の発動やそのおそれを梃子に、二国間交渉を自国に有利に進めようとの姿勢を明確にした。3月26日には韓国が、232条措置の適用を免除される代償としての対米鉄鋼輸出枠（2015 - 17年実績の70％）の設定や、米国のトラック関税撤廃期限の20年間の後ろ倒し等、米国に有利な形での米韓 FTA 再交渉の大筋合意を受け入れ[47]、トランプ政権に「成功体験」を与えてしまった。こうした米国のパワーを前面に出し、ルールを軽視するトランプ政権の通商政策が今後も継続すれば、WTO の下でのグローバルな自由貿易体制が

危機的状況に陥りかねない。

　この危機感が共有されたことが，CPTPPの早期発効や発効後の参加国の拡大に向けた動きを後押ししている。米国はオバマ政権下でTPPを中国主導による地域的なルール形成を抑止する手段として活用しようとしていたが，現在はTPPを継承したCPTPPがトランプ政権の保護主義的な通商戦略の防波堤の役割を果たそうとしている。トランプ大統領は，2018年1月以来，それまで酷評していたTPPに米国が復帰する可能性につき言及し始めたが[48]，復帰の条件としてTPPが米国にとって「かなり良い協定（substantially better deal）」になれば，との条件を付けている[49]。しかし，トランプ政権が現状の通商戦略を継続する限り，他の11カ国が米国の要求を受け入れることはできないだろう。

　日本をはじめとするアジア太平洋諸国にとっては，CPTPPやRCEP等のメガFTAの早期実現等により，同地域における地域的な通商法秩序の構築を進展させ，これに加わらない米国の輸出者や企業を同地域での貿易投資における競争上不利な立場に置き，トランプ政権の通商政策の転換を求める米国内の声を大きくしていくことが今後の課題となる。

1) 本稿は，日本国際経済法学会第27回研究大会（2017年10月15日，一橋大学）共通論題セッション「国際通商法秩序の現状と将来を考える」における筆者報告「アジア太平洋における地域的な通商法秩序の構築に向けた動き」を，2018年4月末時点の情報に基づき，加筆修正したものである。
2) 同様の問題意識につき，「アジア太平洋」と「東アジア」の2つの地理的枠組みから検討したものとして，菅原淳一「アジア太平洋地域における地域経済統合と日本の戦略」『みずほ総研論集』2012年Ⅱ号（みずほ総合研究所，2012年）。
3) 外務省経済局『我が国の経済外交2018』（日本経済評論社，2018年）107頁。
4) 外務省「APEC経済首脳宣言」（仮訳）1996年11月25日。
5) 外務省編『外交青書第1部（平成11年版）』（大蔵省印刷局，1999年）89-90頁。Munakata, Naoko, *Transforming East Asia: The Evolution of Regional Economic Integration* (Research Institute of Economy, Trade, and Industry and Brookings Institution Press, 2006), p. 87.
6) 菅原淳一「『東アジア自由貿易地域』の実現に向けて」『みずほ総研論集』2005年Ⅱ号（みずほ総合研究所，2005年）参照。
7) 日本貿易振興機構（ジェトロ）「世界と日本のFTA一覧（2017年12月）」（2018年）による。中韓FTAは，中国，韓国双方の件数に含む。

8) APEC Business Advisory Council (ABAC), *Report to APEC Economic Leaders 2004, Bridging the Pacific: COPING with the CHALLENGES of GLOBALIZATION*, 2004.
9) 外務省「APEC首脳のAPECビジネス諮問委員会（ABAC）との対話について」2004年11月20日。
10) 米国の政策転換の背景については，菅原淳一「突如浮上したアジア太平洋FTA（FTAAP）構想」『みずほ政策インサイト』（みずほ総合研究所，2006年12月8日）参照。
11) APEC, *14th APEC ECONOMIC LEADERS' MEETING, HA NOI DECLARATION*, 2006/11/18-19.
12) ロバート・スコレー「環太平洋パートナーシップ（TPP）協定—始まり，意義および見通し」『アジ研ワールド・トレンド』No. 183（日本貿易振興機構アジア経済研究所，2010年12月）。
13) 菅原「前掲論文」（注6）。
14) United States Trade Representative, *Schwab Statement on launch of the U.S. Negotiations to join the Trans-Pacific Strategic Economic Partnership Agreement*, September 22, 2008.
15) 菊池努「『地域』を模索するアジア——東アジア共同体論の背景と展望」『国際問題』No. 538（日本国際問題研究所，2005年1月），みずほ総合研究所編『巨大経済圏アジアと日本』（毎日新聞社，2010年）。
16) この間の東アジアでの動きについては，菅原「前掲論文」（注2）参照。
17) 外務省「第18回APEC首脳会議『アジア太平洋自由貿易圏（FTAAP）への道筋』（仮訳）」2010年11月14日。
18) 外務省「APEC首脳宣言附属書A アジア太平洋自由貿易圏（FTAAP）実現に向けたAPECの貢献のための北京ロードマップ（仮訳）」2014年11月11日。
19) 2012年3月にはWTO政府調達協定改正議定書交渉，2014年11月にはWTO貿易円滑化協定交渉，2015年12月にはWTO情報技術協定（ITA）拡大交渉がそれぞれ妥結している。
20) 「WTOプラス」及び「WTOエクストラ」の定義については，WTO, *World Trade Report 2011*, p. 128に拠った。
21) WTO, *Updated dataset on the content of PTAs (April 2013)* に収載されたFTAのうち，2000年以降に発効したAPEC域内FTA27件につき集計した結果である。
22) USTR, *USTR Letters to Congressional leaders*, December 14, 2009.
23) The White House, *Remarks of President Barack Obama - State of the Union Address As Delivered*, January 13, 2016, *Statement by the President on the Signing of the Trans-Pacific Partnership*, February 03, 2016.
24) 首相官邸「安倍内閣総理大臣記者会見（平成25年3月15日）」。
25) 内閣官房TPP政府対策本部「環太平洋パートナーシップ協定（TPP協定）の概要」2015年10月5日，3頁。

26) The White House, *Presidential Memorandum Regarding Withdrawal of the United States from the Trans-Pacific Partnership Negotiations and Agreement*, January 23, 2017.
27) 菅原淳一「TPPを土台とした新協定の可能性」『みずほ政策インサイト』(みずほ総合研究所, 2017年3月28日) 参照。
28) 内閣官房 TPP 等政府対策本部「越智副大臣による記者会見の概要」2017年3月15日。
29) 内閣官房 TPP 等政府対策本部「環太平洋パートナーシップ協定閣僚声明 (仮訳)」2017年5月21日。
30) 菅原淳一「前途多難な TPP11実現への道程」『みずほ政策インサイト』(みずほ総合研究所, 2017年5月23日) 参照。
31) 内閣官房 TPP 等政府対策本部「梅本首席交渉官による記者会見の概要」2017年7月13日。
32) 内閣官房 TPP 等政府対策本部「梅本首席交渉官による記者会見の概要」2017年8月30日。
33) TPP 閣僚声明では, 新協定の「中核 (the core elements)」に合意したとされている。内閣官房 TPP 等政府対策本部「環太平洋パートナーシップ閣僚声明」2017年11月11日。
34) 内閣官房 TPP 等政府対策本部「茂木大臣による記者会見の概要」2018年3月8日。
35) 2010年の APEC 首脳宣言「FTAAP の道筋」前掲 (注17) では,「ASEAN＋3, ASEAN＋6」とされていたが, 2014年の「北京ロードマップ」前掲 (注18) では,「TPP 及び RCEP を含む FTAAP へのあり得べき道筋」と, RCEP が明記されている。
36) USTR, *2018 Trade Policy Agenda and 2017 Annual Report of the President of the United States on the Trade Agreements Program*, March 2018.
37) Petri, Peter A. and Michael G. Plummer, "The Trans-Pacific Partnership and Asia-Pacific Integration: Policy Implications," *Policy Brief*, Number PB12-16, June 2012, Peterson Institute for International Economics.
38) 前掲 (注21) と同様の方法で集計した結果である。
39) 前掲 (注23) 参照。
40) TPP 協定の国有企業章や電子商取引章がその代表例と言える。
41) 欧州委員会貿易総局ホームページ (http://ec.europa.eu/trade/policy/countries-and-regions/negotiations-and-agreements/, Last update: 22 Mar 2018) による。マレーシア, タイとは交渉中断中。メキシコとの交渉の大筋合意は欧州委員会発表 (2018年4月21日) による。
42) European Commission, *The Multilateral Investment Court project*, at http://trade.ec.europa.eu/doclib/press/index.cfm?id=1608, Latest update on 20 March 2018.
43) The White House, *REMARKS OF PRESIDENT DONALD J. TRUMP - AS PREPARED FOR DELIVERY INAUGURAL ADDRESS*, January 20, 2017.
44) 菅原淳一「『力の秩序』へ回帰するトランプ通商政策」『エコノミスト Eyes』(みずほ総合研究所, 2017年1月19日) 参照。

45) The White House, *Presidential Proclamation Adjusting Imports of Steel into the United States*, Mar 22, 2018, and *Presidential Proclamation Adjusting Imports of Aluminum into the United States*, Mar 22, 2018.
46) USTR, *Under Section 301 Action, USTR Releases Proposed Tariff List on Chinese Products*, 04/03/2018.
47) USTR, *New U.S. Trade Policy and National Security Outcomes with the Republic of Korea*, 03/28/2018.
48) その後開催された日米首脳会談（2018年4月17-18日）では，トランプ大統領はTPP復帰よりも二国間交渉が望ましいとの姿勢を明確にした。菅原淳一「日米首脳，新貿易協議開始で合意」『みずほ政策インサイト』（みずほ総合研究所，2018年4月20日）参照。
49) CNBC, *President Donald Trump sat down for an interview with CNBC's Joe Kernen at the World Economic Forum in Davos, Switzerland*, January 25, 2018.

（みずほ総合研究所政策調査部主席研究員）

共通論題① 国際通商法秩序の現状と将来を考える──反グローバル化と不確実性に抗して

米国トランプ政権の通商政策と日本の対応

梅島　修

I　はじめに
II　トランプ政権の公約
　1　概　要
　2　トランプ経済計画
　3　行動計画
III　トランプ大統領就任後の行動
　1　TPP 離脱（CPTPP の成立）
　2　NAFTA 改正交渉
　3　米韓 FTA
　4　貿易救済措置
IV　国際通商法秩序での評価
　1　個別政策の評価
　2　トランプ政権の通商政策全体の評価
V　日本がとるべき対応
　1　日米交渉
　2　WTO 体制の堅持・WTO 紛争の提起
VI　おわりに

I　はじめに

　ドナルド・トランプ氏は，「米国の労働者を守り」，「アメリカを再び偉大にする」と主張して大統領選を勝ち抜き，2017年1月20日，第45代米国大統領に就任した。その3日後には，環太平洋パートナーシップ協定（以下，「TPP」）から離脱することを宣言し，2018年に入ると，矢継ぎ早に輸入制限措置を発動してきた。
　本稿は，2018年4月末までのトランプ政権の通商政策を概観し（8月25日までの経過を括弧内に追記），現行の国際通商法秩序の下での評価を検討する。さらに，かかる通商政策に対する日本のこれまでの対応と今後の方向を考察する。

Ⅱ　トランプ政権の公約

1　概　要

　トランプ候補の当初の主張は，米国労働者の雇用を守ることを中心に据え，中国産品に高率な関税を課す，貿易相手国に為替引き上げを要求する，貿易協定を再交渉する，TPP から離脱する，といった単純化されたメッセージであった[1]。この主張は，ピーター・ナバロ氏とウィルバー・ロス氏の作成したトランプ経済計画[2]により，米国製造業の雇用が縮小する元凶は貿易赤字にあるという経済学的な根拠付けと方向性が与えられ，その後に発表された100日行動計画，そして大統領就任後の政策の基礎となっている。

2　トランプ経済計画

　2016年9月に発表されたトランプ経済計画の中心は，通商政策の改革による貿易赤字の解消である。貿易赤字を解消することにより国内総生産及び国内雇用を増進することができるとする。

　そのためには前政権が軽視していた製造業を強化する必要があるとし，規制緩和により製造業及びエネルギー産業の国内投資を促進し，所得税減税により投資の海外逃避を防ぎ，米国資本の外国投資を誘引している WTO の付加価値税ルール，北米自由貿易協定（以下，「NAFTA」），米国と韓国間の自由貿易協定（以下，「米韓 FTA」）を変更し，中国，ドイツ，日本等の為替操作に対策を講じ，重商主義と通商上の詐欺を行っている中国等の不公正貿易実務に対して防御的関税策を構ずるとした。さらに，エネルギー源規制を撤廃し，ドイツ，日本，韓国への石油及びガス輸出を増加させるとしている。

3　行動計画

　2016年10月，トランプ候補は，「米国を再び偉大にする100日行動計画」[3]（以下，「行動計画」）を発表し，「米国労働者を保護するための7つの行動」として，① NAFTA の再交渉または離脱，② TPP からの離脱，③中国を為替操作国と認定，④外国の貿易上の不正行為を止めさせるため米国法と国際法に基

づくあらゆる手段の利用，⑤エネルギー生産規制の撤廃，⑥エネルギーインフラ計画の再開，⑦国連の気候変動対策への資金拠出の取りやめ，を掲げた。

Ⅲ　トランプ大統領就任後の行動

トランプ政権は，トランプ経済計画及び行動計画に忠実に取り組み，それら計画に掲げた事項のおおよそ全てを実行してきた1年3カ月余りであった。トランプ大統領によると，貿易は「互恵的」であるべきで，そうでない状況は不公平であり，前政権の貿易協定はひどいものである。

1　TPP離脱（CPTPPの成立）

トランプ大統領の指示を受け，米国通商代表（以下，「USTR」）代行は，1月30日，TPP寄託国及び各署名国に対して，締約国とはならない旨を通告した[4]。これにより，12カ国間のTPPは発効しないことが確定した。

日本は，同年4月，米国の翻意を待つという方針を変更し，米国を除く11カ国でTPPを発効させる方針とした。その後5回の事務レベル交渉などを経て，2018年3月8日，11カ国は，原TPPの一部条項を停止した「環太平洋パートナーシップに関する包括的及び先進的な協定」（以下，「CPTPP」）に，チリ・サンティアゴで署名した。

トランプ大統領は，条件次第ではTPPに復帰してよい旨を何度か述べているが，2018年4月18日，「日本，韓国〔ママ〕はTPPに戻ってほしいとするが，私は米国にとって良いとは思えない。あまりに多くの予測できない事態があり，うまくゆかなかったときに退場できない。二国間の取引が米国労働者にとってははるかに良い[5]」との発言を行った。これは，現政権にとってTPP離脱はきわめて重要な政治的メッセージであることの証左である。

2　NAFTA改正交渉

(1) 経　緯

2017年5月，ようやく，ライトハイザー氏が連邦議会に承認されて米国通商代表に就任し，NAFTA改正交渉のための国内手続が開始された。2017年7

月にUSTRが公表したNAFTA改正交渉の個別目標によると，交渉は22分野に及ぶ。同年8月16日，NAFTA改正交渉の第1回会合を開催し，その後，2018年3月までに7回の公式会合が開催されている。同年4月23日からは大筋合意を目指した交渉が行われているが，4月末時点では決着していない。

NAFTA改正交渉のほとんどの交渉項目のディマンデュールは米国である。他方で，米国からの反対給付が殆どないという事情から，交渉は極めて難しいものとなっている。交渉に進展が見られなくなると，トランプ大統領がNAFTA離脱の可能性を表明するということが繰り返されてきた。

(2) 主な交渉項目

最も注目されている交渉項目は自動車の原産地規則である。米国は，2017年11月，現行の62.5％の域内付加価値基準を85％に引き上げるとともに，米国付加価値率50％とする条件を付加するよう求めた。米国自動車メーカーはこの提案に反対している。厳格化された原産地基準はむしろNAFTA特恵関税を利用しない動きを促進して，米国産業にマイナスに働くとの分析もなされている。2018年4月の提案では，域内付加価値を75％以上とする一方，労務費は時給US$15以上のみを付加価値に算入できると変更された模様である。

投資章について，米国は，国家と投資家間の紛争（ISDS）手続を受け容れないとの方針を示した。ライトハイザー通商代表は，外国投資は個別企業のリスクで行うべきものであり，米国政府が投資リスクを保証する必要はないと主張している。

貿易救済措置では，米国は，季節農産物産業の損害認定を特定の季節に限定すること，グローバルセーフガード措置からNAFTA国を免除する条項の削除，第19章の紛争解決の削除に加え，調査手続における透明性及び手続を提案している。

米国は，NAFTA改正から5年を経過したときに，貿易収支の状況によりNAFTAから脱退する権限を大統領に与えるとするサンセット条項を提案した模様である。

労働条項はTPP条項と類似しているとされる。金融サービス章にはTPP及びWTOで交渉中の新サービス貿易協定（TiSA）条項を持ち込もうとしてい

るとされている。その他,TPP 交渉の一定の成果が反映されることが見込まれている。[8]

3 米韓FTA

2017年6月30日,トランプ大統領は,文在寅大統領と会談して,直ちに米韓FTAの再交渉を開始し,米国自動車の韓国販売の障壁及び韓国の鉄鋼ダンピング輸出について対策を講ずることを求めた。しかし,文大統領は,会談後,新たな貿易取引には合意していないと述べている。この時点から,韓国は米国の姿勢を見誤っていた。

同年7月12日,米国は米韓FTAの特別会合を要請した。これに対し,韓国は会合の延期を求め,また,ソウルで開催すべきと主張した。8月22日,第1回会合はソウルで開催されたが,ライトハイザー代表は渡韓せず,テレビ会議システムを使い,30分遅れて参加した。米国は米韓FTA発効後に増大した対韓貿易赤字の対応策を求めたが,韓国は,その真の理由について共同調査を行った上でなければ米韓FTAの変更には応じられないと答えた。この会合の雰囲気は極めて敵対的で,米国側の感情まで悪化させたようである。韓国の態度に業を煮やした米国は,米韓FTAの撤廃を真剣に検討する一方,40〜50項目の要求を行った模様である。11月7日,米韓FTAは極めて宜しくない結果を米国にもたらしたとのトランプ大統領の発言に対し,ようやく,文大統領はFTA協議を迅速に進めるとした。

2018年3月23日,米韓FTA改正の大筋合意が発表された。[9] その主な事項は次の通り。

【自動車】
- 米国のトラック輸入関税25%の撤廃を2041年まで延期。
- 韓国は米国安全基準を充足した米国自動車の輸入を年5万台まで認める。
- 韓国は米国ガソリン車の米国排気ガステスト及び基準を満たした自動車部品を受け容れる。韓国は,今後,排気ガス基準を米国と協議の上設定する。

【鉄 鋼】
- 韓国産鉄鋼製品は,2015年から2017年の間の年平均輸入量の70%を上限とす

ることを条件として，232条措置の適用から免除される。

【外国為替】
- 輸出競争力強化のための為替切り下げ及び為替操作を禁止する。

韓国側は，この大筋合意により，韓国鉄鋼は268万トンについて232条の追加関税の適用を受けない，また，農産品については一切譲歩していない，と発表している。鉄鋼輸出の具体的な条件その他の最終条項は協議中である模様である。

4 貿易救済措置

トランプ大統領は，行動計画に公約した通り，「外国の貿易上の不正行為」に対抗する凡そ全ての米国法を発動しまたは適用に向けて着手している。

米国法上の輸入対抗手段としては，同政権が既に着手または発動した貿易救済措置の外に，次の3措置が挙げられる。しかし，それらのいずれも，外国の貿易上の不正行為に対抗する措置として利用できるものではない。

【1974年通商法第122条】[10] 国際収支の赤字が多額かつ重大である場合に15％の輸入課徴金その他の措置を講ずる権限を大統領に与えている。同条の措置は，議会の承認のない限り150日間に限定される。また，輸入全体に無差別に適用することとされており，特定国をターゲットとできるものではない。

【1930年関税法338条】[11] ある国が米国産品を第三国産品よりも差別している場合に，当該国産品に50％以下の対抗関税を課す権限を大統領に与えている。殆どの貿易相手国が米国に最恵国待遇を与えている現状では，この措置を発動する状況にはない。

【国際緊急経済権限法】[12] 米国の安全保障，対外政策または米国経済に非常かつ緊急な脅威が生じたときに，非常事態宣言を行って，脅威の対象との取引及びその資産を凍結する権限を大統領に与えている。この措置は，具体的な脅威に対抗するための措置であり，通常の通商行為に対抗するものではない。

（1）1962年貿易拡大法232条——安全保障措置

（i）調査の概要 1962年貿易拡大法232条[13]は，商務省に対し，調査開始から270日以内に，特定の産品輸入が国家安全保障を毀損するおそれの有無，ま

た，執るべき措置について大統領に報告すること（以下，「232条調査」）を求めている。大統領は報告に基づき90日以内に措置を講ずるか否かを決定する。措置は決定日から15日以内に発動される。

商務省は，2017年4月，鉄鋼及びアルミニウム製品について232条調査を開始した。パブリックコメント，公聴会等の手続を経て，2018年1月，商務省は調査報告書を大統領に提出した[14)15)]。それら報告書は，次の理由により，いずれの産業も産業全体を維持することが国防上不可欠であるところ，米国産業は弱体化しており，国家安全保障を損なうおそれがあるため，措置が必要としている。

【鉄　鋼】
- 国防省の需要は米国鉄鋼生産の3％を占めるに過ぎない[16)]。しかし，鉄鋼産業の維持には民間向け販売が欠かせない[17)]。
- 鉄鋼輸入の増加は米国産業の財務健全性を弱めている。米国鉄鋼産業の平均収支は赤字で，数社は会社更生手続開始の危機にある[18)]。
- 2000年以来，米国内の転炉は25％減少し，さらに，稼働可能な転炉の33％が休止している。今後，鉄鋼業に重要な転炉の更なる減少は不可避である[19)]。
- 中国を最大とする世界的な過剰生産能力による輸入は，米国産業の操業率を50％未満に引き下げ，米国生産者を破綻させようとしている[20)]。

【アルミニウム】
- アルミ製品は，米国経済，インフラ，国防に不可欠である。アルミ製品輸入に完全に依存することは国防需要の充足を保証できない[21)]。
- アルミニウムの軍需が全需要に占める割合はわずかであるため[22)]，民間向け事業なくしては，米国アルミ産業を維持できない[23)]。
- 米国のアルミ地金生産は世界生産の1.5％まで減少した一方で，中国は世界市場占拠率を55％まで拡大している[24)]。現在操業している米国内の精錬所は5か所のみで，そのうち，宇宙航空，軍事向けの高純度アルミニウムを生産できる精錬所は1か所となった[25)]。
- 過剰生産能力によるアルミ製品価格の世界的な低下と輸入急増により，米国アルミ生産者は2社まで減少した[26)]。

共通論題① 国際通商法秩序の現状と将来を考える

(ii) 適用と免除　これら報告書を受け，2018年3月8日，トランプ大統領は鉄鋼輸入に25％，アルミ輸入に10％の追加関税を同月23日から課す旨を決定した。発動前日の22日，大統領布告を発して，カナダ，メキシコ，オーストラリア，アルゼンチン，韓国，ブラジル及びEU加盟国とは安全保障について重要な関係を有するとして，同年4月30日まで当該国産への措置適用を免除することとした。カナダ及びメキシコについてはNAFTA改正交渉の推移を見守るため，韓国については米韓FTAでの交渉終結をみるためとされている。EU産については，EUが米国産品輸入に対して対抗措置を発動することを表明したことが要因と考えられる。その他の国々とは，輸入制限交渉を行っている模様である。

4月30日，米国は，オーストラリア，アルゼンチン，ブラジル，韓国と輸入制限措置の合意に達し，それら国を232条措置の対象外とすること，カナダ，メキシコ，EU製品に対する適用免除は1カ月延長すると発表した。(追記：当該延長は6月1日をもって終了した。)

(iii) 利害関係国の対応

(ア) WTOセーフガード協定に基づく二国間協議要請　2018年3月26日，中国は，232条措置の実態はセーフガード措置(以下，「SG措置」)であるとして，米国に対してWTOセーフガード協定12.3条に基づく二国間協議を求めるとともに，同協定8.1条に基づく補償協議を要請する旨をWTOセーフガード委員会に通知した。同様の協議要請が，EU，トルコ，インド，ロシアからなされている。米国は，232条措置はSG措置ではないとの前提で二国間協議に応じている。

(イ) WTO紛争解決機関への提訴　2018年4月5日，中国は，232条措置はGATT11条及びセーフガード協定に不整合な措置であるばかりでなく，GATT 1条1項，2条1項(a)及び(b)，及び10条3項(a)に不整合であるとして，WTO紛争の第一歩である二国間協議を求めた。米国は，これに応じている。(追記：その後，インド，EU，ノルウェー，カナダ，メキシコ，ロシアも，当該協議を要請した。)

(ウ) その他　3月26日，EUは232条措置による鉄鋼輸入の影響を調査

38

するセーフガード調査を開始した。(追記：7月28日，28鋼種に25％の追加関税を課す暫定措置を発動した。)

3月29日，中国は，WTO セーフガード協定12.5条に基づき，果実，鋼管，ワイン等120品目に15％，豚肉7品目及びアルミニウムに25％の対抗関税を4月2日より課すと WTO に通報し，同日，実施した。(追記：その後，EU も対抗関税を実施した。)

(2) AD・CVD 措置

ホワイトハウスによると，2017年，米国は82件のアンチダンピング（AD）及び相殺関税（CVD）調査を行った。これは，2016年から58％増である。[38]

(ⅰ) 中国の非市場経済扱いの継続　商務省は，2017年4月3日，中国を非市場経済（以下，「NME」）として扱うべきかを見直す手続を開始した。[39] 中国のNME 地位の見直しは，2006年以来11年振りである。同年10月26日，商務省は，中国は NME であるとする最終判断を公表した。[40] この判断に基づき，商務省は，個別 AD 調査において，継続して中国を NME と扱っている。[41]

同年11月3日，中国は，かかる判断をすでに提起していた NME 問題に関する WTO 紛争に含めるため，二国間協議要請書を修正した。[42]

(ⅱ) 職権による AD・CVD 調査開始　2017年10月11日，ロス商務長官は，次の点を指摘して，商務省の職権により AD・CVD 調査を開始することを検討すると発言した。

- 小規模事業者が多数に及ぶ産業は調査開始要件を充足することが難しい。
- AD 調査申請1件あたり数百万ドルの費用を要し，中小企業にとって挑戦である。
- 中国は，提訴企業に対して報復を行う。

2017年11月28日，商務省は中国産汎用アルミニウム合金板に対する AD 調査及び CVD 調査を職権により開始した。AD 調査としては1985年の日本産半導体，CVD 調査としては1991年のカナダ産軟材以来の職権による調査開始である。[43]

これら調査のうち CVD 仮決定が2018年4月23日に公告された。[44] 商務省は2018年9月29日までに AD 及び CVD 調査の最終決定を下すとしている。

(3) グローバルセーフガード措置

米国国際貿易委員会（以下，「ITC」）は，2017年5月17日，結晶シリコン太陽電池（以下，「CSPV」）輸入に対して，同年6月5日には大型家庭用洗濯機（以下，「LRW」）輸入に対して，SG調査を開始した。

2018年1月23日，トランプ大統領は，同年2月7日よりSG措置として追加関税を課すとした。これにより，ワールプールはオハイオ州で200人の雇用を増加させ，サムソン及びLGはLRWの米国生産を開始するとしている。[45]

(i) CSPV調査及び措置　2017年9月22日，ITCは，全会一致で，急増した輸入は国内産業の重大な損害の実質的な原因のひとつであるとの判断を下し，11月13日，損害の決定及び各委員の救済措置の勧告についての報告書を大統領へ送付した。[46]

2018年1月23日，大統領は，ITCの2委員が示した救済措置案を採用して，2018年2月7日から4年間にわたり，毎年，2.5ギガワット分のセルを除き，30％，25％，20％，15％の追加関税を課すとした。[47]カナダ産CSPVについては，ITCの判断を覆し，SG措置を適用するとした。[48]

(ii) LRW調査及び措置　2017年10月5日，ITCは，全会一致で，急増した輸入は国内産業の重大な損害の実質的な原因のひとつであると決定し，同年11月21日，全会一致で3年間の関税割当を勧告する報告書を大統領へ送付した。[49]2018年1月23日，大統領は120万台まで毎年20％，18％，15％，120万台を上回る数量に対して50％，45％，40％の追加関税を課した。ただし，輸入のなかったカナダ産を措置の対象外とした。[50]

(iii) 利害関係国の対応　中国[51]，韓国[52]，日本[53]，フィリピン[54]，ベトナム[55]は，CSPV措置及びLRW措置について，EU[56]はCSPV措置について，WTOセーフガード協定に基づく米国に対する譲許停止措置を執る権利を留保する旨を物品理事会に通知した。（追記：5月，韓国は双方の措置について，中国は，8月CSPVについて，WTO紛争としての二国間協議要請を行った。）

(4) 1974年貿易法301条

1974年貿易法301条は，外国の不正な貿易行為に対して対抗措置を執る権限[57]をUSTRに与えている。2017年8月18日，USTRは，「中国製造2025」政策に

代表される，外国技術及び知的財産の中国国内への移転を推進する次の政策を含む中国の技術移転及びイノベーション実務について，同法に基づく調査（以下，「301条調査」）を開始した。
- 外国投資の条件として技術移転の要求，また，技術移転のその他圧力。
- 技術ライセンス契約条件への介入。
- 先端技術を有する米国企業の買収。
- 米国のコンピュータネットワークへ侵入し，知的財産の窃取。[58]

2018年3月22日，USTRは，それら政策は事実であるとする301条調査報告書を大統領に提出した。[59] 大統領は，これを受けて，次の3点を指示した。
- USTRは，13日以内に追加関税を課すべき中国製品のリスト案を公表し，その後，公聴会等を経て最終リストを提出すること。
- USTRは，中国の差別的な技術移転行為をWTOへ提訴すること。
- 財務省は，重要な米国産業・技術に対する中国の投資に配慮すること。[60]

3月23日，USTRは，中国の行為は外国の知的財産所有者に内国民待遇を与えておらず，また，外国の特許権者の権利を認めておらず，TRIPS協定3条，28.1条(a)及び(b)，28.2条に不整合であると主張して，WTO提訴を行った。[61]

2018年4月3日，USTRは，25%の追加関税を課す候補品目として輸入額500億ドルに及ぶ1500品目を示し，意見書提出，公聴会等の手続を開始した。[62] これに対し，中国は，4月4日，当該措置はGATT 1条1項，同2条1項(a)及び(b)に不整合であるとしてWTOに提訴した。[63] さらに，同日，中国は大豆や航空機など106品目について報復措置を行うと表明した。トランプ大統領は，かかる報復措置表明について「中国は間違いを正すどころか，米国の農家や製造業を傷つけることを選んだ」と批判して，USTRに対して，1千億ドルの追加関税が適切か考えるよう指示した。（追記：7月6日，米国は340億ドルの追加関税を発動。中国は，即日，対抗関税を発動。8月23日，米国は160億ドル分の関税を追加すると，中国も，即日，報復した。）

Ⅳ 国際通商法秩序での評価

本章では,トランプ政権がこれまで実施した通商措置と国際通商法秩序との関係を検討する。

1 個別政策の評価

(1) NAFTA 改正交渉

NAFTA 改正交渉の総合評価は合意内容が公表された後に譲らざるを得ないが,TPP 条項を反映した合意がなされる限り,TPP による国際的ルール作りが前進したものとして評価できよう。

他方,トランプ政権が追求している事項には,米韓 FTA 改正交渉と同様,本来の FTA の目的である貿易自由化に逆行する提案も多く見られる。たとえば,自動車の原産地基準を極めて高い付加価値率へ変更することは,NAFTA 特恵関税の利用を妨げることとなる。このような手法が多用されれば,NAFTA が,GATT24条8項の「実質上のすべての貿易」の自由化の要請を充足しないこととともなり得る。

(2) 米韓 FTA

米韓 FTA 改正交渉は,米国市場へのアクセスを悪化させることを主眼とした交渉であった。特に,232条措置の適用を避けるための合意は,1980年代の管理貿易を復活させる,悪しき前例である。

また,もし,米韓 FTA 特恵税率を適用する条件として,過去3年間の平均輸出量の70%の「製品特定割当」を輸入量の上限または輸出自主規制とする合意がされたのであれば,米韓 FTA は,貿易数量について GATT 24条4項にいう「貿易に対する障害を引き上げる」協定となる。このため,米韓 FTA は GATT24条5項に基づき GATT 規律の適用が免除される FTA としての地位を失う可能性を否定できない。

また,米国のトラック関税について,2012年の米韓 FTA 発効から29年後の2041年に撤廃するとの合意は,「1994年 GATT 第24条の解釈に関する了解」3項,すなわち,関税撤廃までに10年を上回る期間の設定は例外とする,との

合意を弱体化するものである。この点についても悪しき前例を作った。

(3) TPP 離脱

トランプ政権が TPP の締約国とならないことを政権発足早々に明確にしたことにより，「21世紀型のルールを構築する[64]」TPP の機能が米国の再交渉圧力により無にされることなく，CPTPP として発効できることとなった。結果論であるが，トランプ政権発足早々の TPP 離脱の決断は，歓迎すべきことであったかもしれない。

(4) 貿易救済措置

(i) 232条調査　米国は，232条措置は GATT21条「安全保障のための例外」により正当化されるとの立場であると思われるが，次の点において GATT 整合性に疑問がある。

第 1 に，米国の措置は GATT 21条(b)に定める，発動国である米国が「必要であると思料」した措置であるか，疑問がある。この条項に基づく措置は特段の発動要件のない例外であり，措置の発動国が安全保障上「必要である」と思料すれば十分であるとする説が有力である[65]。しかし，パネル，上級委員会は，発動国の「必要であると思料した」との説明が合理的であるか，または明らかな権利の濫用であるかを検討することができるのではないか[66]。さらに，本件では，米国商務省は，全輸入に対し，鉄鋼について24％[67]，アルミニウム製品について7.7％[68]の追加関税を大統領に勧告している。かかる勧告を上回る25％及び10％の追加関税を賦課する措置は「必要であると思料」したものではないのではないか。よって，当該措置は GATT 21条(b)例外にあたらないのではないか，という疑問がある。

第 2 に，輸出自主規制などに合意することを条件として一部の加盟国の産品を措置の適用除外または適用免除とし，他の加盟国の最恵国待遇を受ける権利や GATT の基本概念である無差別原則を否定することが安全保障上の「必要」な措置であろうか。商務省の報告書は複数の措置を選択肢として示しているが，いずれの選択肢がより GATT 不整合性が低いかについて比較衡量したものではない。したがって，現在の追加関税措置よりも他の選択肢の方が GATT 規律に不整合である程度がより低いと評価された場合，現在の措置は

「必要」と合理的に思料されたものではないとして、GATT 21条(b)の例外にあたらないこととなるのではないか。

第3に、鉄鋼産業及びアルミニウム産業の現在の生産全体が、GATT 21条(b)(ii)に定める、軍需物資取引に「関する」（relating to）ものにあたるであろうか。商務省は、民間向け生産の減少が産業の衰退を招き、ひいては軍需への供給ができなくなる、と分析したものである。しかし、現状の生産全体が軍需への供給を維持することに関係するものであるのか、一部は純粋に民間需要に係る生産設備であって軍需供給の維持には関係していないのではないか、といった側面から、軍需に「関する」生産設備の範囲分析はなされていない。したがって、今回の措置には、軍需への供給に「関する」ものではない生産まで保護しているのではないかと疑われる。かかる部分はGATT21条(b)(ii)の対象とならないのではないか。また、もし、軍需に「関する」産業の範囲の精査なくして産業全体を軍需に「関する」とすることが許容されてしまうと、軍需向けに何らかの産品を供給している産業は、常にその全体をGATT21条により保護してよいこととなってしまい、GATTの規律を実質的に無にしてしまうのではないかと懸念する。

第4に、米国は、本措置発動時に第三国の利益を検討していないところから、1982年12月の「GATT 21条に関する決議」[69]に反しているのではないか。同決議は、前文で、"Recognizing that in taking action in terms of the exceptions provided in Article XXI of the General Agreement, contracting parties should take into consideration of the interest of third parties which may be affected"として、GATT21条の例外行為を実施するにあたって、当該行為により影響を受ける第三国の利益を考慮する、としている。この規定は決議の前文であり、さらに、"should"であるところから、発動国の義務とまではいえないかもしれないが、提起する価値はあると思われる。

(ii) AD・CVD措置

(ア) 中国のNME扱い　中国のNME扱いの継続は、トランプ政権以前からの既定路線を踏襲しているものであり、米国の立場を変更するものではない。とはいえ、この措置についてのWTO紛争はわが国のAD調査にも影響

を与えるものであり，その推移を注視すべきである。

　(イ)　職権による調査開始　　調査当局の職権によるAD・CVD調査開始自体は，WTO・AD協定5.6条及び補助金協定11.6条に，例外的に行うことが認められたものである。現在のところ，職権による調査開始は，中国産アルミ合金板1件に留まっており，「例外的」の範囲から逸脱しているとは言えないであろう。

　他方，中国産を含むアルミニウム製品に対して，すでに232条措置により国内産業を輸入から保護する追加関税を課しているところから，もし，今後，AD・CVD措置が発動された場合，二重救済の問題が生じるのではないか。すなわち，232条措置により，輸入は，もはや国内産業に損害を与えていないのではないか。そうであるならば，AD・CVD調査では，当該輸入による国内産業の損害なし，とする判断に至るべきである。[70]

　(iii)　グローバルセーフガード措置

　米国が過去に発動したSG措置はWTO紛争解決機関によりGATT19条及びWTOセーフガード協定に不整合と認定されたため，直近の16年間，SG措置は発動されてこなかった。特に，米国法の規定とWTO協定との齟齬から，次の点のWTO協定不整合は不可避ではないかと考えられていた。[71]

- 事情の予見されなかった発展の結果の検討の欠如。
- NAFTA条項に起因した，調査対象とした産品の範囲と措置の対象とする産品との不一致（パラレリズム違反）。
- 輸入以外の要因が国内産業に与えた損害の効果の分離峻別分析の欠如。また，輸入による損害のみを除去する措置の程度の分析の欠如。

　CSPV調査・措置では，措置の程度分析を除き，それら問題点をほぼ克服している。事情の予見できなかった進展の分析については，ITCが損害分析報告書を提出した後に，USTRがITCに対して事情の予見できなかった進展に関する追加報告を要請し，ITCがこれに応えるという方法が採られた。[72]パラレリズム不遵守の問題は，大統領が，ITC判断を覆して，[73]カナダ産品も国内産業の重大な損害に重要な貢献をしていると決定して措置の対象とした。[74]輸入以外の損害の要因について，ITCは従来型エネルギーの価格の低下はCSPV

の価格低下の原因の一部であるかもしれないとしたものの、CSPV 輸入による損害の影響よりも低いという認定をしており、定性的分析を行ったとみることもできよう。

LRW 調査では、事情の予見されなかった発展についての分析、追加報告はなされていない。この点は、将来、GATT 不整合を問われる可能性がある。損害分析では、国内産業の損害に影響を及ぼしたとみられるその他の要因は見当たらないところから、その他の要因分析及び措置の程度分析の問題は生じていない。カナダ産は輸入実績のなかったため措置の対象からを除外したものであるから、パラレリズムの問題は生じていないと思われる。ただし、GATT24条に基づく正当化が認められるかという新たな問題が提起され得る。

このように、今回の CSPV 及び LRW 調査及び措置では、過去の WTO 紛争解決機関により不整合とされた点について相当程度の配慮がなされている。

(iv) 301条調査・措置

米国は、過去の WTO 紛争において、WTO 協定に反した方法で301条措置を適用しないと声明して、WTO 協定不整合と判断されることを免れていた。今回、中国が知的財産に係る WTO 合意に反したからといって一方的に輸入規制措置を行うことは、かかる表明を反故にし、WTO 協定の根幹である、紛争解決了解に定める紛争解決機関の審理を通じての対抗措置の承認、セーフガード協定11条に定める一方的措置の禁止、を真っ向から否定するものであり、是認できない。他方、中国の報復措置も、WTO により形成された国際通商法を無視する行為である。

2 トランプ政権の通商政策全体の評価

トランプ政権は、これまで見てきた通り、行動計画に掲げた事項の全てをトランプ経済計画に沿って取り組んできた。この点において全くぶれていない。

しかし、通商協定を"deal"と呼び、気に入らなければ離脱・撤廃すると主張する姿勢は、個別取引での短期的な利益を求めるもので、長期的な視野に立った施策、国際通商の基礎を提供するルールには全く関心を示していない。

また、過去の通商制限措置の帰結とその後の国際社会の対応に学んでいるか

も疑問である。232条措置を梃子とした輸出自主規制の推進や301条に基づく一方的措置は，1980年代の米国の通商措置に類似する。当時執られた鉄鋼トリガープライス制度（1978-82）・数量制限（1984-92）や自動車の輸出自主規制（1981-93）は産業界に既得権益・超過利潤を生んだものの米国産業構造の改善にはつながらなかった。半導体協定（1986-96）は，わが国半導体産業を衰退させた一方で韓国，台湾への貿易転換を生じさせる結果となったが，米国産業の強化に繋がったか疑問である。WTO協定に定める輸出自主規制，一方的措置の禁止は，それらの反省の上に成立したものである。

　トランプ経済計画は，貿易赤字の削減を目標としていることを明確にしている。今後，2018年2月以降に執った措置の成否を貿易赤字の減少幅により評価することが考えられる。思った数値まで減少しなかった場合，さらなる措置を発動し，相手国に輸出制限を求める可能性がある。

V　日本がとるべき対応

　本章では，トランプ政権の施策に対して，わが国の対応を検討する。

1　日米交渉

(1)　成功したトランプ政権との関係構築

　安倍総理大臣は，トランプ氏の大統領当選が確定して10日と経たない2016年11月17日，ニューヨークのトランプ氏自宅を訪ねて人間関係を作り，さらに会談を重ねて対等な交渉関係を構築した。交渉学の基本に沿ったアプローチであり，高く評価できる。2017年2月10日の会談では，トランプ政権の利害のために何ができるかを共に探る手段として，経済対話を立ち上げた。その一方で，TPP11カ国の交渉を進めて，原TPPにおける米国の要求に応じた合意の一部を凍結したCPTPPを作り上げ，米国がTPPに復帰する利益を明確に示した。232条措置により輸出国に貿易制限合意を迫る，米国の利益のみに固執した手法に対しては妥協しない姿勢を示した。これにより，米国の要求に対して日本側が譲歩するという1980年代の交渉形式には服さないことを明確にした。

　トランプ大統領がTPPに復帰する決断をすることは期待できまい。しか

し、これら一連のアプローチは、日本の交渉ポジションを高め、長期的に両国に利益をもたらす解決策へ米国を誘導するための有効な方法と思われる。

(2) 今後の方向

今後は、米国の求める日米 FTA に、慎重にではあるが、対応する必要があると考える。

米韓 FTA の大筋合意内容からすると、トランプ政権は、FTA を、自由貿易拡大の手段ではなく、短期的な利益を管理貿易により獲得するツールとみているようですらある。しかし、そうであるからといって、世界最大の経済規模を誇る米国を無視して、新たな貿易環境の進展に対応した、国際通商の基礎ルール作りはできまい。また、日米 FTA は、かつて日本が目指していた自由貿易協定でもある。日米 FTA 交渉の扉を閉ざすことは、自由貿易の促進という観点から賢い選択であるとは思われない。

NAFTA 改正交渉では、20を超える分野について TPP での合意を踏まえた交渉が行われているとされている。かかる交渉の結果を検討し、トランプ政権後も見据えて、将来的に米国の TPP 復帰するための過程としての日米 FTA 交渉をじっくり進めることが望ましいと思われる。

かかる交渉の一方で、米国から液化天然ガスの輸入及び第三国輸出を早急に促進することにより、対米貿易黒字の削減を行うことは強力な援軍となる。日本の2017年の対米貿易黒字は626億ドルである一方、液化天然ガスの輸入額は約348億ドルである。[80] この一部でも米国輸入に切り替えることができれば、目に見える成果としてトランプ政権に示すことが可能である。

2 WTO 体制の堅持・WTO 紛争の提起

トランプ政権には、今後の国際通商制度、基礎ルールはどのようにあるべきかといった視点は見られない。かかる状況において、同政権の WTO 協定違反措置を見逃していては、国際通商全体の秩序を失いかねない。232条措置は、GATT 21条の例外行為であったとしても、それにより許容される範囲を逸脱していると思われる。かかる措置に対しては、WTO 紛争解決の活用を含めた、WTO 協定に従った対抗策を講ずるべきである。301条調査・措置の利害

関係国は中国であるが,かかる紛争について,わが国は第三国として国際貿易秩序の維持という観点から貢献することが望ましいと考える。

他方,当該措置の対抗策として WTO 協定を無視した措置を執ることは,みずから WTO 体制の破壊に加担することとなる。また,第三国のかかる措置を是認すべきでもない。たとえば,232条措置を回避するために輸出自主規制を受け容れる行為,WTO 協定の定める手続を経ない対抗措置の発動に対しても,厳しい目を向けるべきである。

VI おわりに

わが国は,諸外国との自由貿易により発展を遂げてきており,さらなる発展のためには自由貿易を深化させることを要することは,論を待たないであろう。1995年に創設された WTO 体制は全加盟国の合意に基づく国際通商の基本的な規律を定め,貿易紛争をルールに基づき粛々と解決する手段を提供している。しかし,その後に進展した情報通信の発達,デジタル化,新興国の経済発展と鉄鋼等の世界的過剰生産に対応した貿易ルールを提供できないでいる。このため,FTA によるルール作りが活発化してきたところである。かかる状況を踏まえれば,わが国としては,TPP を軸として複数国間協定による新たな国際通商ルールを策定,確立し,自由貿易体制を強化することが重要である。

かかる視点から,前章で述べた対応策を進めることを期待するものである。

---

1) グレン・S. フクシマ「トランプが共和党候補に選ばれた8つの要因・共和党の戦略ミスのツケが回ってきた」東洋経済 Online 2016年5月8日, at https://toyokeizai.net/articles/print/117025 (as of 17 April 2018).
2) Peter Navarro and Wilber Ross "*Scoring the Trump Economic Plan: Trade, Regulatory, & Energy Policy Impacts*" (2016), at https://assets.donaldjtrump.com/Trump_Economic_Plan.pdf (as of 3 May 2018).
3) Donald J. Trump, "*100-day action plan to Make America Great Again: Seven actions to protect American workers*" (2016), at https: //assets. donaldjtrump. com/_landings/contract/O-TRU-102316-Contractv02.pdf (as of 3 May 2018).
4) *A letter from Maria L. Pagan, Acting USTR to TPP Depositary*, dated January 30, 2017, at https:

//ustr. gov/sites/default/files/files/Press/Releases/1-30-17%20USTR%20Letter%20to%20TPP%20Depositary. pdf (as of 7 May 2018).
5) DonaldJ. Trump@realDonaldTrump, 19：49-2018年4月17日, at https://twitter. com/realDonaldTrump/status/986436520444866560 (as of 7 May 2018).
6) 物品貿易，衛生検疫，貿易円滑化及び原産地規則，貿易上の技術的障壁，良好な規制実務，サービス貿易（電気通信，金融サービスを含む），物品及びサービスのデジタル貿易及び越境のデータフロー，投資，知的財産，透明性，国営企業及び国家管理企業，競争政策，労働，環境，反腐敗，貿易救済，政府調達，中小企業，エネルギー，紛争解決，一般条項，通貨，の22分野である。
7) Center for Automobile Research, "*NAFTA Briefing: Review of current NAFTA proposals and potential impacts on the North American automotive industry*" April 2018, at https://www.cargroup.org/wp-content/uploads/2018/04/nafta_briefing_april_2018_public_version-final.pdf (as of 2 May 2018).
8) 中川淳司「NAFTA再交渉の行方・TPPの実質復活目指す」2017年8月9日付日本経済新聞朝刊28面「経済教室」。
9) USTR Fact Sheet, "*New U.S. Trade Policy and National Security Outcomes with the Republic of Korea*", issued on 28 March 2018.
10) Section 122 of the Trade Act of 1974, codified as 19 U.S.C. §2132.
11) Section 338 of Tariff Act of 1930, codified as 19 U.S.C. §1338.
12) International Emergency Economic Power Act, codified as 50 U.S.C. §§1701-1707.
13) Section 232 of Trade Expansion Act of 1962, codified as 19 U.S.C. §1862.
14) U. S. Department of Commerce Bureau of Industry and Security Office of Technology Evaluation, "*The Effect of Imports of Steel on the National Security, an Investigation Conducted under Section 232 of the Trade Expansion Act of 1962, As Amended*" January 11, 2018.
15) U. S. Department of Commerce Bureau of Industry and Security Office of Technology Evaluation "*The Effect of Imports of Aluminum on the National Security, an Investigation Conducted under Section 232 of the Trade Expansion Act of 1962, As Amended*" January 17, 2018.
16) 前掲（注14）23頁。
17) 前掲（注14）25頁。
18) 前掲（注14）37-39頁。
19) 前掲（注14）43-44頁。
20) 前掲（注14）51-54頁。
21) 前掲（注15）21頁。
22) 前掲（注15）24頁。
23) 前掲（注15）40頁。
24) 前掲（注15）44頁。
25) 前掲（注15）48-49頁。

26) 前掲（注15）91頁。
27) Proclamation 9705 of March 8, 2018; Proclamation 9704 of March 8, 2018.
28) Proclamation 9710 of March 22, 2018; Proclamation 9711 of March 22, 2018.
29) G/SG/161, 26 March 2018.
30) G/SG/175, 16 April 2018.
31) G/SG/183, 20 April 2018.
32) G/SG/176 (aluminum) and G/SG/177 (steel), 17 April 2018.
33) G/SG/181, 19 April 2018.
34) G/SG/184, 23 April 2018.
35) WT/DS544/1, G/L/1222, G/SG/D50/1, 9 April 2018.
36) WT/DS544/2, 17 April 2018.
37) G/L/1218, G/SG/M/12/CHN/1, 3 April 2018.
38) The White House, "*Fact Sheet 'President Donald J. Trump Is Promoting Free, Fair, and Reciprocal Trade'*" issued on January 30, 2018, at https://www.whitehouse.gov/briefings-statements/president-donald-j-trump-promoting-free-fair-reciprocal-trade/ (as of 28 April 2018).
39) 中国を NME と扱うことの AD 措置上の特徴と WTO 協定上の問題点については，梅島修「中国産品輸入に対する AD 税賦課——中国 WTO 加盟議定書15条 a 項 ii 号の失効の意味と対応策」経済産業研究所（2017年），at https://www.rieti.go.jp/jp/publications/dp/17j041.pdf (as of 4 May 2018).
40) *See, Memorandum for Gary Taverman, Deputy Assistant Secretary "China's Status as a Non- Market Economy"* (October 26, 2017), at https://enforcement.trade.gov/download/prc-nme-status/prc-nme-review-final-103017.pdf (as of 24 April 2018).
41) たとえば，直近の事例では *Certain Tool Chests and Cabinets from the People's Republic of China: Issues and Decision Memorandum for the Final Affirmative Determination of Sales at Less Than Fair Value* (April 3, 2018), p. 3.
42) WT/DS515/1/Add. 1, 8 November 2017.
43) *U. S. Department of Commerce Self-Initiates Historic Antidumping and Countervailing Duty Investigations on Common Alloy Aluminum Sheet From China*, posted November 28, 2017, at https://www.commerce.gov/news/press-releases/2017/11/us-department-commerce-self-initiates-historic-antidumping-and (as of 24 April 2018).
44) *Common Alloy Aluminum Sheet From the People's Republic of China: Preliminary Affirmative Countervailing Duty (CVD) Determination, Alignment of Final CVD Determination With Final Antidumping Duty Determination, and Preliminary CVD Determination of Critical Circumstances*, 83 Fed. Reg. 17651 (April 23, 2018).
45) 前掲ファクトシート（注38）。
46) "*Crystalline Silicon Photovoltaic Cells (Whether or Not Partially or Fully Assembled Into Other Products)*" USITC Publication 4739, November 2017.

47) Proclamation 9693 of January 23, 2018.
48) 同上，7項．
49) *Large Residential Washers, Investigation No. TA-201-076*, USITC Publication 4745, December 2017（「LRW 報告書」）．
50) Proclamation 9694 of January 23, 2018.
51) G/L/1220, G/SG/N/12/CHN/2, 5 April 2018; G/L/1221, G/SG/N/12/CHN/3, 5 April 2018.
52) G/L/1224, G/SG/N/12/KOR/3, 6 April 2018; G/L/1223, G/SG/N/12/KOR/2, 6 April 2018.
53) G/L/1225, G/SG/169, 6 April 2018; G/L/1226, G/SG/N/12/JPN/3, 6 April 2018.
54) G/L/1229, G/SG/172, 9 April 2018.
55) G/L/1228, G/SG/171, 9 April 2018; G/L/1227, G/SG/170, 9 April 2018.
56) G/L/1215, G/SG/160, 20 March 2018.
57) Section 301 of the Trade Act of 1974, codified as 19 U.S.C. §2411.
58) *See, Initiation of Section 301 Investigation; Hearing; and Request for Public Comments: China's Acts, Policies, and Practices Related to Technology Transfer, Intellectual Property, and Innovation*, 82 Fed. Reg. 40215（August 24, 2017）．
59) Office of the United States Trade Representative, Executive Office of the President "*Findings of the Investigation into China's Acts, Policies, and Practices Related to the Technology Transfer, Intellectual Property, and Innovation Under Section 301 of the Trade Act of 1974*, March 22, 2018.
60) Presidential Memorandum of March 22, 2018.
61) WT/DS542/1, IP/D/38, 26 March 2018.
62) "*Notice of Determination and Request for Public Comment Concerning Proposed Determination of Action Pursuant to Section 301: China's Acts, Policies, and Practices Related to Technology Transfer, Intellectual Property, and Innovation*" 83 Fed Reg. 14906（April 6, 2018）．
63) WT/DS543/1, G/L/1219, 5 April 2018.
64) TPP 等政府対策本部―内閣官房ホームページ「TPPとは」, at https://www.cas.go.jp/jp/tpp/about/index.html（as of 6 May 2018）．
65) Peter Van den Bossche, Werner Zdouc "*The Law and Policy of the World Trade Organization*" 3rd. ed., Cambridge University Press（2013）p. 596; Matsuo Matsushita, Thomas J. Schoenbaum & Peteros C. Mavroidis "*The World Trade Organization, Law, Practice and Policy*" 2nd. ed., the Oxford International Law Library（2006）p. 596; 中川淳司・清水章雄・平覚・間宮勇『国際経済法〔第2版〕』（有斐閣, 2012年）122頁．
66) Bossche 前掲（注65），松下満雄・米谷三以『国際経済法』（東京大学出版会, 2015年）244-245頁．
67) 前掲（注14）58頁．

68) 前掲（注15）108頁。
69) L/5426, 2 December 1982.
70) 二重救済と協定整合性の議論として，上級委員会報告書 *United States - Definitive Anti-Dumping and Countervailing Duties on Certain Products from China*, WT/DS379/AB/R, adopted 25 March 2011, paras. 570-574参照。
71) 詳細分析は，梅島修「米国セーフガード措置16年振りの挑戦」『国際商事法務』46巻3号（2018年）369-375頁参照。
72) *Supplemental Report of the U. S. International Trade Commission regarding Unforeseen Developments*, at https://edis.usitc. gov/edis3-external/1248664-632645. pdf (as of 6 February 2018).
73) 前掲（注46）66-67頁。
74) Proclamation 9693 of January 23 2018, para. 7.
75) 前掲（注46）64-65頁。
76) Proclamation 9694 of January 23, 2018, para. 8.
77) *See*, Panel Report, *United States – Sections 301-310 of the Trade Act of 1974*, WT/DS152/R, adopted 27 January 2000, paras. 7.114-7.128, 7.134-7.136, 7.170.
78) 前掲（注5）。
79) *See*, Roger Fisher, William Ury, Bruce Patton, "*Getting to YES, Negotiating Agreement without Giving in*" 3rd. ed., Penguin Books (2011).
80) 日本貿易振興機構・ドル建て貿易概況，at https://www.jetro.go.jp/world/japan/stats/trade/（as of6 May 2018）。

（高崎経済大学経済学部国際学科教授）

共通論題①　国際通商法秩序の現状と将来を考える——反グローバル化と不確実性に抗して

Brexit と英 EU 通商交渉の行方
——英国・EU 包括的経済政治連携協定？——

中村民雄

Ⅰ　はじめに
Ⅱ　EU 脱退手続
Ⅲ　英 EU の将来関係の関心事（2018年3月末までの段階）
　1　英国の関心事項
　2　EU の関心事項
Ⅳ　法的論点
　1　将来関係の諸協定の相互関係
　2　EU の権限排他性
　3　協定の対象範囲からみた既存協定の関連性
　4　同等性確保・履行監視・紛争解決の制度設計——EU 法の自律性の保全
Ⅴ　むすび

Ⅰ　はじめに[1]

　英国の EU 脱退（Brexit）は，通商面から安全保障面に及ぶ包括的な交渉を要するものとなろう。戦後のヨーロッパ統合は，冷戦の終焉までの時期，安全保障は NATO，経済発展と地域的自由化は EC（EU），そして自由主義の民主的政治体制とヨーロッパ各国の人権保障の監督（欧州人権条約）は欧州評議会（Council of Europe, CoE）が担当する三層構造で進んだ。[2]英国はこの三層に貢献してきた。英国は外交や軍事面で CoE と NATO の創設に関わり，現在まで一貫してヨーロッパ地域の軍事大国として NATO の枢軸にある。[3]経済においてもイギリスは1980年代後半から1990年代の EC 域内市場統合政策の推進国であったし，現在も金融サービス貿易の輸出国である。[4]

　他方 EU も，1990年代の冷戦終焉以降，経済共同体（EC）を越えて平和維持活動など安全保障面にも取り組む大掛かりな EU となり，EU 諸国民に従来の経済的自由に加えて，EU 法上の「市民」の選挙権など政治的な権利も限定的ながら直接付与し保障するものとなった。[5]

かくして今日のヨーロッパにおける英国のEU脱退は，英国とEUの法的関係の根本的変化となるだけでなく，政治・経済の面でも英国とEUのいずれについても自らの世界における経済・政治的地位の再定義となる（ただし英国のNATOやCoEでの法的地位は変化しない）。

本稿は，この文脈を念頭におきつつEU脱退後の英国とEUの間の通商関係を構築する上での法的論点を掘り起こす。もっとも実際のBrexit交渉は，英国のEU脱退条件交渉が優先され，将来関係の重要な部分をなす通商交渉に入ることをEUと英国が宣言したのは2018年3月下旬であった。そのため本稿脱稿時（2018年4月末）までに具体的交渉成果は何らあがっていない。もっとも準備段階の諸文書を整理するならば，英国が求めEUも応じて構築しようとする通商関係はある程度予見可能となる。ゆえに，現時点で意味ある作業とは，この予見可能な像を可能な限り実証的に特定し，そこから大局的ながら重要な法的論点を掘り起こすことであろう。本稿ではそれを試みる。はじめに英国のEU脱退手続を瞥見し，次に2018年3月時点での双方の交渉関心事を整理し，予見可能な通商関係像を特定する。そのうえで英国・EUの通商協定を含む将来関係協定の法的論点のうちEU法に特有の考慮を要する点について簡潔に検討する（したがって本稿での事実関係の基準時は2018年4月末日である）。

II　EU脱退手続

脱退手続はEU条約50条に規定し，これ以外の方法でのEU脱退は認められない[6]。脱退協定の交渉は原則2年間である（延長も欧州理事会の全会一致で可能であるが（同条3項），英国は「2019年3月29日午後11時」を脱退日とEU脱退法案に明記した[7]）。以下では英国が脱退するものとして論じる[8]。

EUの構成国は各国の憲法上の要件に従って脱退意思を欧州理事会に通知できる（EU条約50条1項）。英国では，憲法の大部分が不文のため，「憲法上の要件」（とくに脱退通知の主体と国内手続）をめぐり論争が生じたが，Miller事件最高裁判決で決着がつき[9]，2017年3月29日に英国はEUおよびEuratom（欧州原子力共同体）から脱退する意思を欧州理事会に通知した[10]。

英国憲法においては，脱退交渉を制約するものはほとんどない（そもそも国

共通論題① 国際通商法秩序の現状と将来を考える

会の権力行使を法的に制約する上位法としての憲法は観念されず，主権者たる国会が法的に無制限の立法権を行使できると考えるのが英国コモン・ロー憲法である[11]）。国内での地方分権法による分権議会に委譲された立法事項にEU法が関わる面はあるが（環境政策事項など），EU脱退交渉はウェストミンスターの国会に留保された外交事項であるから，内閣が外交権限を行使でき，国会がこれを承認できる（ただし分権議会に委譲された事項について国会が立法するときは分権議会への事前諮問が望ましいとする憲法習律がある[12]）。

EUと脱退国は，両者の将来関係の枠組みを考慮しつつ脱退協定を締結する（EU条約50条2項）。実際のBrexit交渉では，EUが脱退協定の交渉を先決事項とし，その十分な進展がない限り将来関係協定の交渉に入らない立場をとった[13]。EUは，脱退協定の目的を，①市民，ビジネス，利害関係者，国際社会に対して英国のEU脱退の直接的効果について最大限の法的明確性と安定性を示すこと，②構成国として英国が引き受けてきた約束から生じる英国の権利義務から英国を切断することと定めた[14]。そこで脱退協定では，①在英EU市民の地位の保障，②英国の対EU債務の履行，③脱退時に存在する事柄（物品域内流通，司法協力，欧州司法裁判所での訴訟等）の旧来通りの処理について合意することを主内容とした。その際，北アイルランド国境管理，キプロスの英国主権基地領域についても配慮するものとした[15]。なお，脱退協定交渉には，英国の脱退日から将来関係協定の発効日までの経過期間の合意も含めうるが，その合意は，範囲を明確に定め，時限的で，実効的な履行確保制度を備えねばならないとの条件を付けた[16]。

対する英国は，将来のシナリオなく脱退を決定し，政府内の意見対立もあって交渉方針が定まらないまま脱退協定交渉に突入した。2017年6月19日より月1度の交渉が始まった。英国政府は，脱退協定の主要論点について次第に立場を公表するようになり[17]，並行して将来関係の立場も順次公表した[18]。

2018年3月19日には，脱退協定交渉の中間成果が公表された[19]。そこでは，①在英EU市民の地位保障（経過期間中に英国に到来したEU市民はそれ以前に到来したEU市民と同様の権利保障。在EU域内の英国人も同様），②北アイルランドは物理的国境検査再導入を回避する他の解決策がない限りは，EU域内市場・関税

同盟内に留まること，③経過期間を設定し（2019年3月29日から2020年12月31日まで），英国は経過期間中からEU域外国との通商交渉ができることなどに合意が成立したことが公表された。この段階で脱退条件交渉には十分な進展があったものと認められ，2018年4月中旬より，将来関係協定の交渉に入ることになった。

しかし，脱退協定にも合意が未成立の重要事項が残っている。たとえば経過期間終了まで管轄権を維持するEU裁判所をめぐる規定である（この点は将来関係協定にも関係するため保留されているものと思われる）。また，北アイルランド国境管理問題も，中間成果に示されたものは暫定的な取り決めにすぎない。英国がかりに将来の通商関係をEUの関税同盟・域内市場からの離脱にあるとするならば（実際現政権はそう公言した），EUの対外国境が南北アイルランド間に生じ，他の実効的な手段がない限り，物理的な国境再導入が要請されてくる[20]。しかしそうすると北アイルランドの治安回復のために北アイルランドの民間人非武装化と南北アイルランドの自由通行を不可欠の要素として成立したイギリス・アイルランド両国の1998年のベルファスト和平合意（Good Friday Agreement）に反することになる。しかも中間成果のごとく現状維持（南北アイルランドの国境撤廃状態維持）を恒久的に放置することも英国には容認できない。北アイルランドとブリテン島の間（アイルランド海）に関税等の目的で国境を引くことになり，英国の国家一体性を害するからである[21]。ゆえに（EU単一域内市場から離脱する場合は）物理的国境検査再導入を回避する他の解決策を，英国は将来関係交渉中に説得力をもってEUに提示する課題を抱えることになる。

Ⅲ　英EUの将来関係の関心事（2018年3月末までの段階）

もっとも，英国EU双方は，2018年2月から3月にかけて，将来関係交渉にむけた関心事を示すようになった。以下，双方の文書を同一項目をたてて整理再構成してみよう。

共通論題① 国際通商法秩序の現状と将来を考える

1 英国の関心事項

(1) 将来関係全般

メイ首相は同年 2 月17日の演説で,外交・安全保障・警察・刑事司法協力面については,通商協定とは別の協定の締結を要望した[22]。続く 3 月 2 日の演説では,通商協定の関心事を初めて具体的に示した[23]。首相は,交渉の譲れない一線を国民投票に示された民意と政府が解釈したものにおいた。すなわち,英国が EU に求める将来関係協定は,「自国の国境と法と財源の統制を回復する」もので,国民の「よりよい利益」となる「長続き」するもので,国民の「仕事と安全を守る」もので,「近代的で開かれた外向きの寛容なヨーロッパ民主主義国に相応しい」もので,「英国の国民と国家の一体性を強める」ものだ[24],と。この前置きののち,具体的な関心事を首相は述べた。

(2) 通商経済協力全般

- 英国は EU の単一域内市場,関税同盟,共通通商政策から離脱し,EU と「最も広範かつ深いパートナーシップ (the broadest and deepest possible partnership)」を築き,かつ EU 域外の国々とも通商協定を交渉する自由を求める。

- EU 脱退後は,EU 域内の人の自由移動は終了し,英国に居住する外国人の数を英国政府が規制できるようにする。ただし,人々のつながり (links between our people) を維持する方策は探る。〔この発言の裏には,EU 単一域内市場の 4 つの自由(商品・サービス・資本・人の自由移動)は不可分であり一部切り取りは認めないとの EU の立場がある[25]。〕

- しかし英国は EU 市場へのよいアクセスを求め,EU から英国へのよいアクセスも認める。

- そのために世界中の既存のどの通商協定よりも多くの部門を対象とし,協力の度合いも一層充実したパートナーシップを求め,それは法的拘束力ある合意で維持されるべきである。

- ただし英国も EU も脱退時には同一の法をもつ利点がある。世界の他の通商交渉のように異なる法の相互の調和にこれから向かうものではない。この利点をいかして通商関係を築くべきだ。

- 以上から，通商協定は，ノルウェー型（EEA〔欧州経済領域〕協定）でもカナダ型（CETA〔加 EU 包括的経済通商協定〕）でも WTO 準則準拠でもない，英国経済の必要にあわせた特注の独自型の協定が必要である。

(3) 物品・サービス貿易

- 公正かつ開かれた競争が保障され市場へのアクセスは英 EU 双方を利する。よい市場アクセスをもつには，アクセス条件は公正であって，双方の権利と義務にバランスがとれていなければならない。公正かつ開かれた市場アクセスの確保のために，英国は国家補助や競争法については EU と歩調を合わせる。
- 物品貿易については，英国と EU の国境を最大限無摩擦とする。英国・EU 間の通商についての関税や数量制限は導入を望まない。
- 北アイルランドの物理的国境や国境検問は望まず，同時に北アイルランドとブリテン島の間に関税・規制上の国境を引くことも容認できない。そこで 2 つの方式のいずれかが考えうる。

> 　第 1 は，EU と英国の関税パートナーシップである。EU の輸入要件を英国境でも正確に反映させ，EU の関税と原産地規則と同一のものを，域外から英国経由で EU を最終仕向け地とする物品に適用する。他方，最終仕向け地が英国の域外からの物品は，英国独自の関税等を適用する。この制度は堅固な執行制度を要する。
> 　第 2 は，通関制度の高度の簡素化である。(i)物品が英国から EU 内を通過して EU 域外世界へ移動する場合とこの逆方向の場合も，英国— EU 間で EU 関税を払わずに EU を通過することを認める。(ii)空港や港での遅延リスクを下げる措置をとる。EU と英国双方の「信頼できる業者」制度を設け，最新の IT 技術をもちいて，輸送車が国境で止まらずにすむようにする。(iii)引き続き世界レベルでの関税自由化と安全保障リスク低減のために英国・EU が協力を継続する。(iv)通関業務を最大限自動化する。(v)北アイルランドの特殊な立場を認め，80％の北アイルランド国境貿易は零細中小業者によるものだから，当該業者には現行通りの自由通行を認め，大規模業者のみ簡素化された通関制度を用いる。

- 規格基準の検認は一度ですませる現行体制を維持する。そのために包括的な相互承認制度を要する。英国は EU の規制基準と実質的に同等の高水準を維持する必要がある。これは英国法が EU 法と同一の結果を達成することを確

保することを原則とし，その目的で独立の監督制度を設置する。このほか英国が一定のEUのエイジェンシー（化学のECA, 薬品のEMA, 航空産業のEASAなど）に残留すべく，当該エイジェンシーの定める法規を遵守しエイジェンシー予算に応分の拠出し，エイジェンシー監督に係るEU裁判所の管轄権も受諾するなど諸条件も交渉する。

- 農漁業は，物品と同様に扱える部分が多いが，多少違う考慮も必要である。EUの共通農漁業政策を離脱するので，英国は脱退後自国の農漁業政策は独自に柔軟に展開する。領海内の漁業運営は独自に行う。ただしEUと経済パートナーシップを組み，英国漁業界の漁業機会のより公正な配分と漁場への互恵的アクセスを合意しつつ，共有資源を持続可能に使用するために，EUと協力していく。環境と動物福祉の水準は世界随一なので脱退後も環境水準を維持し，自然遺産の保護もさらに進める。最低限でもEUと同等の水準に保つ。

- サービス貿易についても，これまでにない広範な合意を追求する。物品の単一市場と連結したサービス貿易に脱退後は一定の障壁が生じうるが，絶対に必要なもの以外は新規障壁を設けないようにすべきだ。EUと英国の双方のサービス提供者が相互のホスト領域で差別を受けないよう求め，その実効的保障のために必要な措置をとる。サービス提供資格は現在も将来も英・EU双方において相互承認を維持するよう求める。

- 放送サービスについては，EU諸国の放送作製国の単一免許でEU全域に放送できる現行法の利は脱退により失われる。そこで現行制度を放送免許の相互承認制度などに代替し，そうすることで英国TV会社等がEUへの越境放送を持続できるようにする。

- 金融サービスも，単一免許でEU全域にサービスが提供できる現行制度の利は脱退により失われる。それに代わり，相互承認と互恵的規制同等性の原則により，金融規制の結果の同等性を客観的に評価できる制度を設け，同一性を確保できない場合の紛争解決制度（仲裁等）を設ける。[26]

(4) その他の事項

- データ保護の取り決めが，安全保障目的でもデータ自由流通目的でも必要で

ある。EUのデータ保護紛争解決制度への英国情報コミッショナー局の参加を求める。
- エネルギー，運輸，デジタル，法，科学技術革新，教育，文化などの分野で英国とEUの経済は密接に連結しているので，取り決めを結ぶ。
- エネルギー政策領域でもEUと広い協力を得たい。南北アイルランドの単一電力市場を保護することも含まれる。さらには英国がこれまで同様EU域内エネルギー市場に参加できる選択肢を模索する。Euratom（欧州原子力共同体）に緊密に連携することも模索する。
- 運輸については，航空，海運および鉄道サービスの継続性を確保する。また道路運送業者については英国とEUの相互市場アクセスを確保するよう求める。
- 英国はEUのデジタル単一市場に参加しない。業界の進展速度がはやく即応できるために国内の柔軟性が必要であるから。
- 民事法協力については，ルガノ条約など域外国とEUが連携できる事例があり，しかも英国はEUと脱退時に同一の法をもつ利点を活かし，ルガノ条を上回る会社法や知的財産権も含めた広範な協定を求める。
- EUとの広範な科学技術協定を求め，EUの主要な科学研究事業に英国も参加できるようにする。
- 教育・文化事業についても，共有価値を推進し知的な力を世界に発揮するために，EUの事業への参加が可能となるように求める。参加に伴う応分の費用負担は引き受ける。

(5) 履行確保の制度
- EUと恒常的に定期協議する必要がある。既存の規制当局の担当者定期会合などを維持したい。
- 将来関係協定は，双方の法秩序の自律性を尊重しなければならない。ゆえに当該協定をめぐる紛争の究極の解決者は，英国の裁判所でもEUの裁判所でもない独立の仲裁制度たるべきである。
- 脱退によりEU裁判所の英国における管轄権は終了する。
- ただし，脱退後も，EU法とEU裁判所の判決が英国内に影響し続けうる。

脱退時にEU脱退法〔英国の制定法〕がEU法を英国法に転換して法的連続性・安定性を保障するから，当該英国法をめぐる訴訟は国内裁判所が管轄するが，適切な場合には国内裁判所はEU裁判所の判決を参照するだろう。また国会が将来，規制の同等性を保つためにEU法と同一の法を制定するなら，国内裁判所は当該関連法同士の一貫した解釈のためにEU裁判所の判決を参照するだろう。また英国がEUのエイジェンシーに残留できるときは，その面で英国はEU裁判所の判断を尊重する。

2　EUの関心事項

EUは，2018年3月23日，欧州理事会において，将来関係協定の交渉ガイドラインを採択した。[27] 以下に通底するEU側の法的な関心事は，ガイドライン15段に明瞭である。「将来関係の仕組み全般の設計にあたっては，(ⅰ)将来関係の内容と深さ，(ⅱ)実効性と法的安定性確保の必要，(ⅲ)主として判決を通して展開されるEU裁判所の役割も含めてEU法秩序の自律性の保全，を考慮する。」とくに(ⅱ)と(ⅲ)は組織法面での法的な関心事である。

(1)　将来関係全般

- 英国と将来「最大限緊密なパートナーシップ」を通商や経済協力はもちろんテロや国際犯罪対策，安全保障，防衛，外交など他の分野に及ぶものを築く（3段）。
- 通商経済協力以外の分野では，個別のパートナーシップを，刑事警察協力の分野と外交安全保障防衛政策の分野について作りうる（13段）。
- EUの域内市場4つの自由は不可分である。また英国は域外国となるから，EUは自律性を保持するうえで，英国はEUの機関・附属機関・エイジェンシーでの意思決定に参加できない。EU裁判所の役割も全面的に尊重されねばならない。脱退した英国はEU構成国と同一の権利・利益を享受できず，それ相応の権利と義務に留まるべきである（7段）。

(2)　通商経済協力全般

- 競争条件の平準化を十分に保障しつつ〔権利義務の〕バランスのとれた，野心的で広範な自由貿易協定（FTA）の締結を目標とする（8段）。

- 人の移動の「野心的な規定」をおく。それは，EU諸国間での全面的な相互主義と無差別にもとづき，社会保障制度の相互連携や専門職業資格の承認に及ぶが，夫婦や親子等身分上の法的責任に関する司法協力の選択肢もさぐる（10段）。

(3) 物品・サービス貿易
- 物品貿易は関税と数量制限の撤廃を全部門で維持し適切な原産地規則を設ける。
- 漁場と漁業資源に関する現行の相互アクセスは維持する。
- EU関税同盟の一体性を害さずに適切な関税協力と双方の規制と管轄の自律性を維持する。
- 貿易の技術的障壁（TBT）と衛生植物検疫措置（SPS）に関する規定を置く。
- 自発的規制協力の枠組みを設ける。
- サービス貿易は，ホスト国法規にしたがったサービス提供のための市場アクセスを認める。ただし域外国としての英国の地位に相応したものとする。
- 公共調達市場アクセス，投資，知的財産権その他のEUの利害領域について規定する（以上8段）。
- 気候変動および持続可能な発展，越境的汚染などの緊密な協力についても対象とする（9段）。

(4) その他の事項
- 経済社会的協力（運輸サービスの相互連結の現状を維持する方策；研究技術開発，教育，文化の分野での一定の事業に英国を第三国として参加させる）も模索できる（11段）。
- データ保護に関する取極めを置く（14段）。

(5) 履行確保の制度
- 競争条件の平準化は不当な競争有利を防ぐこと，すなわち，英国が競争法や国家補助，税制，社会政策，環境政策その他の規制措置や実務などでEUの保護水準を下方修正して利を稼ぐのを防止することを目的とし，そのためには，英国の実体法のEUおよび国際水準への同調，国内履行の実効的確保制度，将来関係協定の執行と紛争解決の諸制度，EUの自律的な救済措置など

を要する(12段)。
- 運営と監督,紛争解決と履行確保(制裁,他分野対抗措置(cross-retaliation)を含む)の諸制度を設ける(15段)。

Ⅳ 法 的 論 点

以上の双方の立場に照らし,大局的ながら重要な法的論点を掘り起こしてみよう。

1 将来関係の諸協定の相互関係

EUも英国も,政治協定(安全保障等)と通商協定とに分け,少なくとも二本立てで交渉する意図である。現行のEUは,外交・安全保障・防衛の領域とそれ以外の領域では,意思決定手続やEU裁判所の管轄権が異なるという事情もある。また2000年代の主要な対外協定は政治協定と通商協定の二本立てをEUも標準形にしている[28]。英国の場合は,さらにもう一本,刑事・警察協力協定が締結される可能性もある。

法的論点は,その二本や三本の相互関係をどうするかである。韓国EU協定では,政治協定を通則,通商協定を各則として上下の階層を明瞭にもたせ[29],政治協定に指定した「必須の要素(essential elements)」(民主主義や人権保障など[30])を締約当事国のいずれかが重大かつ相当程度に侵害した場合は,他方当事国が各則たる通商協定も含めて諸協定を一部停止または終了できるものとしていた[31]。他方,カナダEU協定でも,政治協定には「必須の要素」の規定はあるが[32],政治協定と通商協定(CETA)は上下の階層がなく併存し,「必須の要素」の重大で相当程度の侵害は通商協定の(停止事由にならず)終了事由となりうると参照されるにすぎない[33]。英国との交渉でもこの点は敏感な論点となるだろう。

2 EUの権限排他性

EU法固有の論点としては,通商協定だけをとっても,対象事項が広範になればなるほど,EU自体の条約締結権限の排他性が問題となる。EUの対外的

な条約締結権限は，対内立法権限はすべての政策領域で同じ性質ではない。EUが排他的に立法権限をもつ分野（EU運営条約3条），EUと構成国が共有する分野（同4条），構成国が第一次的立法権をもちEUは各国法を改正させない範囲で補完支援的な立法しかできない分野（同6条）などに分かれている。ゆえに通商協定が広範な領域を対象とするほど，EUと構成国の間で条約締結権限のEU排他性をめぐる紛争が生じうる。いわんや政治協定と通商協定の二本を深く連動させる構造にするなら，政治協定が扱う外交・安全保障・防衛分野等はいまだにEU各国が第一次的に権限を行使しておりEUの権限は限定されているため，政治協定はほぼ混合協定となり，二本全体も相互に連動させるほど混合協定となるであろう。そして混合協定となると，交渉主体がEU＋EU27か国＋英国と増えて長引き，批准もこれらすべての批准を要すから長引く。それゆえ，EUと英国の批准だけで発効が可能な通商協定の特定諸条項だけの暫定発効を認める規定なども必要となるだろう。

3　協定の対象範囲からみた既存協定の関連性

次に通商協定に絞り，事項的範囲を確認してみよう。英国の関心事とEUの応答がかみ合う項目を（法の調和や貿易の自由化の程度は度外視して），他と比較するなら，表1となる。明らかにEEAでもCETAでもない特注の協定に合意していく道筋がすでにつけられている。ただし，EEAやCETAが無関連となるわけではない。いかなる関連性をもつかは認識しておく必要がある。

英国EU通商協定構想の最大の特徴は，人の移動の自由を認めず，社会政策・雇用政策・職業訓練政策はEUと協調しない点，またEUの統一的制度や所得再配分的制度（農漁業政策の共同管理制度やEU内の格差是正政策）を回避する点である。つまりは所得再分配に及ぶ社会厚生よりも自由競争を重視する「広範で深いパートナーシップ」を求めている。これはEU条約が求める「高度に競争的な社会市場経済（highly competitive social market economy）」（EU条約3条3項。下線，筆者）の思想を全面的には共有しない英国保守党の立場であり，思想においてCETAに共通する。

その一方で，英国・EU双方とも競争条件の平準化（英国によるEU水準の切

共通論題① 国際通商法秩序の現状と将来を考える

表1　将来関係協定の対象事項範囲の比較（調和・自由化の程度は問わない）

EU（リスボン条約）	UK-EU（2018年3月）	EEA	Canada-EU
EU基本権憲章	人権保障は言及なし。		政治協定で「民主主義，人権保障」「核不拡散」を「必須の要素」とし，「法の支配」の尊重を相互に確認。政治協定と通商協定のセットで交渉し締結（必須の要素の重大かつ相当程度の侵害は通商協定の終了事由になりうる（政治協定28条7項）。
EU運営条約 Ⅰ　共通規定 Ⅱ　民主原則 Ⅲ　機関 Ⅳ　強化協力 Ⅴ　対外行動・共通外交安全保障政策 Ⅵ　最終規定	外交・安全保障・防衛協定，刑事・警察協力協定などの政治協定は，通商協定とは別に締結。	前文で「平和，民主主義，人権にもとづくヨーロッパの建設」を確認。 政治協定なし。	
EU運営条約 Ⅰ　原則 　1　権限類型・分野 　2　通則規定 Ⅱ　無差別，EU市民権 Ⅲ　連合の政策・対内行動 　1　域内市場 　2　商品の自由移動 　3　農漁業 　4　人，サービス，資本の自由移動 　5　自由・安全・正義の領域 　6　運輸 　7　競争，税制，法の接近 　8　経済通貨政策 　9　雇用 　10　社会政策 　11　欧州社会基金 　12　教育，職業訓練，若者，スポーツ 　13　文化 　14　公衆衛生 　15　消費者保護 　16　欧州横断網 　17　産業 　18　格差是正 　19　研究技術開発・宇宙 　20　環境 　21　エネルギー 　22　観光 　23　市民災害保護 　24　行政協力 Ⅳ　域外との連携 Ⅴ　連合の対外行動 　1　通則 　2　共通通商政策	〔域内市場からは離脱〕商品の無摩擦通商 〔共通農漁業政策離脱。取極めで協調〕 サービス・資本の無摩擦通商 ・投資 〔人の自由移動は否定〕 刑事・警察・民事協力 運輸 競争法・国家補助規制 ・公共調達 ・知的財産権 教育 文化 科学技術，デジタル 環境 エネルギー（Euratom含む） データ保護 〔EUの対外政策から離脱して英国独自の通商政策権限を行使でき	〔関税同盟形成せず〕 商品の自由移動 〔農漁業政策は参加せず〕 人・サービス・資本の自由移動 刑事・警察・民事協力あり。 競争法・国家補助規制 他の分野の協力強化（以下の斜体字項目） ・社会政策 ・教育・職業訓練・若者 ・消費者保護 ・AV部門 ・研究技術開発 ・情報サービス ・環境 ・中小企業 ・観光 ・市民災害保護 〔EFTA各国は独自の通商政策権限を行使できる〕	商品の市場アクセス内国民待遇 　貿易救済措置 　貿易の技術的障壁 　動植物検疫措置 　関税・貿易促進 　補助金 投資 サービス越境通商 商用自然人の一時入国滞在 　職業資格相互承認 　国内規制の透明性と公平性 　金融サービス 　国際海運サービス 　情報通信 　Eコマース 競争政策 　国営企業・独占等 　公共調達 　知的財産権 規制協力 貿易と持続可能な発展 貿易と労働 貿易と環境 二国間対話と協力

3　第三国との協力，人道援助 4　制裁措置 5　国際協定 6　連合と国際組織・第三国，連合代表部との関係 7　連帯条項 Ⅵ　機関 　1　機関規定 　2　財政規定 　3　強化協力 Ⅶ　一般最終規定	るようにする〕 英国・EU の法・規制の実質的同等性の確保制度 〔EU のエイジェンシーに残留できるならその分の財政拠出と EU 裁判所の管轄権は認める〕 英国・EU のいずれの裁判所でもない独立の紛争解決機関	機関 EEACouncil; EFTA Surveillance Authority; EEA Joint Committee; EFTA Court 財政拠出規定 一般最終規定	行政・機構規定 透明性 例外規定 紛争解決 最終規定

り崩し防止，英国のいう規制・法の結果の実質的同等性確保）を求める。ゆえに，現在の双方同一の法から出発し，将来も双方とも法と規制実務の実質的同等性を確保する関心，そしてその実効的な履行監視制度をつくり経済主体の信頼を醸成する関心においては EEA と共通し，CETA とは異なる。EEA は，EU 単一市場の法規制と同様のものを EEA 加盟の EFTA 諸国におよぼして，「同質の欧州経済領域（homogeneous European Economic Area）」を創造する試みである（EEA 協定 1 条 1 項）。ゆえに，EEA のとりわけ履行監視制度や紛争解決制度は，英国 EU の通商協定（および将来関係の諸協定全体）の構想においても参照価値が高いといえる。

4　同等性確保・履行監視・紛争解決の制度設計——EU 法の自律性の保全

そこで，英国・EU 双方の法の実質的同等性の維持確保制度，協定の履行監視制度，協定をめぐる紛争解決制度，これらの設計が論点となる。EU は「EU 法の自律性の保全」の法的要請があり，英国には「自国の法の統制の回復」（とくに EU 裁判所からの解放）の政治的課題がある。

この制度設計の論点について，英国は，2017年 8 月23日の文書「将来のパートナーシップ：履行と紛争解決[37]」において，相互の主権と法秩序の自律性を尊重する以上は紛争解決制度として一方の裁判所の管轄権を他方に及ぼすことは認められないと述べ（29段），そこで Joint Committee（双方同数の委員を任命）を置いて，協定の履行を監視して紛争を未然に防ぎ（52-54段），協定が EU 法を複製するか同内容の規定を置くとき，協定の発効前は EU 裁判所の判決に即

して協定を解釈適用し（43段），協定の発効後は当該規定に対応するEU法についてのEU裁判所の判断（またはEEA協定105条に倣い，EU裁判所と英国の裁判所の判断）を考慮して協定を解釈適用する制度にする（46-48段）。さらにEEA協定111条3項等に倣い，Joint CommitteeからEU裁判所に先決裁定を請求できるようにする（55-58段）といった構想を述べている。

これはEEAの制度に倣い必要な変更を加える案である。いまEEAの制度を概観しておこう（表2）。EEAはEU法と同一の法を導入することが基本であるから，双方の法の同質性の維持はEEA Joint Committeeがその維持確保機関となる。EEA協定のEFTA各国内での履行を監視するのはEFTA Surveillance Authorityである。EFTA Surveillance Authorityの決定等のEEA協定違反の訴訟はEFTA Courtに係属する。かつてEEA協定の原案では表2の※の部分にEEACourtが設計され，EFTA諸国とEUの裁判官からなる合同裁判所でEFTA Surveillance Authorityの決定をめぐる訴訟を管轄するものと規定されていた。しかしEU裁判所（当時のEC裁判所）は，当該合同裁判所でEU諸条約などと同一の文言のEEA協定規定が解釈される実務をその制度設計では防げず，EU裁判所のEU法に関する排他的管轄権が害されるからEU法の自律性が害されるとしてEUの基本条約（当時のEEC条約）違反とされた[38]。そこで純粋にEFTA側で作るEFTA Courtを設けた。そしてEEA Joint Committeeが，EU諸条約と同一のEEC協定規定の解釈をめぐりEFTA Courtの判例とEU裁判所の判例が齟齬をきたしていないかを常時監視し，齟齬があるときは一定期間内に同質解釈を試み，両当事者の合意があれば，EU裁判所に裁定も仰げるものに改変した（この改訂版EEAはEUの基本条約適合的とされた[39]）。英国が提案している方式は，おそらくこの改訂版EEAの制度を準用するものであろう。

EEAの制度設計はすでにEU裁判所により「EU法の自律性」を害さないと判断されているから，英国政府の先の提案はEEAの制度モデルから大きく外れない限りは無難であろう。ただし，英国は自国にEFTA Surveillance Authorityに相当する協定の国内履行監督の独立機関をつくる必要がある。EFTACourtに相当するのは，英国の国内裁判所であり，とくに最高裁である[41]

表2　EEA の機関（各機関に双方の対応機関から同数参加する）

EFTA 諸国側	EEA の機関	EU 側
EFTA 諸国政府	EEA Council（EEA 89-91） 〔政治指針・緊急難題解決〕 構成：EFTA 各国1名代表＋閣僚理事会諸代表＋EEAS 諸代表	閣僚理事会代表＋対外行動庁（EEAS）
常設委員会	EEA Joint Committee（EEA 92-94, 105-106, 111） 〔実務機関。原則月1回会合。〕 構成：EFTA 各国1名＋EU の EEAS 諸代表 **法の同質性確保**：EU 法と同一の EEA 規定について EFTA 裁判所と EU 裁判所の判例動向監視。 **紛争処理**：EEA 協定の解釈または適用の紛争処理をする。とくに EU 法と同一の EEA 規定をめぐり EFTA 裁判所の判例が EU 裁判所のそれと齟齬あるとき Joint Committee が同質解釈を試みる。それに失敗のとき両当事者合意で EU 裁判所裁定仰ぎうる。[40]	対外行動庁（EEAS）
EFTA Surveillance Authority（EEA 108-110）〔EEA 加盟の EFTA 諸国の EEA 協定の履行監督の独立機関。〕		欧州委員会
EFTACourt（EEA 108（2））〔Surveillance Authority の監督手続に対する訴訟，競争法上の決定に対する取消訴訟など管轄〕	※（EEACourt）	EU 裁判所
EFTA 議会委員会	EEA Joint Parliamentary Committee（EEA 95）〔対話による相互理解促進〕	欧州議会
EFTA 諮問委員会	EEA Consultative Committee（EEA 96）〔労使対話パートナー同士による経済活動の社会的側面の意見交換〕	経済社会評議会

出典：EFTA（http://www.efta.int/eea/eea-institutions）をもとに筆者が説明を追加。

（英国内の法整備としては，英国版 Surveillance Authority の決定や行為を争える特別の訴訟手続を整え，必要に応じて下級審から最高裁への飛躍上告を認める必要もあろう）。

　なお上記の通則的制度に加えて投資関連については，EU は近時の域外国との通商協定において，投資家とホスト国との投資紛争の解決制度（ISDS）とし

ての仲裁制度に偏頗があるとの批判を受けて，「投資審判所」とその「上訴審判所」の設置という形態を推進している。[42] 英国に対しても EU はこれを推進してくるであろう（その際の EU の条約締結権の排他性問題は，（注34）を見よ）。

なお，英国 EU 通商協定は，自由競争に傾斜し社会政策面（労使対話など）を排除しているので，EEA Consultative Committee に相当するものは置かれない可能性が高い。

V むすび

シナリオなき脱退決定から約 2 年，英国は EEA になぞらえた制度の，CETA のような経済的自由化を主眼とするパートナー協定を求めて，EU と交渉に入る段階に達した。本稿は，この入口時点の将来像を明確化し，EU 法がからむ論点を大づかみに若干掘り起こしてみた。しかし，本格的な検討は，やはり今後の課題である。

1) 本稿は2017年10月の学会報告を基礎におきつつ，2018年4月までの進展に照らし内容を大幅に改訂したものである。
2) 遠藤乾編『ヨーロッパ統合史〔増補版〕』（名古屋大学出版会，2014年）。
3) Stockholm International Peace Research Institute (SIPRI), *Military Expenditure Database* https://www.sipri.org/databases/milex（2017.10.9参照）によれば，英国の2015年防衛費 $53862m；2016年 $48253m。フランスは2015年 $55342m, 2016年 $55745m。ドイツは2015年 $39813m, 2016年 $41067m。
4) 2016年，サービス貿易については，英国は輸出額合計 £2454億，輸入額合計 £1530億で £924億の黒字。うち EU 向け輸出が £904億（37%），EU 外向け輸出が £1550億（63%）。EU からの輸入が £761億（50%），EU 外からの輸入が £769億（50%）(Office for National Statistics, *Statistical Bulletin: Balance of Payments — April to June 2017* Tables B&C)。UK の GDP の80%はサービスが占める（House of Lords, European Union Committee, *Brexit: financial services* (2016), para. 1; UK index of services: May 2017', ONS, July 2017)。しかも UK は世界第二位のサービス輸出国である ('Trade in Services', OECD, 2017)。2016年にはサービス貿易輸出額は £246 billion であった ('BOP: Exports: CP SA: Total Trade in Services £m', ONS, June 2017)。イギリスの全輸出に占めるサービス貿易の割合は，1990年には27%程度であったが，2016年には45%に増大している ('Balance of Payments: Trade in Goods & Services: Total exports: CP SA £m', ONS, June 2017; 'BOP: Exports: CPSA: Total Trade in Services £m', ONS, June 2017)。これは G7諸国の中で最大である ('Services (BPM6): Exports and imports

of total services, value, shares, and growth, annual, 2005-2016', UNCTAD, June 2017)。

5) 中村民雄『EUとは何か（〔第2版〕）』（信山社，2016年）。
6) この点は，中村民雄「イギリスのEU脱退（Brexit）の法的諸問題――脱退決定から通知まで――」『比較法学』50巻3号（2017年）1‐39頁，とくに4‐6頁に詳論した。
7) European Union (Withdrawal) Bill 2017-19, Section 14 (1) "exit day". （本法案は，2017年7月13日に庶民院上程（HC Bill 5），2018年1月17日庶民院通過，本稿執筆時は貴族院で審議中）。この法案が出された理由は，現行のEU法の国内法上の効力と効果を維持すべき法領域が多いためである。英国は，国際法と国内法の関係を古典的二元論でとらえているため，直接適用されていたEU規則等は，1972年に国会が制定したEC加盟法（European Communities Act 1972）によってイギリス法上の法的効力と効果が付与されたと理解する。そこで，EU脱退後も当該EU法令の法的効果を国内的に維持したい場合は，1972年EC加盟法を廃止しつつ，直接適用されていたEU法の効果を維持するための規定を整備する必要がある。それがこのEuropean Union (Withdrawal) Bill 2017-19である。
8) 法的には，脱退意思の撤回が意思通知時から2年内に可能かという論点がある。さしあたり，中村民雄「EU脱退の法的諸問題――Brexitを素材として――」福田耕治編『EUの連帯とリスクガバナンス』（成文堂，2016年）103-122頁，とくに112頁を参照。
9) R (on the application of Miller and another) v. The Secretary of State for Exiting the European Union [2017] UK SC 5 (2017.1.24)（Miller事件最高裁判決は，伝統的なコモン・ロー憲法である国会主権の原則を再確認したうえで，EU脱退は英国の憲法体制を根本的に変更する行為であるから，政府の一存で通知して脱退を開始できず，EC加盟のときと同様にEU脱退も国会の承認を要し，それを得て政府がEUに通知すべきものと判断した。）この憲法問題についてさしあたり，中村民雄「イギリスのEU脱退（Brexit）の法的諸問題：脱退決定から通知まで」『比較法学』50巻3号（2017年）1-39頁，同「変容する未完の憲法――イギリスのEU加盟と脱退――」『レヴァイアサン』60号（2017年）100-117頁を参照。
10) Prime Minister's Letter to the European Council President on 29 March 2017.
11) 中村民雄『イギリス憲法とEC法――国会主権の原則の凋落――』（東京大学出版会，1993年）序章。
12) この憲法習律（慣行）は"Sewel convention"と呼ばれる。Sewel conventionはスコットランドについては2016年改正で1998年スコットランド分権法（Scotland Act）28条8項に明文化された。
13) European Council (Art. 50) guidelines for Brexit negotiations (2017.4.29), para. 5. *See also*, Directives for the negotiation of an agreement with the United Kingdom (XT 21016/17 Add 1 Rev 2) (22 May 2017), para. 19. [hereafter Negotiation Directives]
14) Negotiation Directives, para. 9.
15) *Id.*, paras. 11-17.
16) *Id.*, para. 19.

17) 2017. 6. 26 Safeguarding the position of EU citizens in the UK and UK nationals in the EU; 2017. 7. 13 Ongoing Union judicial and administrative proceedings; Nuclear materials and safeguards issues; Privileges and immunities; 2017. 8. 16 Northern Ireland and Ireland; 2017. 8. 21 Continuity in the availability of goods for the EU and the UK; Confidentiality and access to documents; 2017. 9. 22 メイ首相のフィレンツェ欧州理事会での発言（2020年まで当初の計画通りEU予算の英国負担分の払い込みをする。）
18) 2017. 8. 15 Future customs arrangements; 2017. 8. 22 Providing a cross-border civil judicial cooperation framework; 2017. 8. 23 Enforcement and dispute resolution; 2017.8. 24 The exchange and protection of personal data; 2017. 9. 6 Collaboration on science and innovation; 2017. 9. 12 Foreign policy, defence and development.
19) Draft Agreement on the withdrawal of the United Kingdom of Great Britain and Northern Ireland from the European Union and the European Atomic Energy Community (2018. 3. 19 released).
20) 英国はハイテク技術や指定業者制度を使って物理的国境なくして通関業務が確実に履行できると主張しているが，ハイテク技術の実践はないことも認めている（2017.8.15 Future customs arrangements）。
21) メイ首相も2018年3月2日の演説でこれを明言している（後掲（注23））。
22) Prime Minister Theresa May's speech at the 2018 Munich Security Conference, at https://www. gov. uk/government/speeches/pm-speech-at-munich-security-conference-17-february-2018　この演説の主旨は以下の通り。通商協定とは別個の協定で，ヨーロッパ域内の安全保障（刑事・警察協力，データ共有等）や，ヨーロッパ域外に対する外交・安全保障・防衛に関して幅広く深い関係を築く。その際，主権国家としての英国が外交・安全保障について自律的に決定できることを保障する制度とし，また協定の履行に両当事者が信頼をもつために，強力で適切な独立の紛争解決制度を要する。
23) Theresa May's speech on future UK-EU at relations http://www.bbc.com/news/uk-politics-43256183　この2018年3月2日首相演説は，従来の一般論を踏襲しつつも，具体的な関心事項を掲げた点が特徴である。
24) Id.
25) European Council Guidelines (*infra* note 27) para. 7 (no "cherry picking").
26) 金融サービスについては，メイ首相がハモンド財務大臣の2018年3月7日の講演に譲ったので，後者の講演の要旨を掲げた。"Chancellor's HSBC speech: financial services", at https://www.gov.uk/government/speeches/chancellors-hsbc-speech-financial-services
27) European Council (Art. 50) (23 March 2018)-Guidelines, EUCO XT 20001/18.
28) 韓国：EU-Korea Framework Agreement 2010, at https://eeas.europa.eu/sites/eeas/files/framework_agreement_final_en_0.pdf and EU-Korea Free Trade Agreement [2011] OJ L 127/6 ; カナダ：EU-Canada Strategic Partnership Agreement 2016, at http://data.consilium.europa.eu/doc/document/ST-5368-2016-REV-2/en/pdf and EU-Canada Comprehensive Economic and Trade Agreement, at http://data.consilium.

europa.eu/doc/document/ST-10973-2016-INIT/en/pdf
29) EU-Korea Framework Agreement, Arts. 9（2）and 43（3）.
30) *Id.*, Arts. 1 and 4.
31) *Id.*, Art. 45.
32) EU-Canada Strategic Partnership Agreement, Arts. 2 and 3.
33) *Id.*, Art. 28（7）.
34) Opinion 2/15（EU-Singapore FTA）（16 May 2017）EU: C: 2017: 376.（EU シンガポール FTA について，EU 裁判所は大部分の規定は EU が排他的に条約締結権限をもつとした。ただし，投資の章が外国直接投資だけでなく非直接的な外国投資（企業の経営支配に影響を与える意図なく行うポルトフォリオ投資）にも及ぶとしている点については，後者の投資が構成国の権限に残ることを指摘し，ゆえに後者の投資の紛争を含めて投資審判所・上訴審判所の管轄を EU が構成国の同意なく設定はできないとした。よってそれらの部分については，EU の排他的な条約締結権がなく，構成諸国との混合協定となると判断した）。
35) *E.g.*, 域外国への EU の開発援助政策や警察協力と，EU 各国がもつ外交政策としての開発援助や軍事協力は境界があいまいである。ソマリア海賊対策をめぐる事案として，Case C-263/14, European Parliament v. Council, EU: C: 2016: 435（14 June 2016）などを見よ。
36) *E.g.*, CETA も混合協で批准はベルギーでは州の承認も要すため，ワロン州の異議が耳目を集めた（2016年10月，12月）。この異議を受けベルギー政府は CETA の投資裁判所条項の EU 法適合性審査を求めて EU 裁判所に意見を請求した（2017年9月6日）。そこでは，投資裁判所が EU 法の解釈を排他的に扱う EU 裁判所の管轄権を侵害しないか，投資家だけに特別な裁判制度での裁判の機会を与えることが，法の一般原則としての平等原則に反しないか，基本権としての裁判を受ける権利や裁判所での独立かつ公平な裁判を受ける権利を害さないかといった点が争われている。https://diplomatie.belgium.be/en/newsroom/news/2017/minister_reynders_submits_request_opinion_ceta
37) 'Enforcement and Dispute Resolution: A Future Partnership Paper'（2017. 8. 23）
38) Opinion 1/91（EEA I）[1991] ECR I-6079, EU: C: 1991: 490.
39) Opinion 1/92（EEA II）[1992] ECR I-2821, EU: C: 1992: 189.
40) Joint Committee に紛争が持ち込まれ6か月以内に同質解釈ができず，EU 裁判所の裁定も仰いでいないとき，不均衡を是正するため，セーフガード措置または協定の停止措置をとることができる。セーフガードの期間の妥当性と均衡回復措置の比例性についての紛争は，仲裁判断を求めうるが，仲裁判断は EU 法と同一の EEA 協定の解釈を扱うことはできない（EEA 協定111条3項・4項）。
41) 本文と異なり，もしもイギリスが，コモンウェルス諸国からの上訴事案を管轄する枢密院（Privy Council——そのような事案では，英国の裁判官のほかに関連コモンウェルス諸国の裁判官が参加して裁判所を構成する）に英国 EU 協定の紛争解決管轄権を与え，枢密院に EU 裁判所の裁判官の参加を認めるといった制度を設計するなら，かつての EEA 協定での EEA Court と同じく「EU 法の自律性」侵害を引き起こしかねない。

42) CETA Chapter 8, Arts. 8.22-8.40; EU-Vietnam FTA, Chapter 8, section 3, at http://trade.ec.europa.eu/doclib/docs/2016/february/tradoc_154210.pdf 二国間協定で設けた投資審判所を多国間で利用可能な投資審判所・上訴審判所に発展させ置き換える目標も記されている（CETA8.29条，EU・ベトナムFTA第8章第3節15条）。*See also,* European Parliament, *From arbitration to the investment court system* （*ICS*）, at http://www. europarl. europa. eu/RegData/etudes/IDAN/2017/607251/EPRS_IDA（2017）607251_EN.pdf

（早稲田大学法学学術院教授）

共通論題① 国際通商法秩序の現状と将来を考える——反グローバル化と不確実性に抗して

国際通商秩序の今後について

西脇　修

Ⅰ　国際通商におけるルールの支配
Ⅱ　WTOにおける合意形成の困難
Ⅲ　ルールメイキングの場のシフト
Ⅳ　WTO紛争解決手続
Ⅴ　米国の動き
　1　TPPからの離脱
　2　WTOへの対応
　3　米国法による対応
Ⅵ　新たなルールメイキングの動き
　1　分野別の合意——鉄鋼グローバル・フォーラム，GAMSの合意
　2　三極貿易大臣会合
Ⅶ　今後の国際通商秩序
　1　通商ルールメイキングの課題
　2　今後の国際通商秩序

Ⅰ　国際通商におけるルールの支配

　第二次世界大戦後の国際経済においては，1929年に起きた大恐慌への対応として，主要国が関税引き上げ，為替切り下げ，ブロック経済化等の保護主義的な措置を導入したことへの反省から，ルールに基づくグローバルな国際経済秩序が志向され，特に通商においては，自由貿易と通商ルールによる支配に価値が置かれた。[2]

　これらの理念を具体化したものとして，1947年にガット（関税及び貿易に関する一般協定，GATT）が設立され，以降，累次の交渉会合（ラウンド）が開催された。その結果として，関税引き下げが，任意ではなく，多国間の法的な約束（譲許）として合意され，また，一部の国によるアンチダンピング（AD）に関するルール（ADコード），基準認証に関するルール（スタンダード・コード），政

府調達に関するルール(政府調達コード)等が合意された。

　8回目の交渉ラウンドであるウルグアイ・ラウンドにより,WTO(世界貿易機関)が設立され,ルールについては,サービス貿易,知的財産保護が新たに規律の対象となり,既存のADコード,補助金コード,スタンダード・コード等も従来の一部の国のみによる受諾から,全ての加盟国が受諾するAD協定,補助金協定,貿易の技術的障壁(TBT)協定へとそれぞれ強化され,また,これらルールの執行を担う紛争解決制度も,パネルの設置,パネル報告や上級委員会報告の採択等,主要な段階でのネガティヴ・コンセンサス方式(全ての国が反対しない限り決定される)の採用により大幅に強化された。

　その後,更なるルール強化を目指して2001年にドーハ開発アジェンダ(以下,「ドーハ・ラウンド」と呼ぶ)が開始され,また,同年に中国のWTO加盟も実現し,自由貿易,ルールによる支配は国際的に更に浸透したように見えた。しかしながら,ドーハ・ラウンドは累次の閣僚会議を経て,2008年7月に開催された非公式閣僚会議が農業分野と非農産品の関税引き下げの方式やスケジュールの詳細(いわゆるモダリティ)を巡る合意の形成に失敗して以来,交渉は実質的な進展を見ないまま今日に至っており[3],ルール作りの場としてのWTOの立場は揺らいでいる。

　ドーハ・ラウンドの失速と前後して,いわゆるメガFTAに基づくルール作りが進展したが,これも,日本とEUの間の日EU経済連携協定(EPA)交渉は妥結したが,TPP(環太平洋パートナーシップ協定)は交渉妥結後,米国が離脱し,TTIP(大西洋横断貿易投資パートナーシップ協定)は交渉が止まっている。こうした中,TPP11(環太平洋パートナーシップに関する包括的及び先進的な協定)が2017年11月に大筋合意し,2018年3月に11か国による署名が行われたことは注目に値する。

　2017年1月に米国でトランプ政権が発足し,二国間交渉を志向する中,前述のとおりTPPから米国は離脱し,TTIPの交渉停止も確定的となったが,他方で,米国は米国法である米国1962年通商拡大法232条(以下,「232条」と表す)に基づく鉄鋼やアルミの輸入に関する調査や,米国1974年通商法301条(以下,「301条」と表す)に基づく中国による知的財産権侵害等に関する調査を開始し,

その結果，2018年に入り，232条に基づく鉄鋼，アルミ製品に対する対世界での追加関税措置が取られ，301条については，中国に対する巨額の追加関税措置の賦課が予告されている。これらに対して，中国やEU等は対抗措置を取る旨を表明している。[4]

このような状況に対しては，国際社会から警鐘も鳴らされている。WTOのアゼベド事務局長は，2018年4月12日，2018年の世界のモノの貿易量は4.4％増加するとの予測を発表すると共に，現下の貿易摩擦がエスカレートすれば，世界貿易の腰折れにつながるリスクがあると警鐘も鳴らした。[5] IMFのラガルド専務理事も，貿易戦争に勝者はいないとし，マクロ経済に対する影響は深刻となるだろう，と述べている。[6]

また，強化されたWTOルールの執行を担ってきた，WTOの紛争解決手続においても，米国が上級委員会の運営，具体的には，退任する上級委員がそれまで担当していたケースを退任後も担当できる旨を定めた上級委員会手続規則15条を問題であるとして取り上げ，問題がある中での新たな上級委員の選考プロセスの開始に反対し，現在定員7名中3名が空席となり，今年の9月には4名空席となる可能性がある。

世界の現状は，通商ルールの支配が短期的にも中長期的にも揺らいでいるように見える。本稿では，世界の通商ルールメイキングが抱える構造的な問題を整理し，今後の方向性についての議論を試みたい。

Ⅱ　WTOにおける合意形成の困難

ガット時代は，WTO設立に合意した最後のウルグアイ・ラウンドを含め，8回の全体交渉（ラウンド）が行われたが，①加盟国数の相対的な少なさ，②中心となる先進国経済の世界経済に占める相対的な大きさ，③シングル・アンダーテイキング（全ての協定に全ての国が参加する一括受諾方式）ではなく，非関税部分のルールは，コード（有志国のみによる合意）によるルール作りであったこと等から，より合意形成が可能であったと考えられる。

裏返せば，WTO設立後初めての全体交渉となった，2001年に始まるドーハ・ラウンドでは，①中国の加盟を含む加盟国数の増加，②そしてより大きな

要因として,世界経済の大きな構造変化により,G7中心の経済から,新興国の経済規模が大きくなった中,新興国も含み,かつ,適切な条件での合意形成が困難であること,③その上でシングル・アンダーテイキングを目指したこと等によりラウンドの妥結が困難であったことが指摘できる。

ボールドウィンが指摘するとおり,世界のGDPに占める主要7か国,いわゆるG7の割合は,産業革命以降,1820年頃から1990年前後まで上昇し,約3分の2を占めるに至った。7)「一握りの豊かな国がGATTを運営できた8)」と言える。これは経済力を背景にG7の発言力が大きかったとも指摘でき,また,経済力が大きいが故に,G7,先進国側がより大きな関税引き下げ等の自由化を行い,最恵国待遇により,それを発展途上国に対し均霑できたとも指摘できる。発展途上国側の相対的負担が低かったことになる。ボールドウィンはこれを,「発展途上国側は関税引き下げ交渉でフリーライダーになった。……発展途上国は「従わず,反対せず」のスタンスをとるようになり」と述べている。9)

ドーハ・ラウンドは,これまでのラウンド同様,先進国と途上国という区分を使い,差のある合意を目指していたが,中国を始めとする新興国というカテゴリーが経済的に急速に台頭し,その新たな位置づけに見合った扱い方について先進国と新興国,特に米国と中国の間で合意ができなかったことが,交渉全体が頓挫した最大の原因であると考えられる。この点,ドーハ・ラウンド交渉において米国側の中心的な交渉官の一人であったスーザン・シュワブ次席通商代表は,「先進国,新興国,途上国の間での相対的に適切な役割と責任とは何なのかという,今日の国際経済ガバナンスが直面している問題にドーハ・ラウンドは対処していない」と指摘している。10)

ドーハ・ラウンドが行き詰まったとされる2008年に,リーマンショックが起き,先進国経済と新興国経済の差がさらに縮まったのは象徴的である。

III ルールメイキングの場のシフト

WTOでの交渉の行き詰まりにより,国際的な通商ルールメイキングの場は,FTA交渉などへとシフトしていった。米国も2008年を境にWTOにおけるドーハ・ラウンドでの交渉から,他の通商交渉へとシフトしていった。ひと

つはメガ FTA によるルール形成である。2008年にドーハ・ラウンドの頓挫が明確になると，TPP，TTIP，日 EUEPA，RCEP（東アジア地域包括的経済連携）等の交渉が本格化していった。米国は TPP に2010年3月の交渉から参加し，また，TTIP についても，2011年11月に米国と EU の間の「雇用と成長に関する高級作業部会」が設けられ，2013年7月に第1回交渉が行われた。

もうひとつの国際的な大きな流れは，ITA（Information Technology Agreement：情報技術協定）の拡大交渉，TiSA（Tradein Services Agreement：新サービス貿易協定）など，有志国によるいわゆるプルリ（Plurilateral Agreement）によるルールメイキングであった。ITA 拡大交渉は日米が中心となり2012年5月に，TiSA は米国が中心となり2013年6月にそれぞれ交渉が開催された。

メガ FTA はルールメイキングで一定の成果を上げた。日本が携わった TPP 及び日 EUEPA では，国有企業，電子商取引，補助金，政府調達等で明確な WTO プラスのルール形成がなされた。TPP では，これまで WTO で明確に規律されていなかった国有企業について，①国有企業の定義が設けられると共に，②国有企業が物品又はサービスの売買を行う際，商業的考慮に従い行動すること，③国有企業への非商業的な援助への規律，④国有企業の透明性等の規定が設けられた。電子商取引についても，国境を越えるデータ移転の自由（データフリーフロー），データセンターの国内設置要求の禁止，ソースコード開示要求の禁止といった規律が設けられた。

日 EUEPA では国有企業について，TPP と同レベルの規律が設けられると共に，補助金分野で，「政府又は公的機関が期間及び金額に関する制限なしに企業の債務を保証する法的又はその他の取り決め」，「確かな再建計画なく破綻企業又は経営不振企業に交付する補助金のうち，貿易又は投資に著しい悪影響を及ぼし又は及ぼしうるもの」といった禁止補助金類型の追加等の点で WTO プラスのルールができた。政府調達においても，マーケットアクセスの追加が行われ，政府調達協定の深堀がなされている。

世界的なメガ FTA の動きは，米国による TPP 離脱や，TTIP 交渉の停止により影響を受けた。これが一時的なものなのか，今後も続くものなのかは，よく見ていく必要がある。

Ⅳ　WTO 紛争解決手続

　2000年代後半になり，WTO におけるルール交渉は行き詰まる一方で，既存のルールに基づく，WTO の紛争処理手続は，活発に活用された。川瀬が指摘しているように，ルールの執行機関としての WTO は非常に堅調に機能している。ドーハ・ラウンドの難航をもって WTO が機能不全のように説くことが，いかに一面的な議論か，ということが言える。[11]

　WTO 発足当初は，米国による通商法301条に基づく制裁措置を日本が WTO に協議要請した日米自動車問題（DS6）や，米国と EU がそれぞれの航空機メーカーに対する補助金を WTO 協定違反として提訴したエアバス・ボーイング・ケース（DS316他），EU の関税分類と譲許税率が ITA（情報技術協定）違反であるとして日米が EU を提訴した ITA ケース（DS375, DS376他）等，日米 EU といった先進国間での紛争のウエイトが大きかった。この間，WTO 紛争解決制度は，米国の通商法301条に基づく一方的措置を巡るケース（DS152），米国の鉄鋼セーフガードを巡るケース（DS248他）等，政治的にもインプリケーションの大きいケースも取り扱い，一定の解決を見てきた。

　紛争解決の分野においても世界経済の構造変換に伴い，2010年前後から，日米 EU と中国を始めとする新興国との間の紛争が増加していった。その象徴が，2012年3月に中国のレアアース禁輸を日米 EU の三極で WTO に協議要請した，いわゆるレアアースケース（DS431他）であり，また，翌年，中国による AD 課税を日 EU で問題とし，WTO に協議要請した高性能ステンレス継目無鋼管 AD ケース（DS454他）等が挙げられる。

　このように紛争処理手続は，WTO 体制を支えるアンカーとして機能してきたが，その問題点，特に上級委員会の問題を指摘する声が米国から大きくなってきていた。上級委員会が，問題解決に資さない傍論（obiter dictum）への言及が多く，法解釈ではなく，法を創造しているという批判を米国が継続的に行ってきている。その象徴として，2016年5月には，韓国出身のチャン・スンファ上級委員について，慣例とされてきた2期目の再任が米国によって拒否された。米国はその理由として同委員が関わった報告書に傍論が多い，当該紛争の

解決と関係のない法の創造は上級委員会の仕事ではない，と批判している。[12]

また，上級委員会が下してきた判断が，実態に合わない，法を創造しているとして，米国は継続的に批判してきた。代表的なものとしては，WTO 補助金協定における，補助金の出し手としての公的機関（Public Body）の解釈に関する上級委員会の判断である。米国の対中アンチダンピング・相殺関税を中国がWTO 提訴したケース（DS379）では，上級委員会は，公的機関性の判断において，国家の所有の程度は決定的な証拠ではなく，法令による政府権限の付与の事実，実際上，政府権限を行使している事実，政府による意味のある支配の事実等の関連するあらゆる証拠を検討することが必要であるとの解釈を示した。この解釈では，「公的機関」の認定は，アンチダンピング及び相殺関税調査当局にとって，各種の要因を包括的かつ実質的に検討した上でないと行うことができない，より困難なものと評価される。[13]この点を米国は批判している。

V　米国の動き

1　TPP からの離脱

2017年1月20日にトランプ政権が発足し，その直後の23日に TPP から「永久に離脱する」とした大統領令に署名がなされた。また，TTIP 交渉については，同年1月31日付の欧米の自動車団体宛の書簡の中で，マルムストローム欧州委員（通商担当）は，「米国の大統領選挙の結果，TTIP 交渉は停止状態に陥った」との見方を示した。[14]一時期の世界の通商ルール作りを牽引してきたメガ FTA 交渉は，その歩みが止まったかのように見える。

米国は，元祖メガ FTA とも言える，NAFTA について再交渉をカナダ及びメキシコに対して要求し，2017年8月16日から第1回の交渉会合が開催され，これまで7回の交渉会合が行われてきている。新たなルール作りによる「現代化」も行われているものの，報道によれば交渉の焦点は，原産地規則の厳格化や，5年ごとに協定の継続を判断する「サンセット条項」の導入，ISDS 条項の見直し等，条件の見直しに係る交渉が主のように見える。

共通論題① 国際通商法秩序の現状と将来を考える

2 WTOへの対応

またWTOについては、USTRが2017年3月1日に公表した、「2017年通商政策課題」において、通商政策における米国の国家主権の擁護が強調される文脈で、WTO紛争解決制度において、米国の権利や利益を害する、あるいは義務を拡大することが行われていると不満が述べられている。このWTO紛争解決制度に関する米国の不満は、主に上級委員会に対する不満であり、前述のとおり、任期が切れた上級委員の後任を決めるための委員選考プロセスの開始に、WTOのDSB（紛争解決機関）会合において米国が同意せず、上級委員7名中3名が空席となっているという形で表面化している。上級委員会自身が制定した上級委員会手続規則15条が、上級委員は任期中に担当した案件については、任期切れ後も、当該案件が終了するまで担当できるとしているのに対して、米国はこれでは上級委員会自身が上級委員の任期を実質的に延長しているものであり、上級委員は加盟国の集まりであるDSBが任命するとしているWTOの紛争解決了解（DSU）17.2条違反である、と主張している。その上で、その違反状態が解消されるまで、上級委員会選考プロセスの開始には合意しないと米国は主張している。

米国は更に、2018年通商政策課題では、上級委員会について、この上級委員会手続規則15条の問題に加え、①DSU17.5条で法定されている、90日間の期限を守れていないこと、②紛争解決に当たって当事国からも求められていない、協定解釈を参考意見として行っており、事実上の立法行為を行っていること、③パネルの事実認定を覆し、加盟国の国内法の解釈も独自に行っている、④上級委判断を先例として扱おうとする、等の点を批判している。

また、新政権になっての新たな特徴は、WTOのルールは中国の国家資本主義をアドレスしていく上で、不十分である、という指摘である。ライトハイザー通商代表は、「中国は、補助金を用い、ナショナル・チャンピオンを作り、技術移転を強制し、国内市場を歪曲させることで世界にとってこれまでにない脅威となっている」と述べた上で、「WTOはこれらの問題を解決する上で十分に装備されていない。これだけの規模の重商主義に対応するように作られていない」と述べている。[15]

他方で，米国がWTOを全く活用しないかというとそうではない。米国は，最も批判している紛争解決制度においても，オバマ政権時代に対中国で協議要請した，中国の農業関税割当制度について，2017年8月にパネル設置要請を行い（DS517），インドの輸出支援策についても2018年3月に協議要請を行った（DS541）。また，2017年12月のブエノスアイレスでの第11回WTO閣僚会議にはライトハイザー代表も参加し，裕福な新興国も自らを途上国と称することができることや，16年続く交渉フレームワーク（ドーハ・ラウンド）への強い批判を行う一方で，WTOの重要性，電子商取引に関する議論の意義等については強調した。[16)]

3　米国法による対応

　このようにメガFTA，WTOに対する新たな政策判断を行う一方で，米国は米国法に基づく対応も始めた。米国は2017年の4月20日に16年ぶりになる，232条に基づく，鉄鋼輸入に関する調査を始め，同年4月27日には，アルミ輸入に関する調査を始めた。トランプ大統領が4月20日付けでロス商務長官に示した覚書では，米国はこれまで150以上のアンチダンピング措置等を導入してきたが，米国の鉄鋼産業への負の影響が続いていることが，理由のひとつとされている。1年近い調査の結果，米国は2018年3月1日に鉄鋼に25％，アルミに10％の追加関税をそれぞれ課す方針を表明し，3月23日より実際の課税を始めた。

　また，2017年8月18日には，ライトハイザー米通商代表部代表は，301条に基づき，中国による強制技術移転政策や知的財産権の侵害に関する調査を行うと発表した。調査が行われた結果，2018年3月22日には，中国による知的財産権の侵害を理由に，500億ドル相当の同国製品に高関税等を課す制裁措置を正式表明した。

　この米国法を用いる根底には，鉄鋼の過剰供給問題や，中国製造2025等の中国の国家資本主義的な産業政策への対応の必要性がある一方で，WTO協定を中心とする既存ルールは中国に対して効かない，不十分な面があるという米国の主張がある。

通商ルールが不十分であると，ある国による問題行為をルール違反として取り上げることができず，それが他国によるルールの外での行動を誘引する。他方で問題行為を行う国を含めルールを交渉し，合意を形成することは当該問題国の反対もあり容易ではない。このような問題，ジレンマに世界は今直面している，ということではないだろうか。

VI 新たなルールメイキングの動き

1 分野別の合意——鉄鋼グローバル・フォーラム，GAMSの合意

こうした中，新興国も含めた形で，一定のルールに関し合意が成立した事例もある。2017年11月30日にドイツ・ベルリンで開催された，鉄鋼グローバル・フォーラムにおいて，参加国は，市場歪曲的な政府支援措置の除去，国有企業と民間企業の同等の取り扱いなど，鉄鋼の過剰生産能力問題の解決のために各国が実施すべき6つの原則に合意した。[17]

鉄鋼の過剰生産能力に関するグローバル・フォーラムは，2016年のG7伊勢志摩サミットにおいて初めて首脳レベルで鉄鋼の過剰生産能力が国際的な課題として取り上げられたことなどを受けて，G20杭州サミットにおいて設立が決定された。同年12月にG20及びOECD加盟国のうち鉄鋼の過剰生産能力に関心を有する国からなる33か国・地域により設立され，これまで6回にわたり，事務レベルで各国の生産能力及び政府支援措置に係る情報共有，過剰生産能力問題解決に向けた政策的解決策について議論が行われていた。

拘束力のない合意ではあるが，そして分野を限定した合意ではあるが，中国を始めとする新興国も含めた形で，非経済的な生産設備の維持，当該支援がなければ実現しない新規投資等への支援を，市場歪曲的な政策支援措置と定義し，それを除去する等のルールに合意できたことは，ひとつの前進であると考えられる。

また半導体分野においても，半導体当局間会合（GAMS）において，2017年11月，半導体産業への政府支援について情報交換等に関する合意が，参加している6つの当局（日，米，EU，中，韓，台）で成立した。

これら分野ごとの，非拘束的な合意は，先進国と新興国との間でのルールメ

イキングのひとつの形であることが指摘できる。

2 三極貿易大臣会合

また，2017年12月には，ブエノスアイレスで開催された WTO 閣僚会合のマージンで，日，米，EU の貿易担当閣僚による三極貿易大臣会合が開催され，「我々は，政府金融や政府支援による設備拡大によって増大している主要セクターにおける深刻な過剰生産能力，巨額の市場歪曲的な補助金や国有企業によって引き起こされる不公平な競争条件，強制的な技術移転，現地調達の要求や優遇が，国際貿易の適切な機能，イノベーティブな技術の創出，世界経済の持続可能な成長に対する大きな懸念であるとの認識を共有し」，「この重大な懸念に対処すべく，第三国によるこれらをはじめとする不公平な市場歪曲的措置や保護主義的措置を排除するため，適切な場合には，WTO やその他のフォーラムにおける三極間の協力を拡大すること」に合意した。

これを受け，3月に開催された三極貿易大臣会合では，多くの共同行動が合意されたが，そのひとつとして，補助金規律の強化について次の一文が合意された。

> 「市場の歪曲又は過剰生産能力の問題に対処するため，産業補助金に対するルールを強化するための基礎を定める。」

これは日米 EU といった有志国によりルールメイキングをしていこうという新たな動きである。この動きに新興国をどうやって巻き込んでいくかは，大きな政策課題である。

Ⅶ 今後の国際通商秩序

1 通商ルールメイキングの課題

第二次世界大戦後，長らく国際通商秩序におけるルールの支配をリードしてきたガット／WTO 体制は，経済的に大きな存在となった新興国の義務をどう位置付けるかについての先進国，新興国，途上国の間の国際的なコンセンサ

共通論題① 国際通商法秩序の現状と将来を考える

スがないこと等を大きな原因として，新たな通商ルールに関する国際的な合意を行っていくことが困難となっている。

新たなルール形成の場として成果を上げた，メガFTAについても，TPP，日EUEPA交渉が妥結し，米国新政権の二国間FTA志向していることで，ルールの中身を進化させていくという意味でのルールメイキングとしては一段落している。

また，既存のルールが不十分という認識があり，国際ルールに基づく対応では十分でないという指摘が米国を中心にある。これも既存のルールのどこが不十分なのか，ということについて国際的なコンセンサスが存在しないため，国際的な議論が始まりにくい状況にある。

ルールの支配を巡る現在の困難を機会と捉え，例えばWTOを始めとする国際通商交渉において新興国をどう位置付けるのか，既存のWTO協定やFTAで不十分な点は何か，WTOにおいては上級委員会を始めとする組織において改革を必要とする点は何かについての議論を行い，中国を始めとする新興国も含めた国際的な通商ルール作りに関する議論を行っていく必要がある。

新興国，途上国の扱いについては，同じ国際機関である世銀やIMFでの議論が参考になるかもしれない。2018年4月，世銀は8年ぶりに増資に合意できたが，その背景として，原則1人当たり国民総所得（GNI）が6895ドルを超えた国への貸し出しをやめる「卒業政策」を採用したことが指摘されている。[18] WTOにおいても，経済発展を遂げた，新興国についての扱いを考える必要がある。

また交渉手法としては，分野別アプローチというのはひとつの手法である。2015年に妥結した，ITA拡大交渉は，元々のITA同様，新興国・途上国であるからアプリオリに，先進国よりも緩い条件を適用するという考えは採用せず，参加国はあくまで，条件において平等で，対象となった製品に関する関税を撤廃するのは全ての参加国において平等，あとはいわゆるステージング（実施期間）について，品目ごとに調整という考えを貫いた。分野（IT製品）と態様（関税撤廃）を限定した交渉であったから可能だった手法かもしれない。

鉄鋼グローバル・フォーラム，GAMSにおける合意も同様である。いずれ

も参加している国には等しく適用される合意となっているが，これも可能にしたのは，分野を限った合意であることと，ソフトローであることかもしれない。

既存のルールのどこが不十分なのか，新たなルールとして何が必要なのかについては，ドーハ・ラウンドが停滞している間に進んだメガFTAを中心とするFTA交渉で，アイデアは相当程度出ていると考えられる。既述のとおり，TPPでは国有企業規律，電子商取引について相当大きな進展があった。また日EUEPAでは，TPPが取り上げなかった補助金規律について，大きな進展があった。政府調達については，日EUでより深堀がなされている。これらのものについて，国際的に冷静に吟味し，新たなルールメイキングの議論へとつなげていく時期に来ているのかもしれない。

2　今後の国際通商秩序

整理をすれば，新たなルールメイキングには，①交渉フォーラムをどうするのか，WTOを使うのか，既存のFTAを改定するのか，FTAを含む新たな交渉フォーラムを立ち上げるのか，②新興国の扱いをどうするのか，特に中国を含めるのか，どう含めるのか，③交渉アジェンダとして何を議論するのか，それは何故か，の検討が不可欠である。

①については，2016年の杭州でのG20サミットによる合意により，鉄鋼の過剰供給問題への国際的な対応，ルールを議論するフォーラムを新たに創設し，翌年一定の合意をした鉄鋼グローバル・フォーラムは興味深い先行例である。また，2017年12月のブエノスアイレスでの第11回WTO閣僚会議（MC11）の際に，有志国が電子商取引閣僚会合を開催し，70か国・地域の有志国で共同声明を出し，電子商取引に関するWTOでの将来の交渉についての予備的な作業を始めることで合意し，2018年3月にジュネーブにて第1回有志国会合が開催されたことも興味深い動きである。更には，2018年3月の日米EUの三極貿易大臣会合で，「産業補助金に対するルールを強化するための土台を定義していく」という点に合意したことも，今後のルールメイキングの観点から興味深い。いずれも交渉フォーラムとして新たな形を模索していることが理解でき

る。鉄鋼グローバル・フォーラムは，G20という国際社会における政治的意思と，OECDというソフトローの議論の場を組み合わせることにより，ひとつの形を見出した。電子商取引会合については，WTOという場を活用しながら，有志国会合という進め方で新たなルール作りを目指している。補助金ルールについては，既存のWTOルールであるWTO補助金協定について，日米EUの三極が今後どういうアプローチで規律強化を図っていくのか注目されるところである。

②については，ドーハ・ラウンドが停滞して以降行われた，ITA拡大交渉，TiSA，TPP等の大きな国際通商交渉が全て直面してきた課題である。ITA拡大交渉は，途上国も有志国として参加する以上，先進国と等しい条件でとし，中国についても，交渉の進め方について日米EU等で一定の合意を見た後，一定の段階で交渉に参加することとなった。これに対して，TiSAは，途上国と先進国が等しい条件でという点はITA拡大交渉と同じだが，中国が参加すると自由化や規律のレベルが十分に高くなくなるという米国の主張により，中国の参加は認められなかった。背景には，まず高いレベルのルールについて合意してから，中国と交渉するという米国の考えがある。TPPもまず高いレベルのルールに合意するという考え方はTiSAと同じであると言える。

③については，当然のことながら，国際社会としてニーズが強いイシューに焦点を当てた交渉が成功しているように見える。ITA拡大交渉は，1997年のITA成立以来，IT技術の急速な進展に伴い，IT製品の範囲が拡大したことや，グローバルバリューチェーンも発達したことを受けて，改定していく必要性を各国とも強く感じたことから，交渉が前に進んだと考えられる。鉄鋼グローバル・フォーラムも同様に，中国を主な出発点とする鉄鋼の過剰供給問題が非常に大きな国際問題となったことを受けて，議論が進んでいったものと考えられる。

交渉アジェンダの設定，交渉の場，新興国の扱い方，これらの見極めが新たな国際通商ルール作りには欠かせない。

以上の3つの視点から見る，国際的な動きは，ドーハ・ラウンド頓挫後の国際的な新たな通商秩序を巡る試行錯誤と言えるのではないだろうか。中川は，

「ドーハ開発アジェンダの行き詰まりは，WTOが多角的な貿易自由化交渉のフォーラムとして，加盟国の新たなパワーバランスを反映した合意形成の道を探る必要性があることを示している。」と指摘しているが，正鵠を射ている[19]。更に言えば，WTOが探る必要のみならず，国際社会がどこでどう通商交渉を行えば意味のある成果が上がるのか模索していく必要があると言えるのではないか。普遍的なメンバー，全分野一律で通商交渉を進め，合意形成ができる時代は終焉し，交渉フォーラム，参加国，イシューを注意深く選び，いわばテイラーメイドで交渉モダリティを作っていくことで成果が出る時代へと変わったことになる。

新たな国際通商秩序は，このようなテイラーメイドのルール作りを組み合わせていくことで構築されるのではないだろうか。そしてそれがパッチワーク的な秩序とならないよう，俯瞰的に見ていく国際的な議論が必要なのではないだろうか。

並行して，その土台にある，WTO改革も，国際通商秩序を維持発展させていくためには不可欠である。ひとつは成功し，意義があるが故に困難に直面している紛争解決制度，特に現在の上級委員会の問題の解決に取り組む必要がある。また，ドーハ・ラウンドが頓挫する原因ともなった，現在の経済実態に合った先進国と新興国・途上国の相対的な関係，特に新興国の扱いをどうしていくかを考える必要がある。さらに，通報制度の改善や各委員会活動の強化に取り組むことも，地道だが重要である。

以上のような国際通商秩序の課題に，G7，G20，WTOその他の国際会合の場を活用しながら取り組んでいくことが，今後数年かけて求められていくということではないか。

[追記]本稿において意見に及ぶところは筆者個人の見解であり，筆者が属する組織のものではないことを述べて置きたい。

1) 中川淳司『WTO貿易自由化を超えて』（岩波新書，2013年）はじめに。
2) Adam S. Posen, "ThePost-American World Economy," *Foreign Affairs*, March/April 2018, p. 28 ほか。

3) 中川『前掲書』(注1) 48頁, 49頁.
4) 中国は, 米国通商拡大法232条に対しては, 2018年4月1日, 米国産の豚肉やワイン等計128品目に最大25％の関税を上乗せすると発表し, 2日から実施した (日本経済新聞電子版2018年4月2日).
5) ロイター電2018年4月12日.
6) ロイター電2018年3月7日.
7) リチャード・ボールドウィン (遠藤真美訳)『世界経済大いなる収斂――ITがもたらす新次元のグローバライゼーション』(日本経済新聞社, 2018年) 序章.
8) ボールドウィン『前掲書』(注7) 97頁.
9) 同上.
10) スーザン・シュワブ, Foreign Affairs, May/June 2011.
11) 川瀬剛志「ルール執行機関としてのWTO――紛争解決手続および多国間監視の現在――」RIETI Policy Discussion Paper Series 10-P-019, 独立行政法人経済産業研究所 (2010年12月).
12) 2016年5月23日WTO・DSB会合における米国代表の発言.
13) 川島富士雄「中国による補助金供与の特徴と実務的課題米中間紛争を素材に」RIETI Discussion Paper Series 11-J-067 (2011年6月) 32頁.
14) JETROビジネス短信, 2017年2月1日.
15) 2017年9月18日, 米国際戦略問題研究所 (CSIS) におけるスピーチ.
16) MC11におけるライトハイザー代表のオープニング・リマークス, クロージング・リマークス. USTRホームページ.
17) 経済産業省ホームページ, ニュースリリース, 2017年12月4日.
18) 日本経済新聞2018年4月28日付朝刊, 総合5面.
19) 中川『前掲書』(注1) 210頁.

(経済産業省通商政策局通商機構部総括参事官)

共通論題② WTO上級委員会のマンデートを再考する──張勝和委員再任問題を契機として

座長コメント

荒木一郎

　これらの三論文は，全てWTOの紛争解決手続，とりわけ上級委員会が関わる問題について取り上げたものである。2017年の研究大会でこれらの論文のもととなった報告がなされて以来，WTOの上級委員会の選任手続の問題は一層政治化し，WTO紛争解決手続の将来は見通せない状況にある。具体的には，2017年6月，8月，12月に次々と上級委員会の委員が任期を終え（又は自発的に退任した）ため，2018年7月現在，上級委員会には3名（中南米枠，アジア枠，欧州枠）の欠員が生じたままである。残る委員は4名のみ（モーリシャス，米国，インド，中国から選出された委員）となり，このうちモーリシャス選出の委員は2018年9月で任期を終えるため，今後は事件担当のために3名の委員から構成される審理部（division）が1つしか構成できないことになり，ただでさえ事件処理が遅れている上級委員会の審理が一層遅れることとなるのみか，このままでは早晩上級委員会は機能停止に追い込まれることになる。

　このような危機的状況にありながら，米国の反対により，現在にいたるまで，紛争解決機関（DSB）において，欠員補充のための委員選考プロセスを開始するためのコンセンサスが形成されておらず，選考プロセスは開始されていない。[1]

　こうした米国の姿勢の原因をトランプ政権のWTO敵視政策に見出す見解が一般的である。[2] しかし，米国の姿勢の変化は最近になって始まったものではなく，このような状況の出現はすでにトランプ政権の登場以前から懸念されていた。これが司法化の進展がもたらした上級委員会に対する政治的統制の問題であることは，伊藤論文が詳しく説明するとおりである。過去20数年間のWTOの活動を振り返るときに，上級委員会の判例形成機能を通じた紛争解決

手続の強化を高く評価する見解が多かった中で，政治学者の間では数年前から上級委員会の委員選任手続の政治化を懸念する声があったことは注目に値する[3]。

ここで，研究大会以後の事態の進展を含めてコメントをするために，現在米国が上級委員会委員の選考プロセスを止めている理由について整理しておこう。

DSB において，上級委員会委員選考開始のコンセンサスが形成されない大きな理由の1つとされているのは，委員が任期後も上訴案件の担当を継続することを上級委員会自身が決定できるとする上級委員会検討手続（Working Procedures）15条に対する米国の問題意識である。同検討手続15条は，「上級委員会の委員でなくなった者は，上級委員会の承認及び紛争解決機関に対する通知によって，委員であったときに割り当てられた上訴の処理を完了することができ，当該人物は，当該目的のためのみ，引き続き上級委員会の委員であるとみなされる」と規定する。米国は，委員の任命権限は本来 DSB に属しており，加盟国が決定すべき事項であるにもかかわらず，上級委員会が同条に基づき，自ら実質的な任命行為を行っていることを問題視している。そして，米国は，DSB の承認を得ることなく，2017年6月に任期を終えたラミレス・エルナンデス委員（メキシコ），12月に任期を終えたファンデンボシェ委員（ベルギー）について，同条に基づき案件担当を継続させることが決定されたことも批判している[4]。

不公正貿易報告書によれば，米国は，従前から問題視していた上級委員会による「広範な」権限行使に関する議論を推し進めるべく，こうした議論の解決と選考プロセス開始を天秤にかけている面があるという。検討手続15条の問題以外にも，上級委員会の構造的問題として，米国は，上級委報告書の公表期限（上訴から90日以内）の不遵守や，協定に規定されていない（したがって，WTO 協定交渉で合意されていない）内容について，上級委員会が解釈の形をとりつつ，新たな法規を生み出している（実際には法創造を行っている）点なども批判している。この点がまさに研究大会で報告された各論文の論点でもある。

さて，WTO の現状に話を戻すと，米国は，委員の選考プロセスの開始に先

に同意すると，これら上級委員会の構造的問題についての議論が進まないと考えている面もあるようである。他方，欧州連合（EU）などは，米国がどのようなことを議論したいのかも示さないまま，選考プロセスをブロックすることを問題視し，まずは米国が選考プロセスの開始のための解決案を示すべきだとしているようである。その背景には，米国が問題視する問題がすべて解決しない限り，米国が選考プロセスに同意しないのではないかとの警戒もあるのではないかと推測されている。いずれが先に動くべきかをめぐり，問題は膠着状態にある。[5)]

　このような深刻な事態をもたらした原因にWTOの司法化があったことは明らかである。伊藤論文の直接の契機は，米国が2016年5月に韓国選出の張勝和委員の再任を拒否したという事件である。米国は，張委員が担当した上級委員会報告書の司法積極主義的姿勢を批判し，それまで職務継続を希望する委員の再任をDSBが拒否するという前例はなかったにもかかわらず，再任を認めるコンセンサスに加わらなかった。伊藤論文は，WTOの紛争解決制度が司法化の傾向を強めたことから生じたポジティブな意味とネガティブな意味を整理し，それとの関係において，加盟国による紛争解決機関の統制の望ましいあり方をシステミックな観点から検討している。そして，そのような枠組みの中に，近年の上級委員会判断に見られる法解釈の特徴や，張勝和委員の再任問題を位置づけ，上級委員会が今後とるべき法解釈のスタンス，および再任に関する制度設計のあり方について検討している。米国が問題視する個別の事案について詳しい検討を加えると共に，上級員会委員の選任プロセスは，特に米国の場合，かなり以前から政治化されていたことを明らかにしている。

　玉田論文は，WTO解決手続における先例拘束原則について，上級委員会の報告書を詳しく検討すると共に，国際司法裁判所等における先例拘束性の議論とも比較しながら議論を進めたものである。同論文によれば，WTOでいう先例拘束性とは，報告それ自体に拘束力があるのではなく，「報告に具体化された法解釈」が「WTO法体系」の一部を成すという論理であって，このような考え方自体はDSU3.2条と整合的であり，また，拘束性を有するのはratio decidendiに限るとする英米法のstare decisisの考え方とも合致しているとされ

る。また，先例拘束性には垂直的効果と水平的効果があるとし，二審制を採用するWTOの紛争解決手続においては，パネルに対する垂直的効果が重要であるとの指摘もなされている。

このような意味での先例拘束性は，パネルと上級委員会に対し自制を促すと共に，先例からの逸脱のためには説得力のある理由の提示が求められるという点で，法的安定性に寄与すると考えられる。この観点からは，上級委員会による傍論の「濫用」は先例拘束性の基盤を脅かし，WTOの紛争解決制度に対する不信をもたらすという点で問題である。玉田論文は，むしろ先例拘束性原則を精緻化・正常化することこそが重要であると指摘している。

米国は，張委員の再任拒否に当たっては，傍論の濫用を問題としていたわけであるが，この点については米国の主張にも一理あることになる。その一方で，米国は上級委員会による判例形成そのものについても批判的であるようであり，この点については玉田論文のような精緻な分析と批評を積み重ねることにより，米国を説得する材料とすることができるかもしれない。

清水論文は，冒頭に述べたような米国の問題意識に対する解決策として，「訴訟経済」（judicial economy）の論理を活用することができるかどうかについて検討したものである。結論としては，米国の懸念は，主として上級委員会が判断すべきでない事項について判断を抑制しないことにあるのに対し，WTOの実務における訴訟経済の行使は（上級委員会ではなく）パネル段階での判断回避に限定されているという点が指摘される。しかし，パネルが訴訟経済を理由に判断を回避するのは，①紛争解決の必要性，②国家主権の尊重，③紛争解決システムに対する過剰な負荷の回避といった様々な要素を総合的に考慮した結果であり，こうした考慮要素は上級委員会にとっても示唆的であるという。ただ，これはより大きな問題であって，「訴訟経済」といった法技術を超えて，パネルや上級委員会の権限についての根本的な議論が必要だとしている。その一方で，訴訟経済の行使を含む裁量による判断回避・抑制の法理については，今後も判断例の蓄積による精緻化・発展が期待できるとも結論づけられている。

このように見てくると，三論文に共通するのは，これまでの上級委員会によ

る判例形成機能に対する高い評価と今後これを精緻化していくことによる法的安定性実現への強い期待である。いずれもWTOの紛争解決手続の司法化を是としつつ，これをいかにして持続可能なものにしていくかについて論じている。これは，上級委員会による判例法形成を全て否定するかに見える米国の論理とは対極的であるが，このような理性的議論がWTOの場においても優勢を占め，上級委員会をめぐる不正常な事態が一刻も早く解消されることを強く願う。

　なお，米国政府の主張だけを聞いていると，上級委員会は一貫して司法積極主義をとり，多角的貿易交渉が進まないことを奇貨として（あるいは，交渉が進まないのでやむなく）協定に書かれていない権利・義務を作り出している（ギャップフィリング）という印象を受けるが，それは正当な評価ではないと思われる。

　Robert Howseが述べているように，上級委員会はガット20条の一般的例外の解釈等において，「深い統合」を目指して規制緩和・貿易自由化を徹底する立場とは距離を置き，国家の規制権限尊重の立場にも配慮しつつ，現実的な協定解釈を模索してきたのである[6]。この意味では，ゼロイングの問題に関する上級委員会の司法積極主義的なアプローチはむしろ例外的であって，このことが米国内の特定の政治的勢力を刺激し，結果的に上級委員会ひいてはWTOの紛争解決制度自体を危機に陥れていることは不幸としか言いようがない。Howseが言うように，上級委員会としては，ここで米国の圧力に屈することは組織の正統性を維持するためには受け入れられないという政治的判断があったのかも知れないが[7]，やはり環境保護や動物愛護といった非貿易的関心事項とのバランスが問題になる事案とは異なり，ゼロイングのようにWTOが目指す貿易自由化や無差別原則に反するような政策を容認することに対する抵抗感はWTO関係者の間では非常に強いものがあり，これは米国の政策と正面からぶつかるから，このような不幸な事態はある意味では不可避であったのかも知れない[8]。

　この問題をもう少し大きな枠組みでとらえなおすと，米中貿易戦争にも見られるように，内向き志向を強める米国内で，米国自らが作り出した国際公共財

の価値を否定するような言説が力を強めていることが根本的原因である。前述のように，そのような言説は，トランプ政権になって突然登場したわけではない。長年にわたって鬱積した不満が爆発的に展開されているとも評価できるわけであるが，いずれにせよ，これらの論文に示されたような冷静な議論を積み重ねて，辛抱強く米国を説得していく以外に現状打開の方策は見当たらない。

1) 経済産業省『2018年版不公正貿易報告書』357頁。
2) 一例として，"Chief of W.T.O. Worries About Its Role as Peacekeeper as a Trade War Brews," *The New York Times*, March 24, 2018, New York Edition A9.
3) Manfred Elsig and Mark A. Pollack, "Agents, Trustees and International Courts: The Politics of Judicial Appointment at the World Trade Organization," *European Journal of International Relations*, Vol. 20, No. 2 (2014) pp. 391-415.
4) 経済産業省『前掲報告書』（注 1）357頁。人名表記等は若干改めた。
5) 同上，358頁。
6) Robert Howse, "The World Trade Organization 20 Years On: Global Governance by Judiciary," *European Journal of International Law*, Vol. 27, No. 1 (2016), pp. 9-77.
7) *Ibid.*, at 72.
8) 筆者もかつて米国の交渉担当者から「米国にとってアンチダンピングの問題は，日本におけるコメ問題と同じくらい政治的な問題である。」とのコメントを聞いたことがある。

（横浜国立大学大学院国際社会科学研究院教授）

共通論題② WTO 上級委員会のマンデートを再考する──張勝和委員再任問題を契機として

WTO 上級委員再任拒否問題を再考する
──司法化の進展とその政治的統制の相克──

伊 藤 一 頼

I　はじめに
II　再任拒否問題の概観
　1　上級委員の選任手続
　2　張勝和委員の再任拒否
　3　米国が問題視する紛争解決事案の分析
III　WTO 紛争解決制度における政治的統制の位置付け
　1　上級委員の選任における政治性の諸態様
　2　国際法廷の制度設計をめぐる議論
　3　司法の独立性と政治的統制
IV　おわりに

I　はじめに

　WTO の上級委員会委員（以下，便宜的に上級委員と呼ぶ）を務めていた張勝和（チャン・スンファ）氏は，2016年5月31日に1期目の任期が満了し，引き続き2期目を務めることに意欲を見せていた。しかし，米国がこれを拒否する姿勢を示したため，再任の途は断たれることになった。米国は再任拒否の理由として，張委員が担当した案件において，紛争解決にとって不必要な解釈論が展開されるなどの司法積極主義的傾向が見られたことを挙げており，ここには司法化とその政治的統制の相克という側面が含まれていると言える[1]。
　本稿では，まず第II節において，張委員の再任拒否問題が発生した経緯を整理する。そこでは，本件の再任拒否に関して主要加盟国政府や元上級委員が示した反応についても検討を加えたい。また，米国が再任拒否の理由として挙げた幾つかの上級委報告書につき，そこで示された法解釈や結論の妥当性を，長大な傍論の位置付けも含めて検証する。そのうえで第III節では，こうした司法機関に対する政治的統制の強化という問題につき，これまで WTO において

どのような議論や実践が見られたのかを振り返り，それらと比較しながら，本件の再任拒否という手法が政治的統制のあり方として支持しうるものであるか否かを考察する。

II　再任拒否問題の概観

1　上級委員の選任手続

　本件の再任拒否問題がいかなる制度的背景の下で発生したのかを理解するために，まずWTOにおける上級委員の選任手続を簡単に確認しておきたい。紛争解決了解（DSU）17条2項によれば，上級委員は任期を4年とし，1回に限り再任されることができる。また，同3項は上級委員の資質として，「法律，国際貿易及び対象協定が対象とする問題一般についての専門知識により権威を有すると認められた者」であることを求め，また，「いかなる政府とも関係を有してはならず，世界貿易機関の加盟国を広く代表する」ものとされる。

　具体的な選任プロセスにおいては，候補者は自国政府からの支持を得たうえで，WTO事務局長及び一般理事会・物品貿易理事会・サービス貿易理事会・貿易関連知的所有権理事会・紛争解決機関（DSB）の各議長で構成される選考委員会（Selection Committee）による面談を受ける必要がある。[2] ここで候補者は，WTO法の知識や，紛争処理に対するスタンス，論争的な解釈問題に関する見解などを質問される。さらに候補者は，主要な加盟国政府との個別的な面談にも赴き，支持の取り付けを図る。これらの面談が終了した後，選考委員会は各国政府と協議を行い，それぞれの候補者に対する諸国の支持のレベルを把握したうえで，広く支持を集めた候補者をDSBに推挙する。最終的にはDSB会合においてコンセンサスにより上級委員が選任される（DSU 2条4項）。上級委員が再任を目指す際も，これとほぼ同様のプロセスが履践される。

　なお，上級委員が全加盟国のコンセンサスにより選任される以上，いずれの加盟国も潜在的には個々の候補者に対し拒否権を有していることになる。

2 張勝和委員の再任拒否

(1) 経　緯

ここで，張勝和委員の再任拒否問題が発生した経緯を振り返っておこう。張委員は1期目の任期が2016年5月31日で満了する予定であったところ，同委員の再任の可否につきDSB議長が各加盟国と協議を行うことが同年1月25日のDSB会合で決定された。そして同年5月10日には，張委員が加盟国との質疑に応じる非公式会合が開催され，26カ国が参加した。ところが翌11日，米国はDSB議長に対し，張委員の再任を支持しない旨を伝達した。同月18日，張委員を除く6名の上級委員全員により，張委員の再任を支持する書簡が配布されたが，これに対し米国は遺憾の意を表明した。その後，同月23日のDSB会合において，米国は張委員の再任に賛成しない理由を詳細に説明している。以下ではまず，この米国による再任不支持の理由を概観しておこう。

(2) 再任拒否に関する米国の理由説明

米国は前提として，上級委員の再任は自動的なものではなく，加盟国はその判断につき重要な責任を委ねられていると言う[3]。そのうえで，張委員が関わった幾つかの上級委報告書を取り上げ，そこにおける張委員の審理姿勢は，DSU3条2項（協定上の権利義務を変更しない）や同7項（紛争に関する明確な解決の確保）を通じて加盟国が上級委に割り当てた役割を反映していないと批判する[4]。また，報告書の内容に加え，張委員の口頭弁論の進め方にも懸念があるとして，例えば上訴の対象ではない論点や当事国間の紛争解決と関連の薄い事項について長時間をかけて質問した行為などを挙げる[5]。なお，上級委の審理は合議制であるにもかかわらず張委員の姿勢のみを問題視する理由として米国は，口頭弁論における質問のあり方から，報告書の中の特定の論点に関する判断を張委員が主に執筆したことが推定できると言う[6]。このように，張委員の再任不支持は，特定の紛争事案で出された結論を理由とするものではなく，張委員の採っていたアプローチがDSUに規定された上級委員の役割を逸脱するものであったことによると米国は主張している[7]。

(3) 再任拒否に対する反応

このように米国が張委員の再任を拒否したことに関し，他のWTO加盟国，

共通論題②　WTO上級委員会のマンデートを再考する

元上級委員，そして張委員自身から見解が示されているため，以下でそれらの内容を紹介しておきたい。

(a)　他の加盟国の見解　　張委員の出身国である韓国は，確かに上級委員は再任の権利を持つわけではないが，それでも再任の拒絶は「やむを得ない正当な事由（compelling and legitimate reasons）」がある場合に限られるべきであるとする。[8] また韓国は，米国の立場に関して幾つかのシステミックな懸念があると述べ，(i)上級委の検討は秘密でなされる以上（DSU17条10項）上級委の報告書に対する批判はいずれかの上級委員を特定して行われるべきではないこと，(ii)再任拒否は上級委員が行う裁定に対する介入の道具として利用される恐れがあること，などを指摘する。[9]

また日本も，本件の米国のような性質と重要度を持つ行動をとる場合には最大限の慎重さが求められるとし，上級委の職務の独立性と中立性は，WTO紛争解決制度の信頼性と適正な運営を確保するための要素であって十分に尊重されねばならないと言う。[10] そのうえで，張委員が誠実に職務を行ったことに疑いはなく再任に反対はしないと述べた。これ以外にも多くの加盟国が，特定の紛争案件における法解釈や裁定内容を理由とした再任の拒否はWTO紛争解決制度に対する信頼を著しく損なう恐れがあること，上級委の決定は合議によるものであり特定の上級委員にそれを帰責させる根拠は存在しないこと，などを指摘して米国に行動に批判的な見解を示している。[11]

なお，幾つかの国は制度改革の必要性にも言及しており，上級委員の独立性を確保するためには，再任はある程度自動的になされるべきであるとする。例えばメキシコは，再任がなされないケースは，(i)上級委員が再任を望んでいない場合，(ii)上級委員が職務を継続できない事情を抱えている場合，(iii)全ての加盟国がコンセンサスで再任に反対する場合，に限られるべきだと主張する。[12] またブラジルは，上級委員に対する不当な干渉や圧力を排除するためには，上級委員の任期を再任のない6～7年とするようDSUを改正することも考えられると言う。[13]

(b)　元上級委員による書簡　　本件の再任拒否問題に関し，元上級委員のうち逝去者を除いた全員（13名）の連名による書簡が2016年5月31日付けでDSB

議長宛に提出された。同書簡は，再任の可否の判断は加盟国が行うべきものであることは認めつつも，そうした再任の可否の決定が，紛争解決制度を政治化させ上級委員の中立性・独立性を脅かすような方法でなされることは避けねばならないと言う。特に，上級委の報告書は合議によるものである以上，その内容に関していずれかの特定の委員に批判が向けられるべきではないと述べる。そのうえで，もし上級委の行った解釈に問題がある場合には，加盟国はWTO設立協定9条2項の規定に従い4分の3以上の多数決により公定解釈の採択を行うことができると指摘する。そして，再任手続が政治的に利用されることを防ぐためには，任期をより長期にしたうえで再任の仕組み自体を廃止することが望ましいと提言する。

(c) 張委員の見解　張委員は，2016年9月26日にDSBにおいて離任スピーチを行い，そこで再任手続のあり方に関する自らの見解を表明している。張委員によれば，上級委員の再任は，加盟国がそれに反対する正当な理由がない限り保証されるべきであり，また，そうした正当な理由の範囲は極めて限定的なものとすべきである（例えば，病気等による職務能力の喪失や，DSUその他の規則で定められた義務の重大な違反（特定国政府との結び付きにより独立性・中立性を損なった場合や，機密保持の違反など）が挙げられる）。言い換えれば，特定の紛争解決事案の結果や，口頭弁論における個々の上級委員の訴訟指揮のあり方（judicial style）を，再任拒否事由として認めるべきではない。張委員は，加盟国がDSB決定を通じて以上のような原則を設定することを推奨するとともに，長期的な改革案として，上級委員の任期を再任のない6〜7年とすることにも支持を示している。

(4) 再任プロセス検討会合

再任拒否問題に関する以上のような反応を受け，DSBでは上級委員の再任プロセスのあり方を検討するための特別会合が開かれることとなった。この特別会合において，ブラジル・インド・韓国・メキシコは，今後就任する上級委員について再任を不可とする共同提案を提出し，幾つかの国がこれに賛意を示した。しかし米国は，上級委員の行動がDSUの規律を逸脱していないかを監督する責任が加盟国にはあると述べ，再任に伴う審査はこの責任を果たすため

の重要な機会であるとして，この共同提案を明確に拒絶した[19]。こうした米国の態度が変化しない限り，再任プロセスに関してDSU改正を伴うような重大な変更を加えることは困難であると考えられる。

3　米国が問題視する紛争解決事案の分析

米国は，張委員が不適切なアプローチを採用した紛争解決事案として，具体的に4つの事件を取り上げている。以下では，これらの事件における張委員の行動が，実際に不適切な要素を含むものであったか否かを順に検証していきたい。

(1)　アルゼンチン：金融サービス事件（DS453）（申立国パナマ）

本件は，租税回避行為に対抗するための規制措置が，サービス貿易一般協定（GATS）に整合するか否かにつき，一般例外条項の援用可能性も含めて争われた事案である。米国によれば，本件で上級委は，無差別原則におけるサービス同種性という最初の論点でパネルの判断を覆し，それによって一般例外条項など他の論点に関するパネルの認定は全てムートになると述べたが，にもかかわらず，結局それらの他の論点に関しても解釈を提示した。米国は，これにより上級委の報告書のうち3分の2以上が傍論の性質を持つ結果となったのであり，これは当事国間の紛争解決に寄与するものではなく，単なる勧告的意見にすぎないと批判する[20]。

確かに，本件で上級委は，一般例外条項等に関するパネル認定は全てムートになったと言いつつ，「パナマが本件上訴で提起した論点は，GATSの解釈に示唆があることを考慮し，これらの争点を以下検討する」と述べたうえで議論を続行しており[21]，この表現だけを捉えれば，純粋に理論的・学術的な関心から延々と傍論を展開したかのように見える。しかし実際には，上級委は最初のサービス同種性に関する論点において，パネルが分析不尽のまま同種性の認定を行ったことを理由にこれを取り消したにすぎず，サービスが「同種ではない」との結論まで下したわけではない。それゆえ，サービスの同種性が肯定され無差別原則違反が成立する可能性はまだ残っていたのであり，紛争の終局的解決を図るためには，他の論点について解釈を示しておくことも意味があった

と考えられる。その意味では，上級委が「GATS の解釈に示唆があることを考慮し」という表現を用いたことはややミスリーディングであり，端的に「紛争解決に必要であるから」という理由を掲げておくべきであった。

(2) インド：農産物の輸入に関する措置（DS430）（申立国米国）

本件は，鳥インフルエンザに関する検疫上の規制措置が問題となった事案である。米国によれば，本件で上級委は，パネル判断のうちいずれの当事国も上訴の対象としていない論点に関して抽象的な検討を行い，パネルの解釈に「疑問がある」との見解すら示したとされる。[22]

ここで問題とされているのは，衛生植物検疫措置の適用に関する協定（SPS協定）6条1項にいう「調整義務」と同2項の関係についてのパネルの解釈であり，確かに上級委は，この点は上訴対象ではないものの疑問が残ると述べている。しかしこれは，6条2項における「地域」概念の認識が同1項の調整義務の前提になると述べたパネル判断の誤りを指摘することが，上訴対象である6条1項の調整義務の内容を正確に理解するために必要であったからだと考えられる。それゆえ，この部分も上級委にとっては傍論ではなく，むしろ結論を導くうえで欠かせない要素であったと見るべきであろう。

(3) 米　国：中国産品に対する相殺関税措置事件（DS437）（申立国中国）

米国によれば，本件で上級委は，パネルの認定を覆した後，上級委自らが創出した議論により違反を認定した。[23]上級委は本来，当事国により提出された証拠と主張を考慮し，客観的な評価を行うことが求められているのであり，独立の検察官のように行動すべきではないと米国は批判する。

しかし本件は，パネルの分析が不十分であったため認定が取り消され，代わって上級委が分析を完遂したという事案である。[24]これはいわゆる糾問主義ではなく，当事国から上訴された論点についてパネルの事実認定を利用しつつ上級委が分析を完了するものであり，従来から用いられている通常の審査手法である。

(4) 米　国：中国産品に対する相殺関税及びアンチダンピング税事件
　　（DS449）（申立国中国）

米国によれば，本件で上級委は，加盟国の国内法の下である行為が合法かを

判断する際、当該国の国内法上の判決があるにもかかわらず、それに代えて上級委自らの見解を据えるような誤ったアプローチを用いた[25]。

しかし実際には、上級委は、米国裁判所の判決では当該行為が違法であるとも合法であるとも読める余地を残しているため、決定的な指針を得ることができず分析を完了できないと述べたのであり[26]、米国裁判所の法解釈を否定したり置き換えたりしたわけではない。

以上のように、張委員が参画した上級委判断に関して米国が浴びせた批判は、いずれも説得的であるとは言えず、再任を拒否しなければならないほどの権限逸脱行為があったとは思われない。米国の主張の力点は、WTO紛争解決制度は主観的紛争の解決のみに専念すべきであり、それに必要のない余分な協定解釈などを行うべきではない、という点にあると考えられるが、少なくとも上記で検討した諸事例にはそうした不必要な解釈論は含まれていない。また、仮に上級委が紛争解決にとって不可欠とは言えない解釈論を展開したとしても、果たしてそれはWTO紛争解決制度の本来の役割から逸脱したことになるのかという疑問もある。

確かに、国際司法裁判所（ICJ）のように特定の条約体制に属するわけではない一般的な射程を持つ国際法廷であれば、付託された特定の主観的紛争の解決のみに専念することが原則であると言えよう。しかしWTO紛争解決制度は、WTO協定という条約体制の中に埋め込まれたものであり、そこでの紛争解決は、同時にWTO協定の遵守管理・履行確保というコントロール機能をも期待されている。そもそも、主観的紛争の解決だけが目的であるとすれば、違法性の立証により損害の発生が推定されること（DSU 3条8項）や、申立国に訴えの利益が求められないことなどの説明がつかないであろう。もちろん、紛争とは無関係の問題についてまで抽象的・勧告的な見解を示すことは明確な授権がなければ困難であるが、付託された紛争に密接に関連する解釈上の論点を傍論として検討することは、遵守促進にもつながりうるため一概に否定できないと思われる。

このように、張委員の再任拒否に関して、少なくとも米国が主張する理由は

説得力に欠けると言わざるを得ない。しかしそれは，再任拒否という行為がいかなる場合にも正当化されず，常に上級委員の独立性・中立性を優先させるべきことを意味するのだろうか。この点を明らかにするため，次節では，WTO上級委及びその他の国際法廷を対象として，司法機関に対する政治的統制のあり方をより一般的に考察してみることとしたい。

Ⅲ　WTO紛争解決制度における政治的統制の位置付け

1　上級委員の選任における政治性の諸態様

張委員の再任拒否の妥当性をより広い文脈の中で評価しようとする場合，そもそも本件以前に上級委員の選任に際して政治性が介入した事例は存在したのか，もし存在したとすれば本件と比較してどのような異同があるのか，といった点について初めに把握しておく必要があろう。一般に，加盟国政府が上級委員の選任に介入する場面としては，表1に示すような4つの類型が考えられるであろう。

まず①は，自国籍の者に対する最初の候補指名の際に政府が政治的意向を介在させる場合である。もちろん，新たな候補者を選定する際にはどの国でも一定のスクリーニングが行われることは当然であり，それ自体が直ちに司法への政治介入に当たるわけではない。例えば，2003年の上級委員改選に際し，米国は国内的な候補者選出手続を初めて本格的に整備したが（国際法の役割，審査基準，協定解釈，制度改革などの諸問題について細かい質疑を行う），これも政治介入の強化とはほとんど結び付いていなかった。しかし，ここで候補者として選出されたMerit Janowは，その後上級委員としての在任中に米国政府の意向に沿わない法的立場をとったため，2007年の改選時における米国の内部選定プロセスでは，米国政府と主要な問題につき考えを共有していること，他の上級委

表1　上級委員の選任に対する加盟国政府の介入の類型

	自国の候補者が対象	他国の候補者が対象
新規選任時	①	③
再任時	②	④

員に対し影響を与えられるような強い説得技術を持つことなどが明確に追求されるようになった[28]。その結果選出されたJennifer Hillmanは、後に上級委員として関与した事件において、（匿名ではあるが）米国の立場に沿う反対意見を付したと見られており、国内選定プロセスにおける政治性の増大が司法判断に一定の影響を及ぼしたと考えなければならない。

次に②は、自国籍の者に対する再任段階の候補指名の際に統制を働かせる場合である。これに関しては、前述のJanow委員が、アンチダンピング措置における米国のゼロイング手法を協定違反だと認定した2006年の上級委判断（DS294）を担当していたにもかかわらず反対意見を付さなかったため、同委員は米国政府からの支持が得られなくなり、再任を断念せざるを得なくなったとされる[29]。それまでは、上級委員は2期目まで務めることがほぼ常態となっていたため、Janow委員の1期での退任は、再任手続が政治介入の機会として利用されうることを示した初めての事例であると言える。他方、前述のように、Janow委員の後任であるHillman委員は、同じく米国のゼロイングが扱われた事件（DS294の履行確認手続）において、米国の立場を代弁するかのような反対意見を執筆したとされている。しかしHillman委員は、米国の協定違反が認定された他の諸事件において十分に積極的に反対意見を付さなかったとして、やはり再任に向けた米国政府の支持は得られず、1期で退任することとなった。こうした形で、再任の可否を決めるに際し、1期目の在任中に自国政府の意向を十分に司法判断に反映させたかを考慮する姿勢は、特に米国出身委員に関してすでに顕在化してきていたのである[30]。

③は、他国の国籍の者が新規に上級委員として選任を目指す際に政治的統制を及ぼそうとする場合である。自国民ではなく、また上級委員としての活動実績もないため、当該候補者の法的立場について情報が十分に得られない場合も多いが、それでもこの類型の下で政治的・戦略的な考慮から候補者の拒絶がなされることはある。例えば、2001年の改選時に、EUでは、最終的に選出されたGiorgio Sacerdotiの他に2名の候補者がいたが、この2名は米国の貿易救済措置に関する事件でパネリストとして米国に不利な判断をしていたことなどから、米国はこれらの候補者に強い難色を示した[31]。これは、上級委員在任中の

判断を根拠とする拒絶ではないが,パネリストとして行った司法判断に着目した拒絶である点で,再任拒否と極めて近い性格をもっている。また,2013年の改選時には,ケニアから James Gathii が候補者として推挙されたが,米国は,同氏がジュネーブの外交コミュニティに属しておらず法的立場が明確に分からないとして,支持を拒否した。[32)]

なお,④は他国の国籍の者が上級委員として再任を目指す際に政治的統制を及ぼそうとする場合であるが,従来これに該当する事例はなく,張委員の再任拒否が最初のケースとなった。その意味では確かに新規性があり,前節で見たように,多くの加盟国が今回の再任拒否は紛争解決制度の政治化を招き信頼性を損なうものだとする反応を示していることも理解できる。しかし,ここで概観したように,そうした政治性の介在はすでに段階的に進行してきていたことも見落としてはならない。もし,選任プロセスにおける政治介入のあり方を改善する必要があると主張するのであれば,上記①～④の類型のうち,どの類型をどのように改善すべきであるかを全体的に考察・評価することが求められるだろう。

2　国際法廷の制度設計をめぐる議論

政治介入を抑制し,上級委員の独立性をより高めようとする場合,制度設計上,どのような選択肢があるのだろうか。この点,Dunoff and Pollack による「司法のトリレンマ」の議論が興味深い知見を提供している。これによれば,司法制度にとって重要な3つの価値,すなわち(i)独立性（independence）（裁判官が外部の政治的影響力から離れて紛争を処理する自由），(ii)答責性（accountability）（裁判官が任命者に対する責任を果たしたか否かを問う仕組みが存在すること（再任手続を含む）），(iii)透明性（transparency）（各裁判官の個別の法的立場を知るための仕組みが存在すること（判決での投票内容や個別意見の公開を含む））は,その全てを同時に実現することはできず,いずれか2つの要素を実現しようとすれば残りの1つを犠牲にせざるを得ない関係にある。[33)]例えば,個々の裁判官の法的立場を知ることができ（透明性あり），かつその情報に基づき政治部門の任命者が裁判官の再任の可否を左右しうるような場合（答責性あり）には,裁判官の独立性

は確保されない、といった具合である。実際、これまでに設立された様々な法廷の制度構造も、このトリレンマの法則に当てはまっているとされる。

まず、独立性・答責性を確保して透明性を犠牲にするタイプの例として、国際法廷では欧州司法裁判所（CJEU）が挙げられる。CJEUの裁判官は、任期が6年で再任の制度がある（欧州連合条約19条2項）という点で答責性が高い。それゆえ、もし独立性を確保しようとするならば、透明性を犠牲にしなければならないと推測される。実際に、CJEUでは個別意見を執筆せず法廷意見のみを公表することが裁判官の間で合意されており、それゆえ各国政府は自国選出の判事がどのような意見であるか判別できず、再任手続で制裁することができない[34]。

他方、答責性と透明性が高く、そのため独立性が侵害されるリスクを有する国際法廷の例としては、国際司法裁判所（ICJ）が挙げられる。ICJでは、1978年に裁判所規則の変更を行い、法廷意見に賛成した裁判官の氏名を公表することとした（95条）。さらに1980年には、主文の項目ごとに票決を行い、各々について各裁判官の賛否を公表するという慣行を開始した[35]。これは、個別意見を公表できることと合わせて、透明性を著しく高める結果となる。ICJ裁判官には再任の制度があるため、在任中に示した法的見解の内容によっては、出身国ないし他国の政府から支持が得られなくなる恐れがある[36]。

最後に、独立性と透明性を確保し、答責性を犠牲にした国際法廷として、欧州人権裁判所（ECtHR）が挙げられる。ECtHRの裁判所規則は、個別意見の公表を認めており、これまで全事件のおよそ3分の1で個別意見が付されるなど、透明性は高い水準にある。また、当初は答責性も確保され、裁判官は任期9年で再任が可能であり、さらに1994年の第11議定書23条では任期6年（再任可能）へと変更して答責性をさらに高めた。しかしその後、締約国政府は自国の意向に沿わない個別意見を書いた判事に報復するために再任プロセスを利用しているとの批判が強まったため、2004年の第14議定書において、裁判官の任期を再任なしの9年とする変更が行われた。これは国際法廷が司法の独立性を高めるために再任ありから再任なしへと転換した最初の事例である[37]。

以上のような3つのタイプを前提にWTO上級委の制度構造を分析すると、

まず上級委員の任期は他の多くの国際法廷よりも短い4年であり、再任の制度もあるという点で、答責性のレベルは著しく高い。他方、透明性に関しては、DSUは個別意見の公表を認めているものの、それは匿名で行うこととしている（17条11項）。しかも、実際には個別意見が付される割合は極めて小さく、これまでの上級委報告書のうち5％未満にすぎない。これは、上級委員の一致した見解であることを示して司法機関としての信頼性と正統性を高めるとともに、上級委員の独立性を損なうような政治介入を防ぐことを目的に、上級委員の間の了解として可能な限り意見の統一を図っているのである。個別意見は匿名で公表されるものの、もし個別意見の執筆が頻繁に行われれば、各々の意見をどの委員が書いたのかが推測されやすくなるため、上級委員は当初から個別意見の公表を抑制する方向に動いたと言える。

　こうした取組みにより、WTO上級委は、低い透明性、高い答責性、高い独立性というモデル（CJEU型）となるはずであった。しかし、仮に上述のように個別意見の発出を控えたとしても、上級委のように3名という少人数から構成される法廷では、特定の事件において各委員がどのような立場であるかを外部から推定しやすくなる。また、前述のJanow委員やHillman委員が米国政府から反対意見の不足を咎められたように、個別意見の制度がある以上、反対意見の不在は法廷意見に賛成したものとして解釈されてしまう。さらに、張委員の再任拒否に関する理由説明のなかで米国は、口頭審理においてある委員が行った質問をもとに、当該論点に関して上級委報告書が示した見解をその委員と結び付けることは難しくないと述べた。従来ならば、裁判官の立場は票決や個別意見において示された見解から把握されてきたが、米国は口頭審理での委員の行動までも当該委員の立場を推定する材料として用いたのである。

　このように、上級委の透明性のレベルは、従来考えられていたよりも高いと言わざるを得ない。したがって、トリレンマの法則に従えば、上級委員の独立性を保つためには、(i)ECtHRのように再任の制度を変更して答責性を下げるか、(ii)個別の委員の法的立場を推定しにくくするような透明性低減の方策を導入しなければならない。もっとも、トリレンマの法則自体は、独立性の要素にア・プリオリな優位性を認めるものではなく、独立性・答責性・透明性のうち

いずれの要素を促進すべきかについては、それぞれの法廷の目的や特性を踏まえた価値選択の問題となる。この価値選択の意味を正しく理解するためには、司法の独立性と政治的統制との緊張関係についてより詳細な検討が必要となるため、次節でこの点を扱うこととしたい。

3　司法の独立性と政治的統制

前述のように、本件の再任拒否問題に対しては、司法の独立性を損なうという理由で批判的な反応が示されるケースが多かった。しかし、再任拒否という行為を、司法作用に対する政治的統制の強化の試みとして捉えた場合、それは常に司法の独立性に対して劣後すべき要素なのであろうか。もし政治的統制の方を優位させるべき場面があるとすれば、それはどのような状況であって、本件の再任拒否はそれに該当するのだろうか。

司法の独立性は、客観的かつ中立的な司法作用を確保するうえで重要な原則ではあるが、その一方で、権力分立（抑制均衡）の観点からは、司法機関が完全に無統制でよいわけではない。通常どの国の国内制度でも、裁判官の不当な権限行使に対する弾劾の手続が用意されており、裁判官が司法権の濫用に当たるような独断的な判決を出すことに対する歯止めとして機能している。もちろん、個別案件の判決内容に対する政治的干渉は、司法権の独立を侵害する過度な介入となるのであり、あくまでも、司法権の濫用に当たる場合にのみ抑止力を効かせることが、望ましい政治的統制のあり方であろう。

国際関係に目を移せば、国家は、独立性のある国際法廷を設置することで、他の条約当事国をある政策的コミットメントに長期的に従わせるという信頼性（credibility）のメリットを得ることができる。しかし、それと同時に、かかる独立の法廷が一定の法的・政治的な制約の範囲内で行動するよう様々な構造的・政治的メカニズムを用意することも一般的である[41]。これにより、独立の国際法廷がもたらす利点を享受しつつ、当該法廷の行動が政治的な受容の限界に近づいた場合にはシグナルを送るのである。その意味で国際法廷は、国家の政治的意思に完全に従属するのでもなく、またそこから完全に独立するのでもなく、いわば「制約付きの独立性（constrained independence）」を享受することが

望ましいとされるのである⁴²⁾。

　この点，現行の WTO 紛争解決制度では，ネガティブコンセンサスの導入により，上級委の裁定のあり方に対し加盟国側から統制を働かせる余地はほとんど存在しない。また，上級委の協定解釈を修正するために公定解釈を採択することもあまり現実的ではない。こうした状況を踏まえれば，上級委員の選任プロセスへの介入は，数少ない政治的統制手段のひとつであると見るべきかもしれない。もっとも，本件の再任拒否問題で明らかになったように，特に再任プロセスは個別案件への介入に利用される危険性が高いため，これを統制手段として位置付ける場合には，その使用を明確かつ厳しい基準の下に置くことを考えるべきであろう。

　例えば，張委員が提唱したように，再任拒否には正当な理由が求められるという内部規則を DSB において作成することが考えられる。張委員によれば，正当な理由の範囲は，病気などによる職務能力の喪失や，DSU その他の規則で定められた義務の重大な違反（特定国政府との結び付きにより独立性・中立性を損なった場合）など，極めて限定的なものとすべきである。そして，再任に反対しようとする加盟国の側が十分な証拠を適時に提出し，当該上級委員が任期満了前に反論できるよう十分な適正手続の機会が保障されるべきであるとされる⁴³⁾。

　ただ，広範な統制の余地を残したいと考える加盟国がいる状況で，このような規則が実際に作成される見込みはそれほど高くないであろう。まして，DSU を改正して上級委員の任期を延ばすとともに再任の制度を廃止するといった改革案が実現する可能性は，極めて低いと言わざるを得ない。現行規則を変更せずに実施しうる対応策としては，例えば，全ての上級委員が再任を辞退するという慣行を形成することが考えられる。これは，重要な政治的統制の手段を事実上消滅させることになるため，権力分立・抑制均衡の観点から見れば本来は望ましい方策ではないが，再任手続が司法への恣意的介入の道具となる可能性が排除されない限りは，こうした対策をとることもやむを得ないであろう。

　なお，仮に再任手続が統制手段として利用しえなくなったとしても，加盟国

政府には他の統制手段が残されている。ひとつは，新規選任時におけるスクリーニングである。これは再任拒否に比べれば介入度は低いが，政府の意向を必ず反映する人物を各国が選出するようになれば，司法過程に与える影響はやはり無視できないものとなる。もうひとつは，裁定の不履行である。もちろん，これは申立国から譲許停止などの制裁措置を受けるリスクを含む行為であるが，それを甘受する用意があれば，自国の意向に沿わない判断が下された場合の対抗手段として利用されうる。これらの手法は，正当な政治的統制の手段として，つまり上級委が司法権限を恣意的に濫用しないよう牽制するために活用される可能性もあるが，実際にはむしろ，各国政府が自己の政治的利害を司法過程に反映させるための道具として使われる恐れが強い。WTO紛争解決制度の適切な運営を確保するためには，こうした再任手続以外の要素が及ぼす影響力にも目を向け，司法の独立性と政治的統制のバランスを全体として図っていく必要があろう。

Ⅳ　おわりに

　本稿で検討したように，張委員の再任を拒否する理由として米国が挙げた幾つかの紛争解決事案は，米国の主張を裏付けるようなものではなく，説得力に乏しい。それゆえ，ほとんどの主要アクターが，こうした米国の再任拒否を司法への恣意的な介入であると批判し，司法の独立性を保護する方策をとるべきだと主張したことは十分理解できる。しかし，司法のトリレンマの理論に従えば，独立性を高めるためには，答責性または透明性を低下させる制度改革が必要であり，それが加盟国間のコンセンサスを得られる見込みは現状では非常に低い。

　また，司法の独立性それ自体は疑いなく重要な価値であるとしても，そうした独立性と政治的統制との間のバランスをどこに求めるべきかは別の問題である。従来，WTOの紛争解決制度に関しては，司法機能の強化が専ら注目され，また肯定的に評価されてきたが，本件の再任拒否問題は，そうした司法作用に対する政治的統制のあり方という問題に目を向ける契機になったと言える。権力分立・抑制均衡の原理に従えば，司法化の進展と締約国の意思の尊重

との間に緊張関係を維持することが重要であり、いずれかに過度に偏れば WTO の信頼性を損なうことになる。それゆえ、司法作用に対する政治的統制は全く行ってはならないという態度をとるのでなく、いかなる基準によって、いかなる手法を用いて政治的統制を適切に働かせていくかを考える必要がある。今回米国が示したような再任拒否の使い方に関しても、このような観点からその位置付けと評価を定めていくべきであろう。

1) なお米国は、張委員に対する再任拒否とは別の理由で、新たな上級委員の選任手続全般をストップさせているが、本稿では後者の問題については取り扱わない。
2) 1995年2月に、DSB の議長であった Kenyon 氏が、初代の上級委員を選ぶための最初の選考委員会を主催した。Manfred Elsig and Mark A. Pollack, "Agents, Trustees, and International Courts: The Politics of Judicial Appointment at the World Trade Organization," *European Journal of International Relations*, Vol. 20 (2), 2014, p. 403.
3) Statement by the United States at the Meeting of the WTO Dispute Settlement Body, 23 May 2016, p. 1, available at https://www.wto.org/english/news_e/news16_e/us_statment_dsbmay16_e.pdf
4) *Ibid.*, pp. 2-5.
5) *Ibid.*, p. 5.
6) *Ibid.*
7) *Ibid.*, p. 8.
8) https://www.wto.org/english/news_e/news16_e/dsb_23may16_e.htm
9) *Ibid.*
10) *Ibid.*
11) *Ibid.* こうした見解を示す国として、ブラジル、中国、台湾、エジプト、EU、ホンデュラス、インド、インドネシア、アイスランド、オマーン、メキシコ、スイス、タイ、ベトナムなどがある。
12) *Ibid.*
13) *Ibid.*
14) http://worldtradelaw.typepad.com/files/ableletter.pdf
15) *Ibid.*
16) *Ibid.*
17) Farewell Speech of Seung Wha CHANG at the DSB on 26 September 2016, p. 3, available at https://www.wto.org/english/news_e/news16_e/changfarwellspeech_e.pdf
18) *Ibid.*
19) Statement by the United States at the WTO Dispute Settlement Body's First "Dedicated Session" on the Issue of Reappointments of Appellate Body Members, 26

September 2016, p. 5, available at https://geneva.usmission.gov/wp-content/uploads/2016/09/US.Stmt_.DSB_.Dedicated.Session.26Sep16.pdf
20) Statement by the United States, *supra* note 3, p. 3.
21) *Argentina — Measures Relating to Trade in Goods and Services*, Appellate Body Report, WT/DS453/AB/R, 14 April 2016, paras. 6.83-6.84.
22) Statement by the United States, *supra* note 3, p. 4.
23) *Ibid.*, pp. 4-5.
24) *United States — Countervailing Duty Measures on Certain Products from China*, Appellate Body Report, WT/DS437/AB/R, 18 December 2014, paras. 4.81-4.106.
25) Statement by the United States, *supra* note 3, p. 5.
26) *United States — Countervailing and Anti-dumping Measures on Certain Products from China*, Appellate Body Report, WT/DS449/AB/R, 7 July 2014, paras. 4.149-4.150. 本件では、米国法上、2012年の法改正以前に非市場経済国に対する補助金相殺関税の賦課が合法であったか否かが問題となったが、Georgetown Steel 事件連邦巡回区控訴裁判所判決は、一方で「議会が非市場経済国からの輸入にも相殺関税が適用されうると意図していた証拠はない」としつつ、他方で「相殺関税法を実施する行政機関は相殺可能な補助金の存在の認定について幅広い裁量を有している」とも述べており、上級委はここから結論を導くことはできないと判断したのである。
27) Elsig and Pollack, *supra* note 2, p. 406.
28) *Ibid.*, p. 409.
29) *Ibid.*, p. 406.
30) Unterhalter 上級委員は、2014年1月の離任スピーチにおいて、再任手続により委員の独立性が侵食され、紛争解決制度の権威と正統性が損なわれうることに懸念を表明している。Farewell speech of Appellate Body Member David Unterhalter, 22 January 2014, available at https://www.wto.org/english/tratop_e/dispu_e/unterhalterspeech_e.htm
31) Elsig and Pollack, *supra* note 2, pp. 405-406.
32) Gregory Shaffer, Manfred Elsig and Sergio Puig, "The Extensive (But Fragile) Authority of the WTO Appellate Body," *Law and Contemporary Problems*, Vol. 79 (1), 2016, p. 271.
33) Jeffrey L. Dunoff and Mark A. Pollack, "The Judicial Trilemma," *American Journal of International Law*, Vol. 111 (2), 2017, p. 226.
34) *Ibid.*, pp. 245-247.
35) *Ibid.*, p. 255.
36) 例えば、核兵器使用合法性事件勧告的意見における Weeramantry 判事の個別意見は、米国が同判事の再任を認めない方向に行動する原因になったと言われる。Erik Voeten, "International Judicial Independence," in Jeffrey L. Dunoff and Mark A. Pollack (eds.), *Interdisciplinary Perspectives on International Law and International Relations* (Cambridge University Press, 2013), p. 433.

37) Dunoff and Pollack, *supra* note 33, pp. 251-252. なお国内裁判所に関しても，例えばドイツ連邦憲法裁判所では，1970年の制度改革により，当初禁じられていた個別意見の公表を認めることとし，それと同時に，判事の任期を再任不可の12年とすることで，個別意見の内容により再任に影響が及ぶことを避けるようにした (*ibid.*, p. 237)。

38) 上級委員を務めた Ehlermann によれば，「個別意見を付さずコンセンサスを得ようとするのは，上級委判断の信頼性・受容可能性・正統性を高めること，及び委員の独立性に関する重大な関心からである」。Claus-Dieter Ehlermann, "Reflections on the Appellate Body of the WTO," *ASIL Proceedings*, Vol. 97, 2003, p. 78.

39) Dunoff and Pollack, *supra* note 33, p. 267.

40) *Ibid.*, p. 271.

41) Voeten, *supra* note 36, p. 429.

42) Laurence R. Helfer and Anne-Marie Slaughter, "Why States Create International Tribunals: A Response to Professors Posner and Yoo," *California Law Review*, Vol. 93(3), 2005, p. 905.

43) Farewell Speech of Seung Wha CHANG, *supra* note 17, p. 3.

(北海道大学大学院公共政策学連携研究部准教授)

共通論題② WTO上級委員会のマンデートを再考する——張勝和委員再任問題を契機として

WTO紛争解決手続における先例拘束原則

玉田　大

I　はじめに
II　前提的考察
　1　法的拘束力
　2　事実上の先例拘束原則
　3　司法立法の禁止
　4　理論的対立
III　先例拘束原則の根拠
　1　解釈論アプローチ
　2　法体系アプローチ
　3　複合型アプローチ
IV　先例拘束原則の適用
　1　決定的理由（*ratio decidendi*）と傍論（*obiter dicta*）
　2　垂直的効果と水平的効果
　3　判例変更
　4　傍論の濫用
V　おわりに
　1　比較分析
　2　評　価

I　はじめに

　WTOの「司法化」の最大の功績は、WTO-DSによる「判例」が形成された点にある。20年間に500件の案件（協議要請）を処理しており、「短期間で非常に多くの『判例』が蓄積した[1]」。この傾向は現在も続いており、「拡張し続ける法的先例体」（ever-expanding body of legal precedent）[2] を形成し続けている。さらに、判例形成を通じた「事実上のルール・メーキング[3]」により、WTOの立法上の機能不全を補完していると言えよう。他方で、WTO-DSによる過度の司法積極主義（judicial activism）に対する懸念・批判も根強い[4]。すなわち、WTO-DSは判例形成を通じて実質的に「司法立法」（judicial law-making）を

行っており,WTO設立時におけるWTO加盟国の意図を越え出る[5],あるいは[6]WTO加盟国の規制主権を侵害すると批判される[7]。

さて,現在の上級委委員の再任問題は,直接的には上級委における *obiter* 濫用問題に起因しているが,その背景には,上記の判例形成傾向と司法積極主義の問題が潜在している。そこで本稿では,先例拘束原則の前提的問題(Ⅱ)および法的根拠(Ⅲ)を検討した上で,運用状況の問題点を明らかにする(Ⅳ)。

Ⅱ　前提的考察

1　法的拘束力

WTO協定上に明文規定はないが,パネル・上級委の報告が「法的拘束力」を有する点は広く認められている[8]。例えば,Jacksonは7つの条文を挙げて法的拘束力を認めた上で[9],次のように述べる。「採択された報告は,問題の[事件の]当事国がWTO協定の諸規則に適合するよう自らの実行を修正する国際法義務(an international law obligation)を設定する」[10]。パネル・上級委自身も報告の法的拘束力を肯定している。日本酒税事件(DS 8, 10, 11)の上級委は,「[採択されたパネルの]報告は,特定の紛争の解決に関して,当該紛争の当事国間を除いて,拘束力を有さない」[11]と述べ,相対的既判力原則を確認している[12]。その後,WTOのパネル・上級委の報告にも対象が拡張されており[13],例えば,米国ゼロイング事件(DS 350)の上級委は,「DSBに採択された上級委報告は拘束力を有し(are binding),特定の紛争の当事者によって無条件に受け入れられなければならない」[14]と述べている。

2　事実上の先例拘束原則

WTOでは「法上の」(*de jure*)先例拘束原則は否定されている[15]。例えば,インド化学製品事件(DS 79)のパネルは次のように述べる。「いかに[紛争の]主題が同じであっても,パネルは,パネル又は上級委の以前の決定(previous decisions)に拘束されない(are *not bound*)。WT/DS79[=本件]を審理するにあたって,我々[=パネリスト]はWT/DS50事件のパネルの結論に法的に拘束されない(are not legally bound)」(傍点,玉田)[16]。このように,パネル・上

級委は先行パネル・上級委に法的に拘束されないため，先例判断（法解釈や判断基準）を無視して全く新たな解釈を打ち出すことも可能である[17]。

ただし，パネルと上級委は，国際法上の「司法裁判所」(judicial tribunals)[18]としての性質を有するため，司法運営の基本理念である一貫性の維持が求められる[19]。実際に，過去の上級委報告が示したWTO協定解釈は，「事実上の重要な指針」として後発パネル・上級委で繰り返し引用されており[20]，WTO-DSでは「事実上の」(de facto) 先例拘束原則が認められている[21]。この点で，上記のインド化学製品事件（DS 79）のパネルは，（法上の）先例拘束を否定した上で次のように述べる。「DSU 10.4条で要求される『通常の紛争解決手続』の枠内において，我々［＝パネリスト］はWT/DS50におけるパネルと上級委員会の結論と理由付けを斟酌する (will take into account)。［…］DSU 3.2条［＝安定性及び予見可能性］と同時に，一貫しない裁定 (inconsistent rulings) を回避する必要性につき，相当程度重視すべきである[22]」。このように，パネルは先例踏襲の重要性を指摘しつつ，その根拠として，多角的貿易体制の「安定性及び予見可能性」の要求（DSU 3.2条）と判断の一貫性の要求の2つを挙げている。また，ブラジル・ココナッツ事件（DS 22）のパネルは次のように述べる。「パネル報告は，後の［事件の］パネルが従わなければならない形式的な先例 (formal precedent) を構成しないものの，関連する限りでそれら［＝パネル報告］は有益で説得力のある指針 (useful and persuasive guidance) を構成する[23]」。このように，（法上の）先例拘束性が否定されていたとしても，先例の引用，言及，依拠といったWTO-DSの実行については別途検討を要する。

なお，事実上の先例拘束ではなく，「法上の先例拘束」(de jure stare decisis) が形成されつつあり[24]，さらにこれを承認すべきであると主張されることもある[25]。例えば，Bhalaによれば，「事実上の先例拘束性」は終了すべきであり，「法上の先例拘束原則」を認めるべきであるという[26]。ただし，BhalaがWTO協定（特に9条2項）の改正を主張していることからも明らかなように，「法上の先例拘束原則」論は，政策論・立法論と位置付けられる。

3　司法立法の禁止

WTO-DSによる「司法立法」(judicial law-making) は禁止されている。例えば，米国シャツ事件 (DS 33) の上級委は次のように述べる。「特定紛争の解決の文脈を超えて，WTO協定の現行の規定を明らかにすることを通じて，パネル又は上級委に『法を定立する』(make law) ことをDSU 3.2条が推奨しているとは解されない」。ここで上級委は，次の2点を根拠としている。第1に，DSU 3.2条は「現行の規定の解釈を明らかにすること (to clarify)」をDSBに認めるに過ぎず，これは法定立とは区別される。第2に，WTO協定9.2条（およびDSU 3.9条）では，閣僚会議 (the Ministerial Conference) と一般理事会 (the General Council) に「この協定及び多角的貿易協定の解釈を採択する排他的権限 (exclusive authority)」が付与されており，DSBには解釈権限が付与されていない。

司法立法の禁止を根拠として先例拘束原則を否定する見解も見られるが，両者は区別される。一方で，対象協定の「排他的解釈権限」は（DSBではなく）閣僚会議と一般理事会に付与されているが（WTO協定9.2条），他方で，DSBには協定の「解釈を明確にする」権限が付与されているからである（DSU 3.2条）。この点で，米国外国企業事件 (DS 108) の上級委は次のように述べる。「有権的解釈 (an authoritative interpretation) とDS審理で形成された解釈の間の区別は，WTO協定において明確にされている。WTO協定9条2項におけるWTO加盟国の有権的解釈は，パネルおよび上級委報告に基づくDSBの裁定および勧告からは区別されなければならない。DSU 3.2条の文言では，DSBの裁定及び勧告は『対象協定の現行の規定の解釈を明らかに』することに資するだけである」。このように，司法立法が禁止されていたとしても，それを根拠として先例拘束性が否定されるわけではない。

4　理論的対立

WTO-DSの先例拘束性は，DSの目的・性質の捉え方にも依存する。一方で，WTO設立時（1994年），WTO-DSは「民事司法」的なものと解されており，岩沢雄司によれば，「WTOの紛争処理制度は，今のところは，迅速に紛

争を処理し加盟国間の利益の均衡を回復することに主な目的がある．いわば民事司法的な制度である」[32](傍点，玉田)という。実際に，WTO協定は交渉過程で多くのディールが見られ，相互主義に基づく権利義務関係のバランスの結晶体として捉えられる[33]。その結果，WTO-DSにおける過度の司法積極主義は，加盟国間の権利義務バランスを損なうという観点から批判される[34]。他方，その後，WTOを「国際（司法的）コントロール」と捉える所説が登場した。「国際コントロール」とは，条約上の一般的利益や共通利益の確保・増進を図るため，条約上の義務の履行確保を目的とした監視・指導行為を指す[35]。WTO-DSを「国際コントロール」と捉える見解[36]によれば，その実体的義務はWTO加盟国の個別の主観的権利・利益に対応しない対世的な性質を有する客観的義務とみなされる[37]。この場合，協定解釈に際して，個別案件を超えた一般的妥当性がなければ，客観的義務たる実態を担保することができないため，必然的に一定の先例拘束性が要求される[38]。ただし，WTO-DSの性質については，①双務的な権利義務関係の調整（＝民事司法的アプローチ）と②国際公益の確保（＝国際コントロール・政策司法的アプローチ）という2つの捉え方が併存しているため，二者択一的な議論を採用することは困難と言えよう。

III　先例拘束原則の根拠

1　解釈論アプローチ

先例拘束原則の根拠に関して，当初は「後に生じた慣行」（subsequent practice）概念が用いられた[39]（「解釈論アプローチ」）。第1に，DSU 3.2条によれば，WTO-DSは「解釈に関する国際法上の慣習的規則に従って対象協定の現行の規定の解釈を明らかにする」。第2に，条約法条約31(3)(b)条によれば，条約解釈に際して，文脈とともに「条約の適用につき後に生じた慣行であって，条約の解釈についての当事国の合意を確立するもの」を考慮しなければならない。条約法条約31条の解釈規則は慣習法国際法であると解されるため[40]，DSU 3.2条により，WTO協定の解釈に際して「後に生じた慣行」を考慮することが求められる。日本酒税事件（DS 8, 10, 11）では，従前（GATT 1947時代）のパネル報告が「後に生じた慣行」に該当するか否かにつき，パネルと上級委が反対の[41]

結論に至った。原審パネルによれば、「GATT 締約国団および DSB によって採択された報告は、当該報告を採択するという決定によって、特定の事件における後に生じた慣行を構成する。[…] 上記の報告は、『GATT 1947の締約国団によるその他の決定』を構成することから、GATT 1994の不可分の一部 (an integral part) である」という。他方、上級委はこの判断に賛同せず、次のように述べる。「一般に、国際法上、条約解釈における後に生じた慣行の本質は、『一致した、共通の、一貫した』(concordant, common and consistent) 一連の行為又は声明であって、解釈に関する当事国の合意を意味することが識別可能であるパターンを確立するのに十分なものと考えられてきた。一般に、単独の行為 (an isolated act) は、後に生じた慣行を確立するには十分ではない。[この点で] 関連性を有するのは、当事国の合意を確立する一連の行為である」。このように述べ、上級委はパネル判断を覆した。

　上記の判断（の相違）については、以下の点を指摘することができる。第1に、上級委は、「後に生じた慣行」の成立可能性を一般的に否定したわけではなく、厳しい成立要件（「一致した共通の一貫した」一連の行為）を課すに止まる。換言すれば、決定的理由 (ratio decidendi) を含む「一連の行為又は声明」(sequence of acts or pronouncements) として報告が何度も繰り返し採択されている場合、「後に生じた慣行」が成立する余地は残されている。第2に、何が「後に生じた慣行」を構成するかが問題となる。日本酒税事件では、そもそも（GATT 1947における）締約国団の採択決定 (decision) が「後に生じた慣行」を構成するか否かが問われた。パネルはこれを肯定したが、上級委は次の2点でこれを否定している。①「GATT 1947において、パネル報告を採用する［締約国団の］決定は、当該報告の法的理由 (legal reasoning) に対する締約国団の合意 (agreement) を構成していなかった」。また、② GATT 1947において、「締約国団がパネル報告を採択する決定を行っても、GATT 1947の確定的解釈 (definitive interpretation) を構成しない」。さらに、WTO 協定9条2項によれば、「閣僚会議と一般理事会が協定解釈を採択する排他的権限 (exclusive authority) を有しており、[…] 他の機関には同じ権限は認められていない」。すなわち、協定解釈権限が締約国団に認められていない。

共通論題② WTO上級委員会のマンデートを再考する

以上のように，解釈論アプローチには2つの難点が存在する。第1に，条約法条約31(3)(b)条の「後に生じた慣行」には「当事国の合意」が求められるが[50]，GATT締約国団の報告採択決定は判断内容に関する「合意」を構成しない。第2に，パネル・上級委・DSBには，WTO協定の排他的（＝確定的）解釈権が認められていない（WTO協定9.2条）。以上より，解釈論アプローチが頓挫したのは必然であったと解される。

2 法体系アプローチ

日本酒税事件（DS 8, 10, 11）の上級委は，パネルの判断と異なり，「GATT法体系」[51]（GATT *acquis*）概念を提示した（「法体系アプローチ」）。上級委は次のように述べる。「採択されたパネル報告は，GATT法体系（the GATT *acquis*）の重要部分（an important part）である。これらの報告は後のパネルで頻繁に考慮されている。それらの報告は，WTO加盟国間に正当な期待（legitimate expectations）を創出しており，それ故，［後の］紛争に関連する限りで斟酌されるべきである（should be taken into account）」[52]。この判断は，本件以降も広く受け入れられている。例えば，米国エビ事件（DS 58）の上級委は，日本酒税事件で示された判断は「採択された上級委報告にも同様に当てはまる」という[53]。すなわち，「GATT法体系」概念が拡張され，「WTO-DS法体系」（WTO-DS *acquis*）や「WTO法体系」（WTO *acquis*）概念が用いられている。米国AD事件（DS 344）において上級委は，「採択されたパネル報告および上級委員会報告に具体化された法解釈は，WTO紛争解決制度の法体系（the *acquis* of the WTO dispute settlement system）の本質部分（part and parcel）になる」[54]という。同様に，米国AD事件（DS 379）の上級委は，「パネルおよび上級委員会で採択された報告に具体化された法解釈は，WTO法体系（the WTO *acquis*）の部分を成し，それとして斟酌されなければならない（have to be taken into account）」[55]という。

以上のように，2000年以降の判断例には以下の特徴が見られる。第1に，パネル及び上級委の報告それ自体の法的地位ではなく，「報告に具体化された法解釈」の法的地位が問題とされている（この点は後述）。第2に，「後に生じた

慣行」に代わり，「WTO法体系」概念が用いられている。この概念はEUのアキ・コミュノテール（acquis communautaire）を模した造語であり，[56]「WTO協定における法と実行の派生体（the accrued body of law and practice）」という意味で用いられている。[57] ただし，その定義・射程・法的効果は必ずしも明らかではないため，[58] 同概念をもって先例拘束原則の根拠とするには，なお不十分であると言わざるを得ない。

　なお，「WTO法体系」の代わりに「WTO法」（WTO Law）概念を用いて先例拘束原則を根拠付ける見解もある。第1に，DSUには，DSの適用法規を定めた条文が存在しないため，DSU3.2条及び7条を介して，ICJ規程38条と同じ国際法がDSの適用法規と解される。[59] 第2に，WTO-DSにおける適用法規の総体を「WTO法」と捉えると，(ICJ規程38条1項dの「裁判上の判決」と同様に）パネル・上級委報告がこれに含まれる。[60] 例えば，Palmeterは次のように述べる。「GATT時代の慣行（GATT紛争解決パネル報告を含む），WTOの慣行（パネル報告と上級委員会報告），慣習（custom），学説，法の一般原則，他の国際文書は，すべて，WTO法として知られ，急速に成長・拡充する法の重要な骨格（body）に寄与している」[61]。

　このように，「WTO法」概念に依拠した議論は，ICJ規程38条に着想を得たものであるが，以下の難点が残る。第1に，ICJ規程38条によれば，「裁判上の判決」は「法則決定の補助手段」に過ぎない。第2に，同条1項dによれば，ICJ規程59条（先例拘束性の否定）の適用が前提とされる。従って，（仮にICJ規程38条の類推適用が可能であったとしても）パネルおよび上級委報告を直接的な適用法規とみなすことは難しい。[62]

3　複合型アプローチ

　日本酒税事件（DS 8, 10, 11）と米国エビ事件（DS58）では，パネルおよび上級委の報告それ自体がGATT/WTO法体系の一部を構成すると判断されていたが，以降の事件では，「報告に具体化された法解釈」（legal interpretation embodied in reports）が「WTO法体系」の一部を構成すると判断されている。すなわち，報告の実質的な判断内容（＝法解釈）が事実上の先例を構成すると理

解されており、より実質的な先例拘束性の容認論へと移行している。

例えば、米国シャツ事件（DS 33）のパネルは、（日本酒税事件の上級委判断に依拠しつつ）「我々は過去の GATT 報告には拘束されないが、関連する限りでそれらの理由付けに従うことはある」と述べる。また、インド特許事件（DS 79）のパネルは次のように述べる。「パネルは、仮に主題が同じであっても、以前のパネル又は上級委の決定には拘束されない。［…］しかしながら、我々は WT/DS50 事件のパネルおよび上級委報告の結論と理由付け（the conclusions and reasoning）を斟酌するであろう」（傍点、玉田）。同様に、米国木材事件（DS 264）の上級委は次のように述べる。「我々［＝上級委］は、EC ベッドリネン事件の上級委報告に含まれた理由付けと認定（the reasoning and finding）を適切なものとして考慮してきた」。

以上のように、報告そのものではなく、報告の判断内容（＝「法解釈」、「理由付け」、「結論」、「認定」）を後の事件で斟酌しようとしていることが分かる。この点で、「法解釈」に注目する根拠について、米国 AD 事件（DS 344）の上級委は次のように述べている。「条文の適用は、それが行われる文脈に限定されると解し得るが、他方で、上級委報告に含まれる明確化の妥当性（the relevance of clarification）は特定事件における条文適用に限定されない」（傍点、玉田）。すなわち、条文適用の射程は当該事件に限定されるが（＝個別性）、条文解釈の射程は当該事件に限定されない（＝一般性）と理解しているのである。すなわち、パネル・上級委の「報告」や DSB の「勧告」といった存在形式ではなく、その判断内容（「法解釈」）に注目することにより、事件の固有性・個別性から脱却し、一般性を導き出していることが分かる。

この判断は、「先例拘束原則を正式に承認したもの」と解される。第 1 に、「法解釈」を提示する権限は、DSU 3.2 条と整合的である。同条は、「現行の規定の解釈を明らかにすること」（to clarify）を DSB に認めているからである。第 2 に、上記の議論は、「決定的理由」（*ratio decidendi*）の議論と整合的である。先例の中で拘束力を有するのは、先例判決の理由の中の「決定的理由」（*ratio decidendi*）に限られ、その他の「傍論」（*obiter dictum*）部分は法的拘束性を有さない。上記のように、上級委報告に含まれる「法解釈」、「明確化」、「理

由付けと認定」はいずれも ratio を指すものと解される。以上より，今日では「複合型アプローチ」が採用されており，最も説得的であると言えよう。とは言え，依然として「WTO 法体系」概念に依拠しているため，同概念の精緻化が求められる。

IV 先例拘束原則の適用

1 決定的理由 (ratio decidendi) と傍論 (obiter dicta)

先例拘束原則を適用する際,「決定的理由」(ratio decidendi) と「傍論」(obiter dicta) の区別は不可欠である。すなわち，以前に採択されたパネル・上級委報告の内容のすべてが「先例」になるわけではなく，拘束性を有するのは「報告で具体化された法解釈」すなわち「決定的理由」(ratio decidendi) に限られる。換言すれば，決定的理由に該当しない「傍論」(obiter dicta) には先例拘束性が認められない。例えば，カナダ雑誌事件 (DS 31) の上級委は次のように述べる。「EEC 油糧種子事件のパネルは,『生産者に直接的に行われていない支払は「排他的に」生産者に行われたものではないと合理的に推定できる』と述べていた。同パネルは，油糧種子生産者への補助金は『国内生産者に排他的に』行われていなかったと報告の中で認定しているため，上記のパネルの言明 (statement) は傍論 (obiter dicta) である」[69]。このように，上級委は先例 (パネル) 判断の中で争点となった判断箇所を「傍論」とみなし，先例拘束性を有さないことからこれを踏襲しないと判断した[70]。他方，米国エビ事件 (DS 58) の上級委は次のように述べる。「本件のパネルが依拠した米国エビ事件上級委の理由付け (reasoning) は傍論 (dicta) ではなく，上級委の裁定に不可欠であった (essential to our ruling)。[本件]パネルがこれを使い，それに依拠したのは正しい」[71]。このように，上級委は，以前の上級委の理由付けが「裁定に不可欠」(＝決定的理由) であるとみなした上で，それを踏襲したパネルの判断を支持している。さらに，米国 AD 事件 (DS 344) の上級委は，より直接的に次のように述べる。「このこと [＝相対的既判力原則] は，DSB に採択された以前の上級委報告に含まれる法解釈および決定的理由 (ratio decidendi) を後のパネルが自由に無視し得ることを意味するものではない」(傍点，玉田)[72]。ここ

では,「法解釈」(legal interpretations) と決定的理由 (ratio decidendi) の2つが併記されているが,両者は同一の内容を指すものと解される。

以上のように,先行判断の中で先例拘束性を有するのは,報告の中でも「裁定に不可欠」の判断部分,すなわち「決定的理由」(=「法解釈」) に限定される。この二分論(決定理由と傍論の区別)は,先例拘束原則を適用するために不可欠であるものの,WTO-DSにおいて,両概念の区別基準は明らかにされていない。その結果,従前の判断を「傍論である」と判断し,これを退ける自由がパネル又は上級委に残されていると言えよう。[73]

2 垂直的効果と水平的効果

WTO-DSにおける先例拘束原則は,「採択されたパネル・上級委報告に具体化された法解釈」が事実上の先例拘束性を有するというものであり,ここではパネルと上級委は区別されていない。ただし,「パネル報告に先例拘束はない」[74]と評されるように,同じ「法解釈」であっても,実際にはパネルと上級委の「法解釈」は同列に扱われていない。そこで以下,先例拘束原則を2つに分けて検討する。第1に,垂直的効果であり,階層性を有する裁判制度においては,下級審と上級審の間で先例拘束原則が機能する(例:上級審の先例に後発下級審が拘束される)。第2に,水平的効果であり,同階層間で先例拘束原則が機能する(例:最高裁の先例に後発の最高裁が拘束される)。

(1) 垂直的効果

二審制を採用するWTO-DSでは,以下の2つの点で先例拘束原則の垂直的効果が認められる。

第1に,上級委の先例を踏襲する限り,後発パネルの判断は覆されない。米国エビ事件 (DS 58) の上級委は,同事件のパネルが以前の上級委報告の判断理由 (reasoning) に頻繁に依拠した点につき,次のように述べる。「パネルがこれ [=以前の上級委の判断理由] を使用し,それに依拠したことは正しい。[…] 我々 [=上級委委員] は,パネルがそうすることを期待していたようなものである。[…] 我々は,本件のパネルのような将来のパネルに対して解釈指針 (interpretative guidance) を与えていたのである」。[75] 上級委はさらに,本件

パネル判断について以下のように評する。「上級委報告の判断理由を勘案している点で，パネルは間違った判断を行っていない。上級委の判断を自らの判断理由の道具として使っている点で，パネルは正しかった」[76]。同様に，米国 AD 事件（DS 268）事件の上級委は次のように述べる。「特に争点が同じ場合，以前の紛争における上級委の結論に［パネルが］従うこと（following）は，適切なだけでなく，パネルに期待されるところである」[77]。

第 2 に，逆に，上級委で形成された先例に後発パネルが従わなかった場合，後の上級委で覆される。この点で，米国 AD 事件（DS 344）の上級委は次のように述べる。「以前に採択された上級委報告で同じ問題を扱うものにパネルが従わないと，対象協定上の加盟国の権利義務を明確にする一貫した予見可能な判例体（a coherent and predictable body of jurisprudence）の発展を阻害する」[78]。さらに上級委は，「同一の法的問題の解釈を明らかにする十分に確立した上級委の判例（well-established Appellate Body jurisprudence）から離脱するという［本件の］パネルの決定に深く憂慮する」[79]と述べる。

上記の判断は，以下のようにまとめることができる。①上級委は，後発パネルに対する「解釈指針」(interpretive guidance) を与えており，②後発パネルが「解釈指針」に依拠することが期待されるため，③上級委の「解釈指針」に従わないパネル判断は，（同事件の）上級委によって覆される[80]。上級委によれば，このような垂直的な先例拘束性が認められるのは，パネルと上級委の間に「階層構造」(hierarchical structure) が存在するためであり[81]，仮に先行する上級委報告をパネルが踏襲しなければ，「一貫した予見可能な判例体の発展」が阻害されるという[82]。このように，審査の階層性に基づく垂直的な先例拘束性は，ICJ や ITLOS のような一審制の裁判機関には見られない WTO の特徴である[83]。

(2) 水平的効果

パネルと上級委の間だけでなく，同列階層の間でも先例踏襲は見られる（先例拘束原則の水平的効果）。第 1 に，先行パネル報告の法的根拠は，後発パネルにおいて「よき理由」(good reason) が無い限り踏襲される（＝パネル間の水平的先例拘束）[84]。例えば，ブラジル・ココナッツ事件（DS 22）のパネルは次のように述べる。「パネル報告は，後の［事件の］パネルが従わなければならない形

式的な先例（formal precedent）を構成しないものの，関連する限りそれら[＝パネル報告]は有益で説得力のある指針（useful and persuasive guidance）を構成する」[85]。第2に，上級委報告の内容は，（後発パネルよりもむしろ）上級委自身によって踏襲される傾向が見られる[86]（＝上級委間の水平的先例拘束）。この点に関しては，以下の点がその根拠と解される。①パネルが *ad hoc* な機関であるのに対して，上級委員会は常設性を有する。②上級委には委員の意見交換制度が導入されており[87]，事件毎の報告の間に一貫性を確保する方策がとられている[88]。ただし，上級委が先行上級委判断から離脱する例（＝判例変更）がないわけではない。この点を次に検討しよう。

3 判例変更

仮に先行上級委報告の中で特定の「法解釈」が示されていたとしても，必ずしもこれに常に拘束されるわけではなく，「よき理由」（good reason）[89]，「説得力のある理由」（cogent reason），あるいは「決定的理由」（compelling reason）が存在する場合[90]，先例と異なる判断を下すことが認められる。例えば，米国AD事件（DS 344）の上級委は，パネルによる先例無視のゼロイング是認を破棄する際に，上級委の先例について次のように述べる。「DSU 3.2条に定められているように，紛争解決システムにおいて『安定性及び予見可能性』を確保することは，説得力のある理由（cogent reasons）がない限り，後の事件において裁定機関（an adjudicatory body）は同じ法的問題を同じ方法で解決するであろうということを意味する」[91]（傍点，玉田）。ここで上級委が言及している「裁定機関」（an adjudicatory body）が単数形であることから，「先行パネルと後発パネル」の関係に加え，「先行上級委と後発上級委」の関係においても，判例変更の際には「説得力ある理由」（cogent reasons）が求められると解される[92]。なお，「説得力のある理由」（cogent reasons）という表現は，上級委（DS 344）が引用するICTY判決（Aleksovski事件）[93]で用いられた用語の借用と推察される。

次に，判例変更を正当化するための「説得力ある理由」の内容が問題となるが，例えば，ドーハ・ラウンドの完結によるWTO協定の修正がこれに該当すると考えられる[94]（すなわち，GATT時代の先例からの離脱が許容される）。また，

先例が間違っている（in error）と判断する場合にも，先例判断を踏襲する必要はない。このように，上級委は，先行する上級委の先例判断に対して（一定の条件下において）異なる判断を示すことが可能である。そのため，「水平的」先例拘束性は存在しないと主張されることもあるが[96]，厳密には，先例拘束原則に一定の条件が付けられている（説得力ある理由がない限りは踏襲が求められる）と解するのが適当であろう。

4 傍論の濫用

今日の最大の争点は，上級委による傍論（obiter）の濫用問題である。第1に，1つの報告中に過半を超える傍論が用いられており，米国はこの点を問題視している。すなわち，①個別事案の処理に不必要である傍論が上級委報告の大部分を占めており，②上級委が勧告的意見を与えているに等しい，という批判である[97]。傍論の多用はWTO上級委に固有の判断傾向であり，他の国際裁判には見られない特徴である。前述のように，決定的理由（=「裁定に不可欠」な法解釈）とは異なり，傍論は本来的に「裁定に不可欠」ではない判断であるため，そもそも不要な判断が多くを占める上級委報告は，訴訟経済の観点から大きな問題を抱える。第2に，先行する報告に含まれる傍論（obiter dicta）が，後の報告で決定的理由（ratio decidenci）として用いられる例が見られる。例えば，ECアスベスト事件（DS 135）の上級委は，GATT 3条4項の「不利でない待遇」の要件につき，輸入品群が国産品群よりも不利に扱われていることを意味すると解し，不適合性の立証には，不利な取り扱いが輸入品に非対称に偏在している事実の立証を求めており[98]，この判断箇所は傍論と解されている[99]。他方，後のドミニカ・タバコ事件（DS 302）の上級委は，上記の判断箇所を決定的理由として用いており[100]，同様に，ECアザラシ事件（DS 400, 401）の上級委も決定的理由として用いている[101]。

V おわりに

1 比較分析

第1に，先例拘束原則の根拠および議論枠組みに関しては，ICJとの間に類

似性が見られる(本稿Ⅲ)。一方で、「法上の」先例拘束原則は否定されているものの(ICJ規程59条)、他方で、司法機関に内在的に要求される判断の一貫性の要請により、「事実上の」先例拘束原則が認められる。なお、先例拘束原則の根拠に関する「法体系アプローチ」では、ICJ規程38条(特に1項dの「裁判上の判決」)の類推適用がみられるが、難点を抱えており、採用するのは困難である。

第2に、先例拘束原則の適用方法は、ICJと大きく異なり、WTO-DSの独自性が顕著である(本稿Ⅳ)。① WTO-DSでは、階層構造に依拠した先例拘束原則の垂直的効果が認められており、上級委判例によってパネルの判断が統制されている。②過度に傍論の多い報告が見られる。報告の半分を超える傍論は他の国際裁判では見られない稀有な現象であり、司法積極主義の表出として批判され得る。③傍論が後の判断で決定的理由にすり替えられる例が見られる。以上のように、先例拘束原則の適用方法に関しては、司法積極主義の弊害が顕在化しているといえよう。

2 評 価

一見すると、先例拘束原則は判断機関の権限拡張を招き、司法積極主義(さらには司法立法)を招来・助長するように見える。しかしながら、本来、先例拘束原則は司法積極主義を抑制する側面を有する[102]。第1に、先例拘束原則が存在することにより、パネルと上級委は先例判断を詳細に検討し、自らの判断が行き過ぎたものにならないよう自制する[103]。第2に、先例拘束原則が存在することにより、先例から離脱するためには一定の理由提示(「説得力のある理由」)が求められるため、判断者に対する抑制が働く。

上記の点を勘案すると、上級委による傍論の「濫用」は次の点で問題を抱える。①上級委が自ら形成してきた先例拘束原則の基盤を掘り崩す。上記のように、決定的理由と傍論の区別は先例拘束原則の要であるが、傍論の濫用は両者の境界線を曖昧にし、先例拘束原則の存在自体を脅かす。②過度の司法積極主義は、WTO-DSに対する制度不信をもたらす[104]。さらに、WTOには過度の司法積極主義を抑制するための立法手段が欠如しているため、米国のように政治

的手法によって司法立法の抑制を企図する国が現れる（上級委員の任命問題の政治化はその一例である）。

上記の問題を解決する方策は，逆説的ではあるが，先例拘束原則の精緻化・正常化にある。①先例拘束原則の根拠概念（「WTO 法体系」，「決定的理由」，「傍論」，「説得力のある理由」）の内容を明確にし，安定的に運用することにより，②判例形成に対する WTO 加盟国の信頼を高め，加盟国の不信感が政治問題化するのを回避する必要がある。先例拘束原則は WTO-DS の機能の要であり，今後もその正常な発展が望まれる。

[付記] 本研究は，公益財団法人全国銀行学術研究振興財団の助成を受けた。

1) 川島富士雄「WTO 紛争解決手続における司法化の諸相―― DSU 運用の10年を振り返って――」『日本国際経済法学会年報』14号（2005年）98頁。
2) J.G. Merrills, *International Dispute Settlement* (Sixth ed., 2017), p. 220.
3) 間宮勇・荒木一郎「WTO のルール・メイキング――過去20年間の活動を振り返って――」『日本国際経済法学会年報』25号（2016年）12頁。
4) Richard H. Steinberg, "Judicial Lawmaking at the WTO: Discursive, Constitutional, and Political Constraints," *American Journal of International Law*, Vol. 98 (2004), p. 250.
5) Jeffrey L. Dunoff, "The WTO in Transition: Of Constituents, Competence and Coherence," *George Washington International Law Review*, Vol. 33 (2001), p. 1010.
6) Steinberg, *supra* note 4, pp. 248, 250.
7) 米谷三以「WTO 紛争処理手続の果たす役割――『司法化』に潜む危険性と提案――」『日本国際経済法学会年報』8号（1999年）18-24頁。
8) Zhu Lanye, "The Effects of the WTO Dispute Settlement Panel and Appellate Body Reports: Is the Dispute Settlement Body Resolving Specific Disputes Only or Making Precedent at the Same Time?," *Temple International and Comparative Law Journal*, Vol. 17 (2003), p. 227. 福永有夏『国際経済協定の遵守確保と紛争処理―― WTO 紛争処理制度及び投資仲裁制度の意義と限界――』（有斐閣，2013年）367-368頁。
9) John H. Jackson, "The WTO Dispute Settlement Understanding - Misunderstandings on the Nature of Legal Obligation," *American Journal of International Law*, Vol. 91 (1997), pp. 63-64.
10) John H. Jackson, *The Jurisprudence of GATT and the WTO: Insight on Treaty Law and Economic Relations* (2000), p. 163.
11) Appellate Body Report, *Japan - Taxes on Alcoholic Beverages*, WT/DS8/AB/R,

共通論題② WTO上級委員会のマンデートを再考する

  WT/DS10/AB/R, WT/DS11/AB/R（4 October 1996), p. 14.
12） ICJ規程59条は「裁判所の裁判は，当事者間において且つその特定の事件に関してのみ拘束力を有する」と規定する（相対的既判力原則）。上級委の判断は同条に依拠している（*Ibid.*, n. 30)。ICJ規程59条への依拠はその後も踏襲されている。Appellate Body Report, *United States - Tax Treatment of Foreign Sales Corporations*, WT/DS108/AB/R（24 February 2000), para. 108, n. 120.
13） Panel Report, *Indonesia - Certain Measures Affecting the Automobile Industry*, WT/DS54/R, WT/DS55/R, WT/DS59/R, WT/DS64/R（2 July 1998), p. 323（n. 639）; Appellate Body Report, *United States - Final Anti-Dumping Measures on Stainless Steel from Mexico*, WT/DS344/AB/R（30 April 2008), para. 158.
14） Appellate Body Report, *United States - Continued Existence and Application of Zeroing Methodology*, WT/DS350/AB/R（4 February 2009), para. 362.
15） WTO-DSにおける先例拘束原則の否認は，ITO（国際貿易機関）憲章およびGATTの起草者がICJの伝統を承継したためと解される。Raj Bhala, "The Myth about Stare Decisis and International Trade Law（Part One of a Trilogy),"*American University International Law Review*, Vol. 14（1999), pp. 885-886.
16） Panel Report, *India - Patent Protection for Pharmaceutical and Agricultural Chemical Products*, WT/DS79/R（24 August 1998), para. 7.30.
17） 小室程夫『国際経済法』（信山社，2011年）450頁。
18） Joost Pauwelyn, "The Role of Public International Law in the WTO: How Far Can We Go?," *American Journal of International Law*, Vol. 95（2001), p. 553.
19） Mohamed Shahabuddeedn, *Precedent in the World Court*（1996), p. 41.
20） 福永『前掲書』（注 8）271頁。James Cameron and Kevin R. Gray, "Principles of International Law in the WTO Dispute Settlement Body," *International and Comparative Law Quarterly*, Vol. 50（2001), p. 275.
21） John H. Jackson, "The Legal Meaning of a GATT Dispute Settlement Report: Some Reflections," in John H. Jackson, *The Jurisprudence of GATT and the WTO : Insights on Treaty Law and Economic Relations*（2000), pp. 126-127.
22） Panel Report, *India - Patent Protection for Pharmaceutical and Agricultural Chemical Products*, WT/DS79/R（24 August 1998), para. 7.30.
23） Panel Report, *Brazil - Measures Affecting Desiccated Coconut*, WT/DS22/R（17 November 1996), para. 258.
24） Anne Scully-Hill and Hans Mahncke, "The Emergence of the Doctrine of Stare Decisis in the World Trade Organization Dispute Settlement System," *Legal Issues of Economic Integration*, Vol. 36（2009), p. 155. ただし，上級委の先例が後続パネルを拘束するという垂直的関係においてのみ法上の先例拘束原則が成立するという主張である。
25） Eoin Gubbins, "Precedent in the WTO: Advantages of *De Jure Stare Decisis*," *Trinity College Law Review*, Vol. 9（2006), pp. 77-78.

26) Raj Bhala, "Power of the Past: Towards *De Jure Stare Decisis* in WTO Adjudication (Part Three of a Trilogy)," *George Washington International Law Review*, Vol. 33 (2001), pp. 873-978.
27) Appellate Body Report, *United States - Measures Affecting Imports of Woven Wool Shirts and Blouses from India*, WT/DS33/AB/R（25 April 1997), p. 19.
28) *Ibid.*, p. 20.
29) Peter Lichtenbaum, "Procedural Issues in WTO Dispute Resolution," *Michigan Journal of International Law*, Vol. 19（1998), p. 1247.
30) Appellate Body Report, *United States - Tax Treatment of Foreign Sales Corporations*, WT/DS108/AB/R（24 February 2000), p. 40, n. 127.
31) Scully-Hill and Mahncke, *supra* note 24, p. 147.
32) 岩沢雄司『WTOの紛争処理』（三省堂，1995年）204頁。
33) Sivan Shlomo-Agon and Yuval Shany, "The WTO Dispute Settlement System," in Yuval Shany (ed.), *Assessing the Effectiveness of International Courts* (2014), p. 194. 例えば，DSU 3.3条は，「加盟国の権利と義務との間において適正な均衡が維持される」ために，紛争解決が不可欠であると規定している。
34) Steinberg, *supra* note 4, p. 267.
35) 森田章夫『国際コントロールの理論と実行』（東京大学出版会，2000年）12頁。
36) 小寺彰『WTO体制の法構造』（東京大学出版会，2000年）90-93頁。岩沢雄司「WTO紛争処理の国際法上の意義と特質」国際法学会編『日本と国際法の100年　第9巻　紛争の解決』（三省堂，2001年）228-230頁。同様に，米谷三以によれば，WTO-DSの「司法化」は「契約法的論理の支配する民事司法」としてではなく，「資源の最適利用という政策目標をシステマティックに追求するためのいわば『政策司法』ともいうべき司法システム」として捉えるべきであるという。米谷「前掲論文」（注 7）30頁。
37) 森田『前掲書』（注35）80-87頁。
38) 川瀬剛志「貿易救済制度に対するWTO法の規律――司法的国際コントロールの発展――」日本国際経済法学会編『国際経済法講座Ⅰ――通商・投資・競争――』（法律文化社，2012年）104頁。
39) J. Jacksonの説（初出1994年）が影響を与えたものと推察される。Jackson, *supra* note 21, p. 129.
40) Appellate Body Report, *United States - Standards for Reformulated and Conventional Gasoline*, WT/DS2/AB/R（29 April 1996), p. 17; Appellate Body Report, *India - Patent Protection for Pharmaceutical and Agricultural Chemical Products*, WT/DS50/AB/R（19 December 1997), para. 46.
41) 上級委は，報告の中のセクションE「採択されたパネル報告の地位」(Status of Adopted Panel Reports) において判断を示している。すなわち，判断対象はパネル報告に限定されており，上級委報告の先例的価値については触れていない。Lichtenbaum, *supra* note 29, p. 1247.
42) Panel Report, *Japan - Taxes on Alcoholic Beverages*, WT/DS8/R, WT/DS10/R,

WT/DS11/R (11 July 1996), para. 6.10.

43) Appellate Body Report, *Japan - Taxes on Alcoholic Beverages*, WT/DS8/AB/R, WT/DS10/AB/R, WT/DS11/AB/R (4 October 1996), pp. 12-13. なお,この上級委員会の判断は,Sinclair の学説 (Ian Sinclair, *The Vienna Convention on the Law of Treaties* (2nd ed., 1984), p. 137.) および ILC における議論 (*Yearbook of the ILC*, 1966, Vol. II, p. 222.) を根拠としている。

44) Appellate Body Report, *Japan - Taxes on Alcoholic Beverages*, WT/DS8/AB/R, WT/DS10/AB/R, WT/DS11/AB/R (4 October 1996), p. 31.

45) Adrian Chua, "The Precedential Effect of WTO Panel and Appellate Body Reports," *Leiden Journal of International Law*, Vol. 11 (1998), p. 60; Adrian Chua, "Precedent and Principles of WTO Panel Jurisprudence," *Berkeley Journal of International Law*, Vol. 16 (1998), p. 185; Lichtenbaum, *supra* note 29, pp. 1246-1247.

46) WTO では,パネル報告・上級委員会報告が DSB で自動的に採択されるため,「報告 = DSB 勧告」という図式が成立する。他方,GATT 時代のパネル報告は,締約国団 (CONTRACTING PARTIES) の決定によって採択されていた。

47) Appellate Body Report, *Japan - Taxes on Alcoholic Beverages*, WT/DS8/AB/R, WT/DS10/AB/R, WT/DS11/AB/R (4 October 1996), p. 13.

48) WTO 協定9.2条によれば,「閣僚会議及び一般理事会は,この協定及び多角的貿易協定の解釈を採択する排他的権限を有」するが,パネル・上級委・DSB は確定的解釈権限を有さない。

49) Appellate Body Report, *Japan - Taxes on Alcoholic Beverages*, WT/DS8/AB/R, WT/DS10/AB/R, WT/DS11/AB/R (4 October 1996), p. 13.

50) 条約法条約31条3項 b では,「条約の適用につき後に生じた慣行であって,条約の解釈についての当事国の合意を確立するもの」(傍点,玉田) が求められる。

51) *acquis* を「遺産」と訳す例もある。小室『前掲書』(注17) 450頁。

52) Appellate Body Report, *Japan - Taxes on Alcoholic Beverages*, WT/DS8/AB/R, WT/DS10/AB/R, WT/DS11/AB/R (4 October 1996), p. 14. 当該引用箇所の脚注30において上級委が ICJ 規程59条に言及していることから,引用箇所の内容が ICJ 規程38条1項 d (「裁判上の判決」) に類似していると評される。David Palmeter and Petros C. Mavroidis, "The WTO Legal System: Sources of Law," *American Journal of International Law*, Vol. 92 (1998), p. 401.

53) Appellate Body Report, *United States - Import Prohibition of Certain Shrimp and Shrimp Products*, Recourse to Article 21.5 of the DSU by Malaysia, WT/DS58/AB/RW (22 October 2001), para. 109.

54) Appellate Body Report, *United States - Final Anti-Dumping Measures on Stainless Steel from Mexico*, WT/DS344/AB/R (30 April 2008), para. 160.

55) Appellate Body Report, *United States - Definitive Anti-Dumping and Countervailing Duties on Certain Products from China*, WT/DS379/AB/R (11 March 2011), para. 325.

56) Mary E. Footer, "The Role of Consensus in GATT/WTO Decision-making," *Northwestern Journal of International Law and Business*, Vol. 17（1997）, p. 654.
57) Chios Carmody, "Modes of Reasoning in WTO Law," *Manchester Journal of International Economic Law*, Vol. 11, issue 2（2014）, p. 191.
58) Palmeter and Mavroidis, *supra* note 52, pp. 400–401.
59) *Ibid.*, p. 399.
60) Pauwelyn, *supra* note 18, p. 564. なお、ICJ 規程38条１項が「先例制度」（a system of precedent）を導入しているという見解もある。Palmeter and Mavroidis, *supra* note 52, p. 400.
61) *Ibid.*, p. 399.
62) Giorgio Sacerdoti, "Precedent in the Settlement of International Economic Disputes: the WTO and Investment Arbitration Models," *Bocconi Legal Studies Research Paper*, No. 1931560（2011）, p. 5.
63) *Ibid.*, p. 12.
64) Panel Report, *United States - Measure Affecting Imports of Woven Shirts and Blouses from India*, WT/DS33/R（6 January 1997）, para. 7.15.
65) Panel Report, *India - Patent Protection for Pharmaceutical and Agricultural Chemical Products*, WT/DS79/R（24 August 1998）, para. 7.30.
66) Appellate Body Report, *United States - Final Dumping Determination on Softwood Lumber from Canada*, WT/DS264/AB/R（11 August 2004）, para. 112.
67) Appellate Body Report, *United States - Final Anti-Dumping Measures on Stainless Steel from Mexico*, WT/DS344/AB/R（30 April 2008）, para. 161.
68) Scully-Hill and Mahncke, *supra* note 24, p. 155.
69) Appellate Body Report, *Canada - Certain Measures concerning Periodicals*, WT/DS31/AB/R（30 June 1997）, p. 33.
70) Chua, *supra* note 45（precedent）, p. 181.
71) Appellate Body Report, *United States - Import Prohibition of Certain Shrimp and Shrimp Products*, WT/DS58/AB/RW（22 October 2001）, para. 107.
72) Appellate Body Report, *United States - Final Anti-Dumping Measures on Stainless Steel from Mexico*, WT/DS344/AB/R（30 April 2008）, para. 158.
73) Cameron and Gray, *supra* note 20, p. 276.
74) Scully-Hill and Mahncke, *supra* note 24, p. 151.
75) Appellate Body Report, *United States - Import Prohibition of Certain Shrimp and Shrimp Products*, Recourse to Article 21.5 of the DSU by Malaysia, WT/DS58/AB/RW（22 October 2001）, para. 107.
76) *Ibid.*, para. 109; Appellate Body Report, *United States - Continued Existence and Application of Zeroing Methodology*, WT/DS350/AB/R（4 February 2009）, para. 365.
77) Appellate Body Report, *United States - Sunset Reviews of Anti-Dumping Measures on Oil Country Tubular Goods from Argentina*, WT/DS268/AB/R（29 November 2004）,

para. 188; Appellate Body Report, *United States - Continued Existence and Application of Zeroing Methodology*, WT/DS350/AB/R (4 February 2009), para. 362.
78) Appellate Body Report, *United States - Final Anti-Dumping Measures on Stainless Steel from Mexico*, WT/DS344/AB/R (30 April 2008), para. 161.
79) *Ibid.*, para. 162.
80) Scully-Hill and Mahncke, *supra* note 24, p. 153.
81) Gregory Shaffer, Manfred Elsig and Sergio Puig, "The Extensive (but Fragile) Authority of the WTO Appellate Body," *Law and Contemporary Problems*, Vol. 79 (2016), p. 260; *United States - Final Anti-Dumping Measures on Stainless Steel from Mexico*, WT/DS344/AB/R (30 April 2008), para. 161.
82) Appellate Body Report, *United States - Final Anti-Dumping Measures on Stainless Steel from Mexico*, WT/DS344/AB/R (30 April 2008), para. 161; Appellate Body Report, *United States - Continued Existence and Application of Zeroing Methodology*, WT/DS350/AB/R (4 February 2009), para. 365.
83) Armin von Bogdandy and Ingo Venzke, "The Spell of Precedents: Lawmaking by International Courts and Tribunals," in Cesare P.R. Romano et al. (eds.), *The Oxford Handbook of International Adjudication* (2014), p. 510.
84) Chua, *supra* note 45 (precedent), p. 179 (n. 66).
85) Panel Report, *Brazil - Measures Affecting Desiccated Coconut*, WT/DS22/R (17 November 1996), para. 258.
86) Palmeter and Mavroidis, *supra* note 52, p. 405.
87) Working Procedure for Appellate Review, WT/AB/WP/6 (16 August 2010), para. 4 (3)：the division responsible for deciding each appeal *shall exchange views with the other Members* before the division finalizes the appellate report for circulation to the WTO Members (emphasis added).
88) Steinberg, *supra* note 4, p. 254.
89) Chua, *supra* note 45 (precedential), pp. 45-46; Chua, *supra* note 45 (precedent), p. 173.
90) Chua, *supra* note 45 (precedential), p. 61; Hersch Lauterpacht, *The Development of International Law by the International Court* (1958), p. 14.
91) Appellate Body Report, *United States - Final Anti-Dumping Measures on Stainless Steel from Mexico*, WT/DS344/AB/R (30 April 2008), para. 160; Appellate Body Report, *United States - Continued Existence and Application of Zeroing Methodology*, WT/DS350/AB/R (4 February 2009), para. 362.
92) 米国ゼロイング事件（DS350）でECがこの主張を展開した。Appellate Body Report, *United States - Continued Existence and Application of Zeroing Methodology*, WT/DS350/AB/R (4 February 2009), para. 363. ただし上級委はこの点につき判断を示していない。
93) ICTY, Case No. IT-95-14/1-A, *Prosecutor v. Aleksovski*, Judgment (24 March

2000), para. 107.
94) Sacerdoti, *supra* note 62, p. 14 (n. 52).
95) Palmeter and Mavroidis, *supra* note 52, p. 403.
96) Scully-Hill and Mahncke, *supra* note 24, p. 155.
97) Statement by the United States at the Meeting of the WTO Dispute Settlement Body, Geneva, May 23, 2016, p. 3.
98) Appellate Body Report, *European Communities - Measures Affecting Asbestos and Asbestos-Containing Products*, WT/DS135/AB/R (12 March 2001), para. 100.
99) 川瀬剛志「WTO協定における無差別原則の明確化と変容——近時の判例法の展開とその加盟国規制裁量に対する示唆——」RIETI Discussion Paper Series 15-J-004（2015年）7頁。
100) Appellate Body Report, *Dominican Republic - Measures Affecting the Importation and Internal Sale of Cigarettes*, WT/DS302/AB/R (25 April 2005), para. 92.
101) Appellate Body Report, *European Communities - Measures Prohibiting the Importation and Marketing of Seal Products*, WT/DS400/AB/R, WT/DS401/AB/R (22 May 2014), paras. 5.97-5.117.
102) Lauterpacht, *supra* note 90, p. 14; Chua, *supra* note 45 (precedential), pp. 46, 57; Chua, *supra* note 45 (precedent), pp. 173-174.
103) Gubbins, *supra* note 25, p. 87.
104) 先例拘束原則の存立基盤として，裁判制度・裁判官に対する「信頼」（credibility）を無視することはできない。先例拘束原則を採用するコモン・ローでは，先例が法源性（適用法規資格）を有するため，裁判官立法（judge-made law）が許容されるが，制定法主義を採用するシビル・ローでは，裁判官立法は許容されない。この相違の背景には，裁判官に対する「信頼」（credibility）の有無が潜在している。裁判官法を許容するには，裁判制度および裁判官に対する信頼が不可欠だからである。Dana T. Blackmore, "Eradicating the Long Standing Existence of a No-Precedent Rule in International Trade Law - Looking Toward *Stare Decisis* in WTO Dispute Settlement," *North Carolina Journal of International Law*, Vol. 29 (2004), p. 495.
105) Shaffer et al., *supra* note 81, p. 271.

（神戸大学大学院法学研究科教授）

共通論題② WTO上級委員会のマンデートを再考する——張勝和委員再任問題を契機として

WTOにおける「訴訟経済」の行使の機能
―― false か否かの境界線から ――

清 水 茉 莉

  I　はじめに
  II　WTO紛争解決手続における訴訟経済の法理
   1　訴訟経済の行使に関する基本的な先例・関連条文
   2　上級委員会の判断回避に関する基本的な先例
   3　WTO紛争解決手続における判断回避・抑制の法理の基本的特徴
  III　WTO紛争解決手続における「訴訟経済」概念の実体
   1　国内訴訟法上の「訴訟経済」
   2　WTO紛争解決手続の「訴訟経済」概念の独自性
   3　WTO紛争解決手続の「訴訟経済」概念における経済性の実体
   4　厳密な訴訟経済行使以外の場面における紛争解決の必要性の考慮
  IV　"false judicial economy"――紛争解決に必要か否かの境界線
   1　狭義の訴訟経済の法理における false judicial economy の事例
   2　法的議論レベルの判断回避
   3　履行確認手続において原審で判断されなかった争点を判断できるか
   4　失効・撤回措置に対する判断の要否
   5　上級委員会の判断回避（近時の先例の傾向）
   6　小　括――紛争の解決にとって必要な判断であるか否かの判断基準
  V　結　論――米国の問題提起に対する示唆

I　はじめに

　2016年の上級委員の再任拒否以降、米国は様々な場で、上級委員会の判断姿勢自体に対する批判、すなわち、①上級委員会が、協定解釈により協定文言に記載のない権利・義務を創出（ギャップフィリング）し、事案解決に直接資さない論点や当事国が判断を求めていない論点について、積極的に判断していること（いわゆる司法積極主義をとっていること）、②具体的な上級委判断について、申立国が主張していない協定の解釈を考案したこと、③事案の解決に不要な論点について傍論（*obiter dicta*）を大展開したこと等に対する批判を繰り返して

いる。これらの批判には,「上級委員会は,過剰な判断に踏み込むべきではない」という強いメッセージが打ち出されている。

　では,このような懸念に対する解決策のひとつとして,審理体が不要な判断を行わないことを許容する「訴訟経済の法理」を活用することは考えられるだろうか。「訴訟経済の法理」には,特段の協定や規則の改正を経る必要がなく,既存の手続的枠組みのなかでとりうる対応策であるという長所がある。

　本稿では,このような問題意識から,WTO紛争解決手続における訴訟経済の行使の意義・機能・限界を検討し,司法積極主義等の上級委員会の判断姿勢に対する加盟国の懸念や批判を回避ないし緩和する現実的な方策となりうるのか考察したい。

II　WTO紛争解決手続における訴訟経済の法理

1　訴訟経済の行使に関する基本的な先例・関連条文

　WTO協定には,「訴訟経済」(judicial economy)という文言は規定されていないが,先例上,パネルが,訴訟経済を理由に,一部の法的主張について判断しない例は相当数蓄積している。この点,WTO紛争解決手続における「訴訟経済」とは何を指すのかについては,まず,*US - Wool Shirts and Blouses*上級委員会判断が,GATTパネルも含めて過去のパネルが「特定事案の解決に必要だと考える法的主張のみ」判断してきたことに言及したうえで,「パネルは,紛争において争われている問題(matter)を解決するために取り扱われる(address)必要がある法的主張にのみ取り扱えばよい」旨を示した。また,訴訟経済の法理(doctrine)について,*Canada - Wheat*上級委員会判断は,「同一の措置について<u>一つまたは一定数の規定に関する不整合性判断が得られ,紛争を解決できる場合は,他の規定(provisions)との不整合性について判断する必要がないこと</u>」(傍線,筆者)を指し,ただし,「訴訟経済の法理は,パネルに対して紛争解決に必要な範囲を超えた法的主張を取り扱わないことを許容するものであって,そのような制約の行使を強制するものではない」旨を判示した。

　他方で,訴訟経済の法理の限界について,*Australia - Salmon*上級委員会判

断は，訴訟経済の原則は，「紛争に関する明確な解決を確保する」という紛争解決システムの目的（紛争解決了解（DSU）3.7条）を念頭に適用される必要があり，紛争を部分的にしか解決しない場合は誤った訴訟経済（false judicial economy）であること，また，パネルは，「すべての加盟国の利益となるような効果的な解決を確保する」（DSU 21.1条）ため，<u>加盟国が紛争解決機関（DSB）の勧告及び裁定を速やかに実施できるよう，DSBが十分に詳細な勧告及び裁定を行うために判断する必要がある法的主張については取り扱う必要がある</u>ことも判示されている。[4]

先例は，訴訟経済の法理の内容を導くにあたり，DSU上の紛争解決手続の機能に関する規定，すなわち，「DSBが行う勧告又は裁定は，この了解及び対象協定に基づく権利及び義務に従って問題の満足すべき解決を図ることを目的とする。」とするDSU3.4条と，「紛争解決手続制度の目的は紛争に関する明確な解決を確保することである。」とする同3.7条を度々引用する。また，上記のとおり，勧告・裁定に必要な性質について，「DSBの勧告又は裁定の速やかな実施は，すべての加盟国の利益となるような効果的な解決を確保するために不可欠である。」と規定する同21.1条が言及されることもある。[5]

また，*US - Wool Shirts and Blouses* ケースは，パネルの勧告・裁定が負う制約について，「DSBの勧告及び裁定は，対象協定に定める権利及び義務を追加し，又は対象協定に定める権利又は義務を減ずることはできない。」とする同3.2条（19.2条同旨），WTO協定の解釈を採用する「排他的権限」は閣僚会議及び一般理事会にある旨のマラケシュ協定9条2項（DSU 3.9条同旨）についても言及している。[6]

なお，false judicial economyであると判断された場合，法的結論としては，"error of law"[7] や "legal error"[8] であると判示する例やDSU11条違反とする例[9]がある。

2　上級委員会の判断回避に関する基本的な先例

1で挙げた先例は，いずれもパネルによる訴訟経済の行使の是非について上級委員会が判示した事案であるが，これに対して，上級委員会自身が上訴され

た論点の一部について判断を回避した事例も多数存在する。多くの先例は，判断不要とする理由について，他の上訴論点について判断したことを挙げるにとどまり，そもそも上級委員会が上訴論点について判断回避してよいのか否かや，なぜ当該事案において他の論点について判断すれば一部論点について判断が不要となるのかについて踏み込んでいない。

　しかし，*US - Upland Cotton* 上級委員会判断は，補助金協定6.3条(c)上の価格効果を認めたパネル判断に誤りはない旨を判示した後，加えてさらに同条(d)上の「世界市場シェア」に関する解釈について判断する必要はない，と判示し，その際，上級委員会の判断回避に関する一定の考慮要素を提示している。すなわち，上級委員会は，「上級委員会は，その検討において，［申立国がDSU 17.6条にしたがって提起した］すべての争点を取り扱わなければならない」とするDSU17.12条や，パネルによる訴訟経済行使の文脈で引用される条文（DSU3.3条，3.4条，3.7条）や先例（DSU 3.2条に基づく協定解釈の制約に関する *US - Wool Shirts and Blouses* 上級委員会判断）をひいたうえで，「［本件において補助金協定6.3条(d)の論点について上級委員会が解釈を示しても，］<u>せいぜい一定程度の解釈指針（guidance）を提供しうるにとどまり，当該特定紛争の解決に影響しない。</u>…［本件において上級委員会が当該論点について判断してもしなくても，］DSBによって勧告・裁定が採択されたときに，米国は勧告・裁定の実施について何ら追加的な義務を負わない。<u>勧告及び裁定に結実しなくても争点を審理することが有益な場合はありうるが</u>，本ケースでは判断に進むべき説得的な理由がないため，判断しない。」（傍線，筆者）と判示した。

　なお，*US - Steel Safeguards* 上級委員会判断は，上級委員会が，「予見できない発展」（GATT 19条1項(a)・セーフガード協定3.1条）等に関する上訴論点について判断した後，さらに因果関係に関する上訴論点（セーフガード協定2.1条等）について判断すべきか否かに関して，一定の第三国が，将来加盟国がWTO上の義務に従ってセーフガード措置を適用するための指針を提供しうることを理由に判断を求め，被申立国である米国も，協定上の義務をどのように遵守すればよいか理解するうえで必要であるとして判断を求めたことに言及しつつも，解釈指針は既に先例で判示されているとし，当該論点について判断し

なかった。判断が必要であるか否かに関する（一部の）参加国の意向は決定的な判断要素ではないことが明らかにされたものといえる。

3 WTO紛争解決手続における判断回避・抑制の法理の基本的特徴

上記1・2の先例から，WTO紛争解決手続における判断回避・抑制の法理について大きく以下の特徴が読み取れる。

第1に，先例は，判断主体がパネルか上級委かによって，「訴訟経済の行使」の法理を適用するか否かを明確に区別している。すなわち，これまでWTO紛争解決手続で「訴訟経済」について判示されたケースはいずれも，パネルが特定論点について判断を控えたことの是非を，「訴訟経済の行使」として適切であったか否かという観点から上級委員会がレビューする，という構図であった。これに対して，上級委員会自身による判断抑制に関する先例はいずれも，「訴訟経済」によるものであるとは整理していない。他方で，*US - Upland Cotton* 上級委員会判断から，上級委員会の判断抑制の場合も，判断を抑制してよいか否かの最終的な判断基準は，パネルによる訴訟経済の行使と同様に，その紛争の解決に資するか否かであることが読み取れる。さらに，同判断は，裁定及び勧告に直接影響しなくても，争点を審理することが紛争の解決に資する場合がありうることを認めているが，単に解釈指針を提供できるというだけでは紛争解決に資するわけではないことも示唆している。

第2に，先例上，WTO紛争解決手続における訴訟経済の行使は，パネルの裁量であって，義務ではないことが明示されている。この点，上級委員会自身の判断抑制についても，DSU 17.12条上，上級委員会がすべての上訴論点について取り扱う義務を負うという前提が強調されており，やはり判断回避は義務ではなく上級委員会の裁量事項であるという整理が自然と思われる。

Ⅲ WTO紛争解決手続における「訴訟経済」概念の実体

1 国内訴訟法上の「訴訟経済」

WTO紛争解決手続を一度離れ，他の法分野，特に国内訴訟法において，「訴訟経済」がどのような概念であると理解されているかをみると，まず，英

米法における "judicial economy" は，以下のように定義される：" Efficiency in the operation of the courts and the judicial system; esp., the efficient management of litigation so as to minimize duplication of effort and to avoid wasting the judiciary's time and resources. A court can enter a variety of orders to promote judicial economy. For instance, a court may consolidate two cases for trial to save the court and the parties from having two trials, or it may order a separate trial on certain issues if doing so would provide the opportunity to avoid a later trial that would be more complex and time-consuming."[13]

次に，日本の民事訴訟法上は，「訴訟経済」は，訴訟を，（裁判所および当事者その他の訴訟関係者にとって）最小限の時間・労力・費用の負担で達成すること（無駄な訴訟の回避を含む）であると理解されている[14]。また，日本の訴訟法上も，英米法と同様に，訴訟経済の原則が言及されるのは，訴えの併合，クラス・アクション，一定種類の事案に関する制度的な上訴制限等，効率化を趣旨とする手続を裏付ける原理という文脈であることが多い。

上記の国内訴訟法上の訴訟経済概念は，当事者または裁判所・訴訟システムにとっての効率性・経済性に焦点があり，手続の効率化の根拠にはなっても，裁判所による判断回避・抑制の根拠とされることは想定されていないように思われる。

この点，日本の国内訴訟において，訴訟上の請求または訴訟物（本案判決の主文で判断すべき事項）を支える複数の法的主張のうち一定数が認容でき，請求自体が認められる場合に，他の法的主張については判断する必要はないという判断は実務上十分ありうるが，訴訟経済の原理を適用した結果であるとは考えられていない。

日本の民事訴訟法上，より明確に裁判所が判断を回避・抑制すべきか／できるかが議論される場面はいくつかあるが，たとえば，裁判所が当事者の申立事項をこえて，またはそれ以外の内容の本案判決をすることが許されないことは，処分権主義（主張責任）の現れであり，また，審判対象の性質上，立法権・行政権に対する司法権の特質から司法権の行使に限界がある場合について

は，憲法訴訟における統治行為論等の議論があり，濫訴については訴えの利益（本案判決の必要性・実効性を吟味するための要件）がないと考えられるなど，別の具体的な概念・原理に依拠している。[15]

2 WTO紛争解決手続の「訴訟経済」概念の独自性

これに対して，WTO紛争解決手続における「訴訟経済」の原理については，上記Ⅱのとおり，先例上，「同一の措置について一つまたは一定数の規定に関する不整合性判断が得られ，紛争を解決できる場合に，他の規定との不整合性について判断する必要がないこと」という明確な内容が確立されている。また，訴訟経済を行使すべきか否かの判断について，パネルは協定以上の権利義務を創設してはいけないこと（DSU 3.2条）や，紛争を解決できる場合であるか否か（同3.7条），ひいては，DSBが十分に詳細な勧告及び裁定を行うために必要あるか否かが判断基準となることという具体的な基準や考慮要素が明示されている。このように，判断回避・抑制に焦点があり，根拠や考慮要素等が判例法によって相当程度具体化し定着している点は，国内訴訟手続上の訴訟経済概念とは，顕著に異なる。

このような国内訴訟とWTO紛争解決手続の訴訟経済概念の差は，両者の以下の差を背景としていると思われる。

第一に，判断回避ないし手続効率化により，紛争解決機能（紛争の一回的解決の要請を含む）を損なわないか／に資するか（要素①）は，WTO紛争解決手続および国内訴訟法双方の「訴訟経済」概念に共通する考慮要素であると思われるが，両システムは，手続上要求できる履行態様が本質的に異なる。すなわち，国内訴訟では，金銭の支払いや具体的な作為・不作為などの態様を特定した直接的な是正請求が可能だが，WTO紛争解決手続では，原則として，金銭賠償は認められず，（加盟国の裁量を尊重する趣旨から）勧告において措置の是正態様までは特定されない。したがって，国内訴訟では，請求が認められれば，根拠となる法的主張に関わらず，係争していた当該紛争は解決したと評価できるのに対して，WTO紛争解決手続では，一部の主張が認容されて是正が勧告されるとしても，是正態様次第では申立国が主張する協定不整合性が是正措置

において残存・再発する可能性があり，「何らかの」是正勧告が出るだけでは紛争が真に解決できたのか一義的・客観的に判断できない。WTO 紛争解決手続において，裁判体による一部の法的主張に関する判断回避の判断基準が訴訟経済の行使として発展したのは，まさに，判断回避の是非の判断が難しく，具体的な判断基準が必要とされることを背景としている可能性もある。

　次に，WTO 紛争解決手続では，加盟国の国家主権を尊重する要請が強く働く（要素②）。当該紛争の解決に必要な範囲を超えた判断を行うと，（たとえ厳密には先例に法的拘束性がないとしても）協定解釈の指針を提示することによって，被申立国に留まらず当事国以外の加盟国の主権も不必要に制約する懸念がある。この点，訴訟経済の行使は，組織として，協定遵守の促進を目的とする法執行の厳格性（rigidity）と，加盟国をひきつけ維持に資する柔軟性・安定性（stability）のバランスを探るためのひとつの方法であると論じたうえで，WTO 紛争解決手続において様々な（mixed）な第三国意見が多く提出される場合，加盟国間で解釈が一義的ではないことを意味するため，パネルが訴訟経済を行使することが多い，と結論づける調査もある。[16]

　第三に，WTO 紛争解決手続では，国内訴訟システムと比べて，訴訟システムとしての資源の有限性が強く意識される（要素③）。[17] 近年特に，案件の増加・大規模化・複雑化，事務局のリソース不足等に起因する遅延問題が顕在化してきており，どのように解決するかは重要な課題となっている。[18]

3　WTO 紛争解決手続の「訴訟経済」概念における経済性の実体

　前述のとおり，国内訴訟法における訴訟経済概念は，当事者・裁判体双方にとっての経済性・効率性に焦点があるが，WTO 紛争解決手続の訴訟経済概念においては「経済性」としてどのような考慮・衡量が行われているのだろうか。

　この点，まず当事者（当事国）が紛争解決手続に因って負う負荷・コストの軽減の必要性をみると，原告（申立国）側に関しては，被申立国は，一度導入した措置について，国内外に支持者が存在し可能な限り維持するインセンティブが働きやすいことや，国家間紛争の提起には政治的コストもかかることに鑑

みると，紛争の一回性解決の必要性は相対的に高い（上記要素①）。この要素①は，判断を抑制しない方向に働く。

他方，被告（被申立国）側の負荷は，国家間紛争であることから，国内訴訟や投資家国家間仲裁と比較すれば，原告側の濫訴リスクは相対的には低い。しかし，一見「経済性」に括りがたいものの，行き過ぎた判断による国家主権の制約（要素②）は，広義には被申立側が紛争解決手続によって負う負荷・コストといえ，かつ，国内訴訟システムには存在しないWTO紛争解決手続固有の要素にあたる。また，個別裁判体及び裁判システムに対する負荷としての要素③は，上記のとおり，国内訴訟より強く認められる。これらの要素②・③は，判断を抑制する方向に働く。

ここで，要素①－③のバランスとして，判断抑制方向に働く要素②・③を重視するなら，一定の場合には判断を抑制する「義務」が認められるべきという議論もありうるとも思われる。しかし，先例上，訴訟経済の法理は，要素②を考慮してもなお，義務ではなく裁量事項であることがすでに明示されている。すなわち，*US - Lead and Bismuth II*ケースにおいて，被申立国米国は，*US - Wool Shirts and Blouses*上級委員会判断が，訴訟経済の行使に関して，「DSU3.2条はパネル及び上級委員会が当該紛争解決の文脈を超えてWTO協定の既存規定を解釈することによって『法形成』（"make law"）ことを奨励していない」とし，マラケシュ協定9条も引用して，主権尊重の必要性（要素②に相当）に言及したことを引用し[19]，勧告的意見はパネルの権限（mandate）を超えるので，パネルは紛争解決に不要な判断は行ってはならなかったと主張した。この主張に対して，上級委員会は，*US - Shirts and Blouses*ケースは，申立国（インド）がパネルは全ての法的主張を判断するべきであると主張した事案だったため，訴訟経済の法理により，パネルは一定の主張について判断しないことが許される（allow）と判示したものであるとして，同ケース判示によって判断を抑制する「義務」が導かれるわけではないことを明らかにした[20]。

パネルの判断抑制が義務ではなくあくまで裁量事項であると解される根拠として，DSU上，パネル設置要請によって設定された付託事項（terms of reference (TOR)）により，申立国の法的主張に対するパネルの管轄（jurisdiction）

は定立されており（DSU 7.1条），パネルは，引用・提起された協定条文や問題（matter）を検討する義務がある（DSU 7.2条，11条）と規定されていることも挙げうる。ただし，これらの条文は，パネルが，提起された条文・問題を一切判断しないことは許容しないとしても，一部の条文・問題について判断している限り，これらの条文にただちに違反するわけではないという議論がありうる。[21]

やはり，要素①の要請が強いことが，判断抑制が義務ではない主要な理由と思われる。この点，条文上も，訴訟経済の行使に関する先例で度々引用されているとおり，WTO紛争解決手続の紛争解決機能について，「紛争の明確な(positive)解決を確保すること」（DSU 3.7条），「問題の満足すべき(satisfactory)解決を図ること」（DSU3.4条）（傍線，筆者）と，形式に留まらない実質的な解決が必要であることを明記している。

また，差戻し手続を持たない二審制であるというWTO紛争解決手続の構造上，パネルが条文Aについて不整合認定し，条文Bについて判断を回避した場合，Aの不整合認定が上訴審で覆り，Bについてもパネルの事実認定がないため審理不尽で判断できないという事態が生じうる。先例上も，パネルの訴訟経済の行使にあたり，パネルが紛争解決に厳密に必要な範囲を超えて法的判断や事実認定を継続することは，上級委員会が後に分析完了を要請される場合の助けになることが考慮されている。[22][23] なお，上級委員会が判断を完了できなくても，申立国には，新訴を提起するか履行確認手続に進む選択肢はあるが，判断を得られるまでに相当程度追加的な時間・労力が必要となり，また，履行確認手続については，原審で提起されたが判断されなかった法的主張は履行確認手続で審理できるのかという問題も残る（後記Ⅲ4(2)，Ⅳ3参照）。なお，結論に必須ではない判断（傍論）は，以後のケースにおいて拘束力はもたないが，傍論は必ずしも「判断してはならない」ものではない。

このように，WTO紛争解決手続においては，要素①（紛争解決の必要性）の観点から，過剰な判断回避・抑制が避けられるべきであり，判断回避・抑制が義務として求められるべきではないのは妥当と思われる。他方で，同手続固有の要素②（国家主権尊重）があること，要素③（訴訟システムの負荷）の要請が相

対的に強いことに鑑みて，国内裁判よりも裁量行使の許容度は高いということはできる。要素①と要素②・③は，個々のケースにおいて個別具体的な法的主張について判断する必要があるか否かを判断する際に常に衝突しうる考慮要素であるが，これらの要素を衡量する判断基準としては，（要素②・③に基づく）裁量の行使としても，要素①を許容されない限度に損なう判断，すなわち，紛争の解決に必要な判断を行わないことは許されない，という，要素①を軸に据えた，現在の訴訟経済の行使の法理における false judicial economy の判断基準が妥当であると思われる。なお，紛争解決の必要性（要素①）は，要素②・③と比べて，個別具体的な紛争に焦点を当てられるため，より判断基準を具体化・客観化できるメリットもある。

4 厳密な訴訟経済行使以外の場面における紛争解決の必要性の考慮

WTO 紛争解決手続における「訴訟経済の行使」は厳密には上記 2 のとおりパネルによる法的主張の判断回避に限定して議論されているが，以下の(1)～(4)の論点も，紛争解決目的に照らして判断すべきか否かという本質的な考慮は共通している（これらを「広義の」訴訟経済の問題ということも可能であろう[24]）。したがって，以下Ⅳにおいて，false judicial economy の先例の他，下記(1)～(4)の先例も併せて検討し，紛争の解決に必要な判断であるか否かの境界線をより具体的に把握できるか試みる。

(1) 上級委員会による判断回避・抑制

訴訟経済の原理という表現をパネルの判断抑制についてのみ使う背景には，まず，上級委員会の役割に関する DSU17.12 条（「全ての（each）」上訴論点を取り扱う義務）上の制約がある[25]。また，訴訟システムとしての構造上も，法律審である上級委員会は，パネル段階より争点が絞り込まれていることが想定され，また，法的判断を安定化させることも期待されている。よって，上級委員会では，パネルと比して，判断を抑制すべきでないという要請がより強く働くといえる。

しかし，パネルについても，DSU 上，パネルが，「付託された問題について客観的な評価（特に，問題の事実関係，関連する対象協定の適用の可能性及び当該協

定との適合性に関するもの）を行う義務」(DSU 11条)（傍線，筆者）や「<u>紛争当事国が引用した対象協定の関連規定について検討する義務</u>」(DSU 7.2条)（傍線，筆者）を負うことは規定されており，「すべて」(each) という文言はないが，当事国から提起された問題・条文について判断する義務があることは変わらない。また，DSU 7.2条及び17.12条上求められているのは判断 (finding や ruling) ではなく，検討ないし取り扱い ("address") であることを重視すれば，判断回避の是非について本質的な差があるとまではいえないように思われる。また，システムの構造面でも，上記で論じた要素②（国家主権の尊重）・③（訴訟システムへの負荷）は上級委員会にも当然妥当する。

したがって，パネル・上級委員会による判断回避・抑制を許容できるか否かについて，上級委員会はより許容度が低いという程度の差は認められても，判断回避・抑制が可能であること，また，判断回避の是非の判断基準や考慮要素について，本質的な差を認める必要はないと思われる。

(2) 原審で訴訟経済を行使された争点に対する履行確認手続における判断の是非

履行確認手続では，「勧告及び裁定を実施するためにとられた措置の有無または当該措置と対象協定の適合性について意見の相違がある場合に，その意見の相違について」争うことができる (DSU 21.5条)。すなわち，係争措置は，「勧告及び裁定を実施するためにとられた措置」(measure taken to comply (MTC)) といえる必要があるところ，原審において，提起されていたが訴訟経済が行使され，判断を得られなかった（当然，勧告及び裁定は行われていない）法的主張について，MTC に当たるとして履行確認手続で争えるか否かが問題となる。

訴訟経済を行使した場合に履行確認手続で争えないとなれば，判断されなかった争点については別訴を提起する他なくなるため，訴訟経済の行使の原理における法的解決の必要性（特に一回的解決の必要性）を考慮するうえで重要なインプリケーションがある。

(3) 失効・撤回措置に対する判断回避・抑制

パネル設置後審理中に，係争措置自体が被申立国によって自発的に失効・撤

回された場合，係争措置が存在しない以上，被申立国に対して措置の是正勧告を行う意味は失われる。このような失効・撤回措置に対する判断の要否の問題は，判断が勧告・裁定に反映されない場合であっても法的主張について判断する必要性が認められるか否かという点で，訴訟経済の行使と問題状況が類似している。

(4) 法的議論に対する判断回避・抑制

先例上，訴訟経済の行使は，1つの条文（provision）・法的主張（claim）の不整合性判断があれば，他の条文・主張の判断をしないことは許容されるという原理であって，[26]当事者の法的主張（claim）を扱う態様の問題であるとされ，主張を裏付ける法的議論（argument）を扱う態様には適用されないことが明示されている。[27]他方，法的議論の取捨選択についても，パネルに，特定の法的主張を判断するために必要であると考える法的議論のみ取り扱うことができる裁量があることも認められている。[28]そこで，法的議論の取捨選択に関するパネルの裁量についても，紛争解決の必要性等に鑑みた制約が存在するか，また，その内容について検討したい。

IV "false judicial economy"——紛争解決に必要か否かの境界線

1 狭義の訴訟経済の法理における false judicial economy の事例

まず，TOR に挙げられている措置の対象物品のうち一部について判断しなかった場合は，false judicial economy であると認められている。[29]このような場合は，法的主張ではなく措置自体に関する判断漏れといえ，紛争が解決できていないと評価できる。

次に，主張された複数の条文の一部について判断しなかった事例から読み取れる考慮要素としては，まず，同じ措置について別条文に違反する認定があり何らかの勧告があることは，訴訟経済の行使の前提条件である。この点，*Brazil - Retreated Tyres* 上級委員会判断は，パネルが，GATT11条1項不整合性は20条柱書で正当化される旨を認定しながら，同1条1項及び13条1項について判断しなかった点について，判断するのが適切であったかもしれないと判示した。[30]

次に，AD 協定3.1-3.4条と3.5条や，同6.10条（国単一レートの適用）と6.8条（Facts Available）[32]など，争点間で手続的・論理的先後関係がある場合には，適切な訴訟経済の行使であると認められやすい。ただし，後記Ⅳ5 の *China - Broiler* 履行確認パネル判断は，AD 協定3.1条・3.2条・3.4条と3.5条の先後関係を認めつつ，紛争の明確な解決の確保に資するとして3.5条についても判断しており，先後関係は決定的な考慮要素ではない。

また，*US - Tuna II* 上級委員会判断は，TBT 協定2.1条と GATT 1条1項及び3条4項は，条文の適用範囲及び内容が異なるので，GATT の2条文について訴訟経済を行使したのは誤りであるとして，実体規定の適用範囲・内容の異同に言及したが，同判断は，パネルが TBT 協定2.1条違反を認定しておらず，GATT の2条文について判断しなければ違反認定がない状態になることも考慮している[33]。また，*Argentina - Import Measures* 上級委員会判断は，明示的に実体規定の適用範囲・内容の異同は，それ自体では false judicial economy か否かの決定的な要素とはならない旨判示した[34]。

さらに，*EC - Sugar Subsidies* 上級委員会判断は，パネルが農業協定3条及び8条不整合判断を理由に補助金協定3条（禁止補助金）について判断しなかった点は，禁止補助金には補助金協定4.7条（勧告に関する特則）が適用されることに鑑みて false judicial economy であると判示し，法定の救済措置に差が生じるか否かを考慮している[35]。

特に最近の先例において決定的な要素となっているのは，履行態様に差が生じるか否かである。この点，*Argentina - Import Measures* 上級委員会判断は，日本（申立国）が，明文のない措置について，措置内容が開示され把握できるようにならなければ，履行・撤廃されたか確認・検証できないとし，GATT10条1項についても判断を求めたのに対して，<u>被申立国は，GATT11条1項違反判断の結果，現措置を是正・撤廃する必要があり，履行措置の公表は履行措置自体に対する10条適用で担保されるため，別途，現措置について10条1項整合性を判断する必要はないこと</u>，GATT11条1項等の違反認定は措置自体の変更を必要とするのに対し，10条1項の違反認定は現措置の公表を必要とするにとどまること，係争措置の内容はパネル報告書の事実認定から把握

できること等を理由に，パネルの訴訟経済行使に誤りはないと判示した[36]。

同様に，US - Anti-Dumping Methodologies (China) パネル判断は，単一レート推定方式について AD 協定6.10条及び9.2条違反を認定した後，同方式適用時の事実認定方法（AFA方式）が6.8条等に違反するかについては，Argentina - Import Measures 上級委員会判断を引用し，履行措置について6.8条等を遵守すべき義務はこれらの条文自体から導かれ，原措置について6.8条等に違反するか否かを判断する必要はない，と判示した[37]。

Argentina - Import Measures や US - Anti-Dumping Methodologies (China) は，係争措置に対する条文Aの違反判断が履行されれば，履行措置自体に直接条文Bが適用され，係争措置について条文Bを判断するか否かによって，履行措置が条文Bを遵守したものである必要があるという意味では，履行態様に差が生じないことを主要な理由としている。しかし，条文Bの解釈に争いがある場合，条文Bが是正措置に適用されるだけでは，是正措置に関しても，条文Bの解釈に関する同じ争いが残る可能性が高い。このような場合は，条文Bの解釈が示されることによって，履行態様（履行措置における条文Bの遵守態様）に差が生じる可能性がある。上記の上級委員会判断は，条文Bの解釈には争いがないか，争いがあったとしても履行措置ではその争いが維持される・繰り返される見込みが薄いことを前提とするように思われる。この点，Argentina - Import Measures ケースでは，GATT10条1項の解釈に争いがあったわけではなく，申立国は明文のない措置である係争措置が公表されていないことを問題としていたため，上記前提が妥当するが，US - Anti-Dumping Methodologies (China) ケースでは Facts Available に関する AD 協定6.8条等の解釈に争いがあったため，上記前提は必ずしも妥当せず，6.8条等について判断することにより，履行態様に差が生じた可能性はある。

2　法的議論レベルの判断回避

前記のとおり，訴訟経済の法理は法的議論には適用されないが，法的議論についてもパネルは取捨選択する裁量があるとされる。この点，法的議論は，勧告・裁定に現れない情報なので，履行態様への影響度は相対的には低い。しか

し，実態としては，不整合判断の理由付け（どのような法的議論で不整合判断が裏付けられているか）は，是正内容・態様に強く影響する。訴訟経済の法理に関する先例は，DSB が迅速な履行に資する十分に詳細な勧告・裁定を出す必要性にも言及しているところ，迅速な履行に資する・紛争解決に必要な判断は法的議論についても抑制すべきでない場合もあるのではないか。

法的議論についても判断の必要がある余地を認めた先例として，*US - Poultry*（*China*）パネル判断は，中国による SPS 協定 5.5 条（保護水準の差別的適用）の主張の根拠となる 2 つの比較枠組（①中国産鶏肉製品と他国産鶏肉製品の比較及び②中国産鶏肉製品と中国産の他の食品との比較）について，1 つめの比較枠組について 5.5 条不整合と判断した後，2 つめの比較枠組については，さらに判断しても紛争の明確な解決を得ることを資するとは考えられないとして，訴訟経済を行使し，判断しなかった。[38]

また，実際に判断の必要があったと認めた先例として，*Colombia - Textile* ケースにおいて，パネルは，複合関税措置の GATT 2 条 1 項(a)及び(b)整合性判断に際し，同条文は密輸には適用されないという主張については，本件措置は密輸にのみ適用されるわけではないという理由で判断不要と整理したところ，上級委員会は，パネルは措置の適用対象に密輸が含まれる可能性があると認定しているため，条文の適用範囲に関する本争点について判断すべきであったとし，判断不要であるというパネル判断は理由に不備があり DSU11 条に不整合であると判示した。[39]

この点，パネルが措置の適用対象に密輸が含まれている可能性があると認定し，また，GATT 2 条 1 項(a)及び(b)の適用対象として密輸が除かれるか否かに争いがある以上，被申立国は，同条に関する是正措置において，密輸にかかる範囲は，同条は密輸に適用されないという解釈に従い是正しない可能性が高い。判決には特段の記載はないものの，上級委員会は，このような事情も考慮して本争点を判断すべきであると判示したものと思われる。

3 履行確認手続において原審で判断されなかった争点を判断できるか

China - Broiler ケースでは，原審パネルが，中国調査当局の価格効果分析

はAD協定3.1条・3.2条に不整合である旨判示したうえで，価格効果分析に関する勧告の実施は，当然に損害や因果関係の再検討を伴うという理由から，同3.4条及び3.5条については，それぞれ訴訟経済を行使して判断不要とした。[40] その後，中国は是正措置において損害・因果関係の認定を変更せず，履行確認パネルは，まず，予備的決定において，原審において判断されなかったのは，申立国が主張を立証できなかったわけではなく，パネルが訴訟経済の行使を選択したためであること等に鑑みれば，3.5条に関する法的主張はMTCに含まれると判示し，[41] また，是正措置における調査当局の価格効果分析及び損害認定についてそれぞれ3.2条違反及び3.4条違反を認定したうえで，勧告・裁定の実施を通してであれその他の態様によってであれ（whether through implementation of DSB recommendations and rulings in this dispute or otherwise）当事国が紛争の明確な解決を確保することに資するよう，3.5条違反の主張についても判断する，とした。[42]

本件履行確認パネル判断は，訴訟経済の行使の結果原審で判断されなかった争点はMTCに含まれることを明示的に認めた。また，原審で判断回避された争点が履行措置において残存・再発した経緯から，履行確認段階では，判断の回避の是非に関する判断が，判断を回避しない方向に転換し，また，紛争解決に至る態様として勧告・裁定の実施以外の態様も想定する旨を示した。

4 失効・撤回措置に対する判断の要否

失効・撤回措置については，存在しなくなった措置について是正勧告を行う必要はないが，それでもなお判断を行うべきか否かが問題となる。この点，先例は，パネルが設置されTORが設定された後に措置が失効してもパネルの管轄には影響せず，パネルは判断するか否かについて裁量を有すると判示している。[43]

この裁量行使の基準について，*EU‐PET*（*Pakistan*）ケースにおいて，パネルは，(i)措置の失効はパネル設置後か，(ii)申立国が引き続き判断を要請しているか，(iii)被申立国が，申立国に対して，当該ケースにおいて主張されたWTO不整合性と同一または概ね同様の不整合性に至りうる措置を講じる合理的な可

能性があるかという3つの考慮要素を示した。これに対し，上級委員会は，適正手続の要請上，"moving target"となった係争措置に対応するために申立国が申立てを修正し続けることを求められるべきではない旨にも言及したうえで，措置が失効した場合，パネルは，DSU 7.1条及び11条上，一度手続に係属した問題（matter）（係争措置及び法的主張から成る）については，措置が失効しても，完全に解決されたのか，まだ検討を要するかを評価する必要がある，とした。また，パネルが挙げた要素(iii)について，失効措置は，パネルが「関連する対象協定の適用可能性及び当該協定との適合性」（DSU11条）を客観的に評価するための枠組みとして機能し続け，当該事案では，（パネルにおいて，係争措置のイエロー補助金該当性や，調査当局の因果関係の認定の是非等について当事国間に争いがある旨が認定されていることに鑑みても，）失効措置を裏付ける調査当局の理由付け・認定に関する「関連する対象協定の適用可能性及び当該協定との適合性」について当事国間に紛争が残っていたとし，結論として，本件において失効措置について判断に進む旨決定した点は，DSU 11条に違反しないとした。

なお，本ケース上級委員会判断は，訴訟経済の行使は，一部の法的主張を判断し問題が解決できていることを前提としている点で，失効措置に関する判断の要否とは異なる，として2つの論点を明確に区別している。しかし，両者は，紛争で争われている問題が解決されるか否かを本質的な判断基準とする点は共通しており，措置を裏付ける根拠の協定整合性について当事国間に争いがあり，主張されている不整合性と同一または概ね同様の不整合性が再発する合理的な可能性がある場合には，紛争に係属した問題が完全に解決したとはいえない，という上記判示は，紛争が解決されたか否かの判断基準の具体化として参考になる。

5　上級委員会の判断回避（近時の先例の傾向）

上級委員会の判断回避については，2016年9月以降新たに2つの判断例において言及・判示されている。まず，*India - Solar* 上級委員会判断は，GATT 3条8項(a)並びに20条(d)及び(j)に関するパネル判断を維持し，これらの条文の他の法的要素について判断しない旨判示したが，その際，上級委員会にも紛争

解決メカニズムの一部として,紛争の迅速で明確な解決という目的に貢献することを含む包括的な原則 (overarching principles) が適用されること,17.12条上も上訴された争点について取り扱い (address) つつ,具体的な認定 (findings) や判断 (rule) を行わないことは可能であること,また,17.12条に鑑みて,上級委員会は,上訴された争点について判断する場合は特段の説明は不要だが,判断しない場合には理由を説明する必要がある旨の個別意見が付された[49]。

また,*Indonesia - Import Licensing Regimes* 上級委員会判断では,GATT11条2項(c)は農業協定4.2条によって無効化された旨のパネル判断について,インドネシアが上訴し,米国(申立国)が,事案解決に必要なく判断不要であると主張したところ,上級委員会は,①本争点は適切に上訴され(DSU17.6条),上級委員会は全ての上訴論点を取り扱う必要があること(同17.12条),②インドネシアが,本争点はWTO加盟国にとってシステミックな意味があり,同政府にとってGATT11条2項(c)を使えるか否かは重要な意味があると主張していること,③ニュージーランド(申立国)がパネル判断維持を求めていること,④本争点の判断は,GATT11条1項に関するDSBの勧告及び裁定直接的に影響しないとしても,インドネシアが将来11条2項(c)を主張して履行措置を正当化・例外化できるか否かは,同国が勧告を遵守する態様に影響すること,といった事情を認定したうえで,GATT11条2項(c)について判断に進んだ[50]。

これらの意見・先例は,「訴訟経済の行使」の問題として議論していない点,また,問題となった争点の判断が履行態様に影響するかを見る必要があるとする点は,上級委員会による判断回避に関する従前の先例を踏襲している。ただし,いずれも2016年5月に上級委員再任問題が生じた後に公表されており,特に *India - Solar* 上級委員会判断の個別意見は,当該事案において判断を回避するか否かの結論に関する意見ではなく,上級委員会の機能に遡って判断回避の可否・根拠等を説明しようとするものであり,加盟国(特に米国)による上級委員会の判断姿勢に対する批判の高まりを意識したものと思われる。また,これまでの上級委判断回避に関する先例では,個別の判断回避・抑制の理由は

特段説明しないか，判断「しない」理由・許容性を説明していたのに対して，*Indonesia - Import Licensing Regimes* 上級委員会判断は，当事国である米国が判断を回避すべき旨を主張したことに応じ，判断「する」理由・必要性を認定する構造になっている。

6 小　括──紛争の解決にとって必要な判断であるか否かの判断基準

　先例上，パネル・上級委員会いずれの判断回避・抑制に関しても，当該判断が紛争の解決に必要であるか，ひいては，当該判断によって履行態様に影響が生じるか否かが重要な指標とされている。しかし，勧告・裁定には根拠条文が記載されることからも，判断する協定条文が異なれば，原則として履行態様にはなんらかの影響が生じるので，ここでいう「履行態様に影響があるか否か」は，実質的には，単に影響があるか否かではなく，有意な影響があるか否かという問題であると考えられる。

　また，ある主張・論点に対する判断の有無によって履行態様に有意な影響が生じる場合とは，上記1〜5の各種先例の検討を踏まえると，当該主張・論点に関する争いが維持される・再発する合理的可能性がある場合であると思われる。たとえば，失効措置に対する判断の是非（上記4）については，端的に，*EU - PET*（*Pakistan*）パネル・上級委員会判断において，「被申立国が，申立国に対して，当該ケースにおいて主張されたWTO不整合性と同一または概ね同様の不整合性に至りうる措置を講じる合理的な可能性があるか」が考慮要素となること，そのような合理的可能性は，「失効措置を裏付ける調査当局の理由付け・認定に関する『関連する対象協定の適用可能性及び当該協定との適合性』について当事国間に紛争が残っていた」ことによっても裏付けられうることが示されている。また，原審で訴訟経済が行使された争点の履行確認手続における扱いに関する *China - Broiler* 履行確認パネル判断（上記3）が，AD協定3.5条違反の主張に対する判断は勧告・裁定の実施以外の態様による紛争解決の確保にも資する旨を示唆したうえで，原審パネルと異なり，判断を回避すべきでない旨の結論に至ったのは，履行措置において，原審で判断されなかった争点に関する争いが実際に維持され再発したためと思われる。その他，

false judicial economy に関する *Argentina - Import Measures* 上級委員会判断（上記1），法的議論に対する判断回避・抑制に関する *Colombia - Textile* 上級委員会判断（上記2）のそれぞれにおいて，判断を抑制すべき／すべきでないという結論の実質的な根拠は，判断を回避・抑制しようとする論点・法的主張が，是正措置ないし将来の同種措置において維持・再発する合理的可能性があるか否かであったと評価することは可能と思われる。

論点・法的主張に関する争いの維持・再発の合理的可能性の判断においては，さらに具体的に，①措置が撤廃されるか修正して維持されるか，②是正措置において，判断されなかった解釈と同じ解釈が維持されるか，③紛争当事者間でどれほど核となる争点であったか（複数論点間における相対的重要度，被申立国の是正しない意向と申立国の是正させる意向のかい離幅等）などを，ケースバイケースで判断する必要があるだろう。

また，*Argentina - Import Measures* 上級委員会判断は，当事国間の議論に応じて GATT10条1項不整合性を判断するか否かによる履行態様の差を相当詳細に検討している。この点，実務上は，当事国（特に申立国）が，判断回避による是正態様の変化や，争いが維持・再発する合理的可能性について，説得的な主張を提示すれば，たとえ協定不整合性自体の判断は回避されても，パネル・上級委員会は，期待される具体的な履行内容について詳細に認定・検討することになるので，被申立国に対して，適切な履行を促し，恣意的な回避行為を牽制する効果が一定程度期待できると思われる。

V 結 論——米国の問題提起に対する示唆

冒頭で言及したように，米国は，もっぱら上級委員会が（判断すべきでない事項について）判断を抑制しないことを問題視しており，また，米国が懸念する司法積極主義や上級委員会の権限踰越は，いずれの当事者も要求していない事項について判断することや，裁判体としての権限（mandate）を超える事項まで判断することも包含している。

この点，まず，WTO紛争解決手続における訴訟経済の行使は，パネルの判断回避に限定されている点に留意が必要である。ただし，WTO紛争解決手続

における訴訟経済の行使は，元々，国家主権の尊重（Ⅲ2で整理した要素②）や訴訟システムの負荷（同要素③）と，紛争解決の必要性（同要素①）の間のバランスを探るものであり，上級委員会の判断回避・抑制も，程度の差はあれ，本質的な考慮要素は同一である（上記Ⅲ4(1)）から，この点は，米国の上級委員会に対する懸念を訴訟経済の法理で解決するための本質的な障害になるわけではない。

　他方，米国の懸念は，上記の要素②に通じるものの，訴訟経済の法理は，要素①（紛争解決の必要性）とのバランスを要する結果，判断回避を義務とすることはできずあくまで裁量事項と考えるべきであり，紛争解決に必要な判断まで抑制してはならない（上記Ⅲ3）。この点，司法積極主義やギャップフィリングの抑制という考慮は，性質上判断基準が明確化しにくく，訴訟経済の行使という裁量による判断回避の枠組みに安易に入れ込むと，必要以上の判断自制を誘引し，紛争解決機能の抜け穴を生じさせるリスクが懸念される。

　したがって，上級委員会が義務として判断回避・抑制を行うべきという議論であれば，WTO紛争解決手続における訴訟経済の行使の法理の範疇ではないと考えるべきであり，別の法原理によって丁寧に整理していく必要があると思われる。たとえば，当事者外の主張を超えて判断することができるか否かについては，WTO紛争解決手続でも，当事者が提起していない法的主張（claim）について判断することはできない旨の *ultra petita* の法理が認められている[52]。また，上級委員会の権限を超えるため判断できない場合（covered agreementsの範囲内なのか，文言を超える解釈なのか等）については，権限内の裁量の問題である訴訟経済の法理として議論するには適さず，パネルや上級委員会の権限とは何なのかを正面から議論する必要があるだろう。

　他方で，訴訟経済の行使を含む裁量による判断回避・抑制の法理については，今後も判断例の蓄積によって，個別具体的な紛争の解決に必要な判断とは何か，という最低限守られるべき基準を，精緻化・発展することができる。このような議論は，WTO紛争解決手続における紛争解決機能とはなにか，また，その反面として，紛争解決機能にとって必要ではない行為とはなにかを明確化することにつながり，米国の懸念する司法積極主義を適切に牽制するひと

つの有用なツールになりうると思われる。

［追記］本稿は筆者個人の見解であり，所属組織の見解ではない。

1) 2016年5月23日付DSB会合における米国ステートメント，USTR 2018年通商アジェンダ 22-28頁
2) Appellate Body Report, *United States - Measure Affecting Imports of Woven Wool Shirts and Blouses from India*（*US - Wool Shirts and Blouses*），WT/DS33/AB/R, adopted 23 May 1997, pp. 18-19.
3) Appellate Body Report, *Canada - Measures relating to Exports of Wheat and Treatment of Imported Grain*（*Canada - Wheat and Grain*），WT/DS276/AB/R, adopted 27 September 2004, para. 133.
4) Appellate Body Report, *Australia - Measures Affecting Importation of Salmon*（*Australia - Salmon*），WT/DS18/AB/R, adopted 6 November 1998, para. 223.
5) *Ibid.*
6) *US - Wool Shirts and Blouses, supra* note 2, p. 19.
7) *Australia - Salmon, supra* note 4, p. 226.
8) Appellate Body Report, *European Communities - Export Subsidies on Sugar*（*EC - Sugar Subsidies*），WT/DS265/AB/R, DS266/AB/R, WT/DS283/AB/R, adopted 19 May 2005, para. 335.
9) Appellate Body Report, *United States - Measures Concerning the Importation, Marketing and Sale of Tuna and Tuna Products*（*US - Tuna II*），WT/DS381/AB/R, adopted 13 June 2012, para. 405.
10) たとえば，Appellate Body Reports, *United States - Measures Relating to Shrimp from Thailand/ United States - Customs Bond Directive for Merchandise Subject to Anti-Dumping/Countervailing Duties,* WT/DS343/AB/R, WT/DS345/AB/R, adopted 1 August 2008, para. 285, *China - Measures Affecting Imports of Automobile Parts,* WT/DS339/AB/R, WT/DS340/AB/R, WT/DS342/AB/R, adopted 12 January 2009, para. 209, *European Union - Anti-Dumping Measures on Biodiesel from Argentina,* WT/DS473/AB/R, adopted 26 October 2016, para. 6.89. また，上訴国が，実体規定に関するパネルの認定内容に関する上訴と併せて，パネルの当該認定についてDSU11条（問題について客観的に評価する義務）違反も主張した事例で，上級委員会が，実体規定に関するパネルの認定を覆す旨を判示したうえで，同じパネルの認定についてDSU11条違反は判断する必要がないとした例として，Appellate Body Reports, *United States - Sunset Reviews of Anti-Dumping Measures on Oil Country Tubular Goods from Argentina*（*Recourse to Article 21. 5 of the DSU By Argentina*），WT/DS268/AB/R, adopted 17 December 2004, para. 122, *United States - Measures Affecting the Cross-Border Supply of Gambling and Betting Services*（*US - Gambling*），WT/DS285/

AB/R, adopted 20 April 2005, para. 156, *European Union - Selected Customs Matters*, WT/DS315/AB/R, adopted 11 December 2006, para. 243 etc.
11) Appellate Body Report, *United States - Subsidies on Upland Cotton*（*US - Upland Cotton*）, WT/DS267/AB/R, adopted 21 March 2005, paras. 508-510.
12) Appellate Body Report, *United States - Definitive Safeguard Measures on Imports of Certain Steel Products*, WT/DS248/AB/R, WT/DS249/AB/R, WT/DS251/AB/R WT/DS252/AB/R, WT/DS253/AB/R, WT/DS254/AB/R, WT/DS258/AB/R, WT/DS259/AB/R, adopted 10 December 2003, paras. 483-485. *US - Upland Cotton* 上級委員会判断（footnote 723 to para. 510）も当該判示を引用している。
13) Black's Law Dictionary (8th Edition, 2004).
14) 髙田昌宏「民事訴訟における訴訟経済について」『早稲田法学』62巻4号（1987年）1-49頁参照。
15) 新堂幸司『新民事訴訟法〔第2版〕』（弘文堂，2001年）215-226頁，226-232頁，287頁。
16) Marc L. Busch and Krzysztof J. Pelc, "The Politics of Judicial Economy at the World Trade Organization," *International Organization*, 64, Spring 2010, p. 259.
17) Panel Report, *European Union - Countervailing Measures on Certain Polyethylene Terephthalate from Pakistan*（*EU - PET CVD*（*Pakistan*））, WT/DS486/R, adopted 28 May 2018, footnote 39 to para. 7.13参照。
18) Appellate Body Annual Report for 2017, WT/AB/28, p. 6.
19) *US - Wool Shirts and Blouses*, *supra* note 2, p. 19.
20) Appellate Body Report, *United States - Imposition of Countervailing Duties on Certain Hot-Rolled Lead and Bismuth Carbon Steel Products originating in the United Kingdom*, WT/DS138/AB/R, adopted 7 June 2000, paras. 71, 73.
21) Appellate Body Report, *Mexico - Tax Measures on Soft Drinks and Other Beverages*, WT/DS308/AB/R, adopted 24 March 2006, paras. 46-53. 特に,「パネルが適切に定立された管轄権の行使を拒否し，提起された問題についていかなる（any）認定も行わない場合，パネルが [DSU11条上の] 義務を充足することは困難である」(para. 51)（傍線，筆者）とする。
22) *US - Gambling*, *supra* note 10, para. 344, Panel Reports, *Argentina - Definitive Anti-Dumping Measures on Carton-Board Imports from Germany and Definitive Anti-dumping Measures on Imports of Ceramic Tiles from Italy*, WT/DS189R, adopted 5 November 2001, para. 6.81, *Europe Communities - Countervailing Measures on Dynamic Random Access Memory Chips from Korea*, WT/DS299/R, adopted 3 August 2005, para. 7.202等。
23) 一審制であり，かつ，報告書の採択にポジティブ・コンセンサスが必要であったGATTパネルでは，パネルがより外交的（diplomatic）な配慮を働かせ，訴訟経済の行使による判断回避をより頻繁に活用していたという指摘もある。Alberto Alvarez-Jimenez, "The WTO Appellate Body's Exercise of Judicial Economy," Journal of

International Economic Law, Vol. 12, No. 2 (2009), p. 399.
24) その他にも, assuming arguendo の活用, 一定の法的概念を明確化せずに判断を進めること, moot とされた争点の判断回避, 当事者の合意による判断回避, 一部の手続の併合などを, 広義の訴訟経済であると議論するものもある。Graham Cook, *A Digest of WTO Jurisprudence on Public International Law Concepts and Principles* (Cambridge University Press, 2015), section. 9.11 (p. 177). 一部の手続の併合（手続的な訴訟経済）の例としては, 2つのパネルの専門家会合を合同で実施した点について, DSU9.3条の文言と精神に合致し, 非経済的な時間・資源の使用や不要な遅延を避けるためであるとした *EC - Hormones* 上級委員会判断がある (Appellate Body Report, *European Communities - Measures Concerning Meat and Meat Products (Hormones)*, WT/DS26/AB/T, WT/DS48/AB/R, adopted 13 February 1998, paras. 152-153)。
25) Jan Bohanes and Andreas Sennekamp, "Reflection on the concept of 'judicial economy' in WTO dispute settlement", in Giorgio Sacredoti, Alan Yanovich and Jan Bohanes (eds), *The WTO at Ten. The Contribution of the Dispute Settlement System* (Cambridge University Press, 2006), pp. 424-449, at 424, Alvarez-Jimenez, *supra* note 24, pp. 393-396.
26) *US - Wool Shirts and Blouses*, supra note 2, pp. 18-19 及び *Canada - Wheat and Grain*, supra note 3, para. 133.
27) Appellate Body Report, *European Communities - Definitive Anti-Dumping Measures on Certain Iron or Steel Fasteners from China*, WT/DS397/AB/R, adopted 15 July 2011, para. 511. ただし, 本件においてパネルが問題となった法的議論（AD協定2.4条末文の求める価格比較に必要な情報提供をしていなかったという議論）について検討するべきであったとも判示し, 当該議論を検討して2.4条不整合性を判断している。
28) Appellate Body Report, *European Communities - Measures Affecting the Importation of Certain Poultry Products*, WT/DS69/AB/R, adopted 23 July 1998, para. 135.
29) Appellate Body Reports, *Japan - Taxes on Alcoholic Beverages*, WT/DS8/AB/R, WT/DS10/AB/R, WT/DS11/AB/R, adopted 1 November 1996, p 26, *Japan - Measures Affecting Agricultural Products*, WT/DS76/AB/R, adopted 19 March 1999, para. 111, *Australia - Salmon*, *supra* note 4, para. 226.
30) Appellate Body Report, *Measures Affecting Imports of Retreaded Tyres (Brazil - Retreated Tyres)*, WT/DS332/AB/R, adopted 17 December 2007, para. 257.
31) *Infra* note 40参照
32) *Infra* note 37参照
33) *US - Tuna II*, *supra* note 9, paras. 402-406.
34) Appellate Body Reports, *Argentina - Measures Affecting the Importation of Goods (Argentina - Import Measures)*, WT/DS438/AB/R, WT/DS444/AB/R, WT/DS445/AB/R, adopted 26 January 2015, para. 5.194.
35) *EC - Sugar Subsidies*, *supra* note 9, para. 335.
36) *Argentina - Import Measures*, *supra* note 34, paras. 5.185-5.203.

37) Panel Report, *United States - Certain Methodologies and their Application to Anti-Dumping Proceedings Involving China (US - Anti-Dumping Methodologies (China)*, WT/DS471/R, adopted 22 May 2017, paras. 7.480-7.508.
38) Panel Report, *United States - Certain Measures Affecting Imports of Poultry from China*, WT/DS392/R, adopted 25 October 2010, paras. 7.305-7.307.
39) Appellate Body Report, *Colombia - Measures Relating to the Importation of Textiles, Apparel and Footwear*, WT/DS461/AB/R, adopted 22 June 2016, paras. 5.26-5.28.
40) Panel Report, *China - Anti-Dumping and Countervailing Duty Measures on Broiler Products from the United States (China - Broiler)*, WT/DS427/R, adopted 4 August 2000, paras. 7.555, 7.584.
41) Preliminary Ruling, *China - Anti-Dumping and Countervailing Duty Measures on Broiler Products from the United States (Recourse to Article 21.5 of the DSU by the United States) (China - Broiler (Article 21.5 - US))*, WT/DS427/RW/Add. 1, adopted 28 February 2018, Annex E-1 paras. 3.7 and 3.10.
42) Panel Report, *China - Broiler (Article 21.5 - US)*, WT/DS427/RW, adopted 28 February 2018, paras. 6.167-6.168.
43) Appellate Body Reports, *European Communities - Regime for the Importation, Sale and Distribution of Bananas - Second Recourse to Article 21.5 of the DSU by Ecuador (EC - Bananas III (Article 21.5 - Ecuador II))*, WT/DS27/AB/RW2/ECU, adopted 11 December 2008, and Corr. 11/ *European Communities - Regime for the Importation, Sale and Distribution of Bananas - Recourse to Article 21.5 of the DSU by the United States (EC - Bananas III (Article 21.5 - US))*, WT/DS27/AB/RW/USA and Corr. 1, adopted 22 December 2008, para. 270.
44) 本ケースのパネルは、同旨の判断として、Panel Reports, *United States - Standards of Reformulated and Conventional Gasoline (US - Gasoline)*, WT/DS2/R, adopted 20 May 1996, para. 6.19; *United States - Certain Measures Affecting Imports of Poultry from China, WT/DS392/R (US - Poultry (China))*, WT/DS392/R, adopted 25 October 2010, para. 7.55; *China - Certain Measures Affecting Electronic Payment Services (China - Electronic Payment Services)*, WT/DS413/R, adopted 31 August 2012, para. 7.227等を引用している。
45) *EU - PET CVD (Pakistan), supra* note 17, para. 7.13.
46) Appellate Body Report, *EU - PET CVD (Pakistan)*, WT/DS486/AB/R, adopted 28 May 2018, paras. 5.19, 5.28, 5.39, 5.45.
47) *Ibid.*, paras. 5.48-5.49. ただし、同一または類似措置の合理的な可能性を認定した多数意見について、パキスタンの同一物品に対する調査は予定されていない・法令は改正されている等のEUの意見を適切に考慮しておらず誤りである旨の少数意見が付されている。(*Ibid.*, paras. 5.54-5.61.)
48) *Ibid.*, para. 5.20.
49) Appellate Body Report, *India - Certain Measures Relating to Solar Cells and Solar*

Modules (India - Solar), WT/DS456/AB/R, adopted 14 Oct 2016, paras. 5.155-5.163.
50) Appellate Body Reports, Indonesia - *Importation of Horticultural Products, Animals and Animal Products (Indonesia - Import Licensing Regimes)*, WT/DS477/AB/R, WT/DS478/AB/R, adopted 22 November 2017, paras. 5.62-5.64.
51) 勧告・裁定が求める履行態様に影響しなくても，解釈指針が示されることにより将来的な紛争が回避されることも包含されうるため，本争点について判断すべきという姿勢を示していると思われる。
52) Appellate Body Report, *Chile - Price Band System and Safeguard Measures relating to Certain Agricultural Products*, WT/DS207/AB/R, adopted 23 October 2002, para. 173.

（経済産業省通商政策局通商機構部補佐・弁護士）

自由論題

EUカナダ包括的経済貿易協定 (CETA) の批准と国際経済法, EU法, およびベルギー法

東　史彦

I　はじめに
II　CETA締結の経緯
　1　CETAの起草から提案まで
　2　ベルギー法上の問題
　3　CETA署名と今後の見通し
III　EUによる国際協定締結手続
　1　一般的な協定
　2　共通通商政策に関する国際協定
　3　国際協定の暫定適用
IV　EUの権限と協定の類型
　1　EU単独協定
　2　混合協定
　3　混合協定の利点・問題点
　4　権限明確化の手がかり
　5　EUSFTAに関する司法裁判所意見
V　ICSのEU法との適合性
　1　CETAの当初のISDS
　2　ICSへの変更
　3　CETAの合憲性に関するフランスの憲法院の判断
　4　ベルギーによる司法裁判所の意見要請
　5　国際裁判所を創設する協定のEU法との適合性
VI　おわりに

I　はじめに

　先般, EUによるEUカナダ包括的経済貿易協定 (以下,「CETA」) の署名にベルギーのワロン地域が反対を表明し, 成立が危ぶまれた。本論では, このCETAの事例から, EUのFTAの問題を確認し, 日EU経済連携協定 (以下,「日EU・EPA」) への示唆を探る。
　第1に, CETA締結の経緯を概観し, 第2に, EUによる国際協定締結手続

自由論題

を確認し,第3に,EUの権限と協定の類型との関係を考察し,第4に,CETAに規定された投資裁判所制度(以下,「ICS」)のEU法との適合性を検討し,最後に,日EU・EPAにとっての示唆を探る。

II　CETA締結の経緯

1　CETAの起草から提案まで

1976年以来,EU・カナダ間では通商経済協力枠組協定が締結されている[1]。CETA交渉は2009年5月に開始され,同年6月には内容と一般的な方針についての合意が成立した。同年12月には,リスボン条約によりEU基本条約が改正され,新たにEU機能条約(以下,「TFEU」)207条に対外直接投資(以下,「FDI」)等がEUの排他的権限である共通通商政策として明示された。これにより,コミッションは,投資保護もEUの排他的権限との立場をとった。CETAがEUの排他的権限事項の範囲内の協定であれば,EUが単独で締結することができる(「EU単独協定」。後述)。しかし,加盟国は,投資家対国家紛争解決制度(以下,「ISDS」)を含む多くの二国間投資協定(以下,「BIT」)を擁しているなかで,CETAの投資保護は加盟国の権限にかかわるため,CETAは加盟国と共同で締結される「混合協定」(後述)である必要があるとの立場をとった[2]。

2014年に,コミッションは,CETAの投資保護およびISDSへの批判が高まってきたこともあり,公開諮問を行った[3]。諮問は主に,大西洋横断貿易投資パートナーシップ協定(以下,「TTIP」)交渉におけるISDSに関するものだったが,CETA交渉における進展状況も参照された。諮問の結果は,大半がISDSへの反対を示すものだった[4]。そこで,2015年末には,TTIP以降のISDSに代わるものとして,CETAの投資章が修正され,私的仲裁に替わる裁判所システムとして,ICSが規定された[5]。

2016年7月5日,コミッションは,CETA署名,締結および暫定適用を理事会に提案した[6]。コミッションは,一部加盟国の要求を考慮し,CETAを混合協定として提案したが,理事会および欧州議会で可決された場合,ICSを含む投資保護等を除いた部分は暫定適用されるとの条件を付けた(CETA30.7

条)。この場合の「暫定適用」とは，CETA 全体を仮適用するということではなく，CETA の一部の適用を先行して開始することを意味する。

2　ベルギー法上の問題

10月13日には，ドイツ連邦憲法裁判所が，CETA の署名，暫定適用，および締結に関する理事会決定が，ドイツ基本法上の権利に反するとの主張にもとづく，CETA に関する仮命令の申請を却下する判決を下した[7]。

しかし，10月14日には，ベルギー・ワロン地域議会が CETA を拒否し，問題が浮上した。ベルギーは，連邦，3言語共同体（フランス，オランダ，ドイツ語）（ベルギー憲法2条），および3地域圏（ワロン，フランデレン，ブリュッセル地域）（同3条）からなる独特の連邦制を採用している（同1条）。

ベルギーにより国際協定の締結がされる場合，排他的な連邦権限内の協定であれば，連邦政府により署名されたのち，下院および上院により承認される。排他的な共同体または地域圏権限内の協定であれば，共同体または地域圏政府の長により署名されたのち，共同体または地域圏議会により承認される（同167条）。また，連邦，共同体および地域圏の権限にまたがる混合協定の場合，連邦，共同体および地域圏による署名，または，連邦政府の署名に連邦，共同体および地域圏議会による権限委任が必要となっている。また，署名された混合協定は，各立法機関により承認される必要がある[8]。しかし，ベルギー・ワロン地域議会は，ICS とそれによる EU の食品，健康，環境，社会基準の劣化等の懸念を主な理由に，連邦政府の署名に反対していた[9]。

3　CETA 署名と今後の見通し

これに対しコミッションは，ワロン地域の主張を盛り込み，共同解釈指針を修正したため[10]，ワロン地域議会もそれを受け入れ，10月27日，ベルギー全議会が CETA を承認することとなり[11]，10月30日に，EU および加盟国，ならびにカナダによる CETA の署名が実現した[12]。2017年2月15日には，欧州議会が CETA に同意を与えた[13]。その結果，9月21日に，CETA は暫定的に適用が開始されている[14]。

自由論題

　ICS 等の投資保護を含む CETA 全体の適用には，ワロン地域を含む，各加盟国議会による承認が必要となり，その中で13の加盟国で国民投票の可能性がある[15]。本稿執筆時点（2018年8月30日）では，ラトビア，デンマーク，マルタ，スペイン，クロアチア，チェコ，ポルトガル，エストニア，スウェーデンおよびリトアニアが批准を済ませているという状況にある[16]。加盟国が批准しない旨を通告した場合，CETA の暫定適用は全加盟国の批准を前提としているため，批准しない旨の通告により，暫定適用も終了することとなる[17]。

　そのような前提のもと，2017年9月6日にベルギーが EU の司法裁判所にCETA の EU 法適合性について意見を要請した後[18]，オーストリア等が同意見を待っての批准を示唆し[19]，フランスでは CETA に批判的な報告書がとりまとめられ[20]，イタリアが CETA により保護される地理的表示の数を理由に批准に消極的な発言をする等[21]，CETA の適用は法的に不安定な状況にある。

III　EU による国際協定締結手続

　CETA の EU（加盟国）側による完全な批准が未達成である原因には，ベルギー法上の問題に加え，EU の国際協定締結手続上の問題がある。以下では，EU の国際協定締結手続を確認する。

1　一般的な協定

　TFEU 216条1項によれば，EU は第三国および国際機構と国際協定を締結できる。一般的な国際協定の締結手続は，TFEU 218条に規定されている。

　同条6項によれば，理事会は，交渉担当者であるコミッションの提案により，協定締結の決定を採択する。同条8項によれば，その際，理事会は，原則として，特定多数決により議決を行うが，一部，全会一致事項もある。

　同条6項(a)によれば，(v)の通常立法手続が適用される分野等では，欧州議会の同意が必要である。自由貿易協定に直結する共通通商政策は，TFEU 207条2項によれば，通常立法手続で採択されることとなっており，自由貿易協定の締結には，欧州議会の同意が必要となる。

2 共通通商政策に関する国際協定

自由貿易協定に直結する共通通商政策に関する国際協定の締結手続は，TFEU 207条3項によれば，一般的な国際協定締結手続（TFEU 218条）が，共通通商政策の特別規定（TFEU 207条）に服して適用される。具体的には，コミッションが交渉を行い（同条3項），理事会が原則として特定多数決で議決を行う（同条4項）。例外的に，全会一致の場合（同条4項）もある。また，TFEU 218条6項(a)(v)により，欧州議会の同意が必要となる。[22]

ところで，Ⅱ1で触れたように，リスボン条約による2009年のEU基本条約の改正により，共通通商政策はEUの排他的権限（TFEU 3条1項）として明記され，また，共通通商政策には，物およびサービスの貿易や，知的財産権の通商的側面，FDI等が含まれることとなった（TFEU 207条1項）。

3 国際協定の暫定適用

また，TFEU 218条5項によれば，コミッションの提案に基づき，理事会は，署名の決定の際に，国際協定の暫定適用を決定することができる。理事会は，一部の全会一致事項を除き，原則，特定多数決で決定を行う（同条8項）。理論的には，同条5項の理事会の決定により，暫定適用を開始することができるが，EU韓国FTA以降の実行においては，欧州議会の諮問または同意を得た後に開始されている。[23]

また，暫定適用が可能な実体的範囲は，EUの排他的権限内の事項に限定される。[24] 混合協定の場合には，全加盟国の代表の署名をも要するため，1加盟国でも署名を拒否すると，事実上，EUの排他的権限内の事項の暫定適用をも阻止できる。CETAの場合には，この暫定適用への署名の際に，ベルギーの合意形成が遅れた。[25]

混合協定が署名され，暫定適用が開始した後，全加盟国が批准を完了するまでの間，第三国にとっては法的安定性の問題が生じる。すなわち，暫定適用が全加盟国の批准を前提としている場合には，1加盟国が批准しない旨を通告した場合，暫定適用が終了する。CETAの場合はこれにあたる。CETA署名に際する理事会の声明によれば，「憲法裁判所の判断またはその他の憲法上の手

続および当該国政府の正式な通知により，CETA 批准が恒久的かつ確定的に失敗した場合，暫定適用は終了する」[26]。

また，一般的に協定の停止条項の通告期間は 6 か月以上だが，暫定適用は即停止される場合もある。CETA の場合は 2 か月である（CETA30.7 条 3 項(c)）。

Ⅳ　EU の権限と協定の類型

次に，EU の自由貿易協定締結権限と協定の類型との関係を考察する。

EU の権限は，リスボン条約によって基本条約上，類型化され，その主なものには EU のみが立法を行う事項である排他的権限（TFEU 2 条 1 項），EU および加盟国が共に立法を行う分野である共有権限（TFEU 2 条 2 項[27]），補充的権限その他[28]がある。EU 基本条約により EU に付与されていない権限は，加盟国の権限である（EU 条約（以下，「TEU」）5 条 2 項等）。

EU の権限類型は，EU が締結する国際協定の類型との関係で重要となる。

1　EU 単独協定

まず，協定が EU の排他的権限のみにかかわる場合には，EU 単独での協定締結となる[29]。

EU の協定締結権限が排他的となる場合は，明示的な場合と黙示的な場合がある[30]。まず，明示的な場合は，基本条約にその旨の明文規定がある場合である。具体的には，TFEU 3 条 1 項に挙げられている共通通商政策（TFEU 207 条）等がこれにあたる。

次に，黙示的な場合には，TFEU 3 条 2 項によれば，3 つの態様がある。第 1 に，EU の政策の枠内で，EU による協定締結が基本条約に定める目的のひとつを達成するのに必要な場合，EU に協定締結権が生じるが，それが EU の対内的権限の行使を可能にするために必要なとき，EU の協定締結権は排他的となる[31]。第 2 に，基本条約には EU の協定締結に関する規定が明文の形ではないけれども，法的拘束力を有する EU の行為，つまり 2 次法に規定がある場合には，EU の協定締結権が生じるが，このような場合，EU による協定締結は排他的となる[32]。第 3 に，EU による協定締結が EU の共通規範に影響を及ぼ

すか，EUの共通規範の範囲を変更することがありうる場合，EUに協定締結権が生じるが，このような場合，EUの協定締結権は，排他的となる。[33]

このように，EUによる協定締結権限は黙示的な状況で生じることがあり，またそのようなEUによる協定締結権限が排他的になる状況がある。

2 混合協定

次に，EUの権限類型と重要な関係性を有する国際協定の類型として，混合協定がある。実際には，EUが排他的権限を有する場合は限定的であり，多くの場合において加盟国と共有される（競合する）。共有権限の分野においては，EUおよび加盟国の双方が協定の締約当事者となる混合協定が締結される。その場合，一般的には，全加盟国による批准を要する。[34]

協定がEUの排他的権限か共有権限に及ぶか明らかでない場合，コミッションは，EU単独協定の締結を好む。当然ながら，混合協定の批准には，時間や困難が増すためである。他方で，加盟国（および理事会）は，混合協定の締結を好む。混合協定の場合，加盟国は，たとえ意に反して理事会で特定多数決で可決されても，国内批准手続により拒否権を行使できることとなるためである。しかし，混合協定が通例であったEUコソヴォ連合協定の場合等，稀に加盟国が政治的理由によってEU単独協定の締結を選択する場合もある。[35]

なお，混合協定について，協定の一部がEUの排他的権限に該当するが，その他についてEUがまったく権限を有していない場合に，当該協定は義務的な混合協定となり，協定がEUと加盟国の共有権限内にある場合に，当該協定は選択的な混合協定になるとの分類が試みられたが，受け入れられていない。[36]

CETAの場合，コミッション通商委員Malmströmによれば，CETAはEUの排他的権限内の協定であるが，政治的な理由により，迅速な署名を実現するため，混合協定として提案するとされた。[37]

3 混合協定の利点・問題点

リスボン条約によってEU権限が明確化され，増大したのにも拘わらず，引き続き混合協定が用いられることが多く，リスボン条約以降のFTAも，リス

自由論題

ボン条約により共通通商政策の範囲が拡大されたにも拘わらず，ほとんどが混合協定となっている。[38]

混合協定の利点のひとつとしては，混合協定にすることにより，EU法上だけでなく協定上も，加盟国による実施を確保できるという点がある。EUは間接行政が原則であるため，EUの政策や決定の実施は，加盟国に委ねられることが多いからである。[39]

その他の利点として，混合協定を選択することによりEUと加盟国権限の境界を争わずに済むという点がある。[40]EUの協定締結権限は動的に排他性を帯びる可能性があるところを，EU単独協定を締結しようとしてEUの排他的権限を具体的に示すと，それ以外についてのEUの排他性を否定することにつながりかねないのであるが，混合協定を選択すればそれを避けることができる。

しかし他方で，権限が不明確であることによって，加盟国がEUの排他的権限事項に干渉できるようになっており，EUの自律性が損なわれているとの指摘がある。つまり，EUの権限が明確に示されないと，加盟国議会および国民は混合協定の全体を検討するため，批准拒否の可能性が高くなってしまうという問題である。例えば，EUウクライナ連合協定がオランダの諮問的な国民投票により批准拒否されたのには，このような状況があったと考えられる。[41]CETAへのワロン地域の反発にも，このような側面があったと考えられる。

4　権限明確化の手がかり

しかし，EU権限の動的性格を尊重しながら，EU権限を明確にできれば，EUの利益につながる。可能な限りEU権限を明確にできれば，加盟国国内の批准手続における透明性および法的安定性に資する。つまり，加盟国は，明示された加盟国権限に該当する事項についてのみ批准を検討することとなり，批准拒否の可能性が少なくなる。[42]また，第三国による権限明確化の要請にも応えられることとなる。

実際に，権限明確化のための手がかりとして，「宣言」が考えられる。例えばパリ協定等，[43]とくに多数国間の混合協定締結の際に，EUの権限を明確化するために宣言が採択されることがある。ただ，やはり，EUの対外権限の動的

性格や，共有権限に伴う複雑性への配慮からか，曖昧なことが多く，不明確性を解決できていないとの指摘もある。[44]

また，CETA の場合には，暫定適用の際に，暫定適用される EU の排他的権限の通商関連事項その他と，EU 権限事項だが政治的に暫定適用されない事項が列挙されたが，それが必ずしも正確に権限の境界を反映していない可能性は残る。[45]

5 EUSFTA に関する司法裁判所意見

権限の明確化は，EU シンガポール自由貿易協定（以下，「EUSFTA」）の締結権限に関する EU の司法裁判所の意見によっても行われた。EUSFTA の場合には，コミッションおよび欧州議会は，同協定が EU の排他的権限の範囲にあると主張したが，理事会および加盟国は，一部は共有権限および加盟国の排他的権限に及んでいると主張した。

2017年5月16日，司法裁判所は，「EUSFTA は，EU の排他的権限の他，共有権限を含む」として，共有権限事項として，次のものを挙げた。[46]

第1に，FDI 以外の投資保護（EUSFTA 9章 A 節），第2に，ISDS（同 B 節），および，FDI 以外の投資保護および ISDS にかかわる諸規定である。そして，このような FDI 以外の投資保護および ISDS にかかわる共有権限事項については，加盟国の同意が必要なため，EU 単独では締結できないと判示した（意見244段および292段）。

本件意見により，司法裁判所は，協定が EU と加盟国の共有権限内にある場合に当該協定は選択的な混合協定になるとの説を否定したとの見解もある。[47]

いずれにしろ，このような EUSFTA に関する司法裁判所意見を CETA の事例に当てはめると，CETA は EUSFTA と同目的かつ実質的に同様の内容であり，よって，CETA の投資章も「共有権限」と判断され，法的にも加盟国の同意が必要な混合協定と考えられる。

V ICS の EU 法との適合性

EUSFTA に関する EU 司法裁判所意見では，EU による EUSFTA 締結のた

めの「権限の法的性質」が考察された。すなわち，ISDS は共有権限事項と判示された。しかし，EUSFTA が EU 法に適合するか，例えば EUSFTA 中の ISDS が EU 法に適合するかという問題は，考察されていない。そこで，次に，CETA の ICS が EU 法と適合するかという論点を考察する。

1 CETA の当初の ISDS

まず，CETA における ICS の採用の経緯を確認する。

当初，CETA は，国際投資紛争解決センター（以下，「ICSID」）の手続を採用していた。すなわち，3 人の独立の仲裁人が選任され，その 1 人ずつが投資家および政府により，議長を務める残りの 1 人は両当事者の合意により選ばれる。合意に至らない場合は，指名された仲裁人または指名機関により指名される。上訴はない。[48]

こうした ISDS の導入に対して，制度上の独立性，手続の公正，および当事者の平等の問題等に関して，批判があがった。すなわち，ICSID の仲裁制度には公的な司法機関に備わる手続的保障がないというもの，ISDS は公正かつ透明でバランスのとれた手続としては不十分というもの，多国籍企業がその財力を使って私的な仲裁に不当な影響を与えるというもの，米多国籍企業がカナダ子会社を通じて EU 加盟国を訴えるといったもの等である。[49]

2 ICS への変更

そこで CETA には，常設の裁判所として，ICS を設けることとなった。ICS は，15 人の裁判官により構成され，そのうち 5 人づつが EU およびカナダから，残りの 5 人はその他の国から，CETA 合同委員会により，候補者名簿から指名される。裁判官は，高度の専門性および独立性を有する者に資格が認められる。事案は構成員から EU，カナダ，第三国により 1 人ずつ無作為に選ばれた 3 人の裁判官のパネルにより審理される。選任手続は，裁判所所長が輪番制でパネルメンバーを指名する。また，ICS は上訴審の手続を設けた。上訴の審理は，無作為に選ばれた 3 名で行われる。上訴審は，第 1 審の判断を，法律の解釈および適用の誤り，ならびに国内法の評価を含む事実の評価の明らかな

誤りにもとづいて，変更および破棄できる（CETA 8 章）。

ISDS から ICS への変更の意義は，仲裁人選定の際の当事者の自律性がなくなり，国が指名し無作為に選ばれる裁判官によることによって，独立性が担保されることや，第三国裁判官が裁判所長としてパネルを選定し，第三国裁判官がパネルの議長を務めることによって，投資家の影響が排除されること等が挙げられる。しかし，問題点として，とくに，ICS は EU 法および EU 司法裁判所の権限と両立しないのではないか，という指摘がある。[50]

3　CETA の合憲性に関するフランスの憲法院の判断

ICS の EU 法との適合性に関する具体的な論点のひとつとしては，次の問題が指摘されている。

CETA の投資章の規定によれば，一方締約当事者の投資家は他方締約当事者が義務違反を行ったという申立を ICS に行うことができ（CETA 8.18 条），一方締約当事者の事業者とは，その締約当事者の法により組織され，その締約当事者の自然人または法人により直接または間接に所有または支配されるものをいう（同 8.1 条）。これらの規定によれば，EU 加盟国を相手取り，ICS に申立を行えるのはカナダの投資家であり，カナダの投資家であることの判断は，カナダの自然人または法人により直接または間接に所有または支配されている必要があるということを意味する。この点が，「……加盟国の法律にもとづいて設立され，かつ定款上の本店，管理の中心，または主たる営業所を連合内に有する会社は，……加盟国の国民たる自然人と同じ待遇を受ける」として，EU 内に定款上の本店を有する会社，管理の中心を有する会社，または主たる営業所を有する会社を区別しない，TFEU 54 条に違反する可能性がある。

この問題は，国内法の観点から，2017 年 7 月 31 日の CETA の合憲性に関するフランス憲法院の判断において扱われた。フランス憲法院は，このようなフランスとカナダの投資家の異なる扱いは，フランス憲法上の平等原則には反しないと判断した。その理由として，第 1 に，フランスの投資家がカナダで，カナダの投資家がフランスで保護されるという，相互互恵的な枠組みを創設していること，第 2 に，カナダによるフランスへの投資を呼び込むことができるこ

自由論題

とが挙げられた。[51]

4 ベルギーによる司法裁判所の意見要請

しかし，さらに2017年9月6日にベルギーは，CETAのICSがEU法に適合するかについて，EUの司法裁判所に意見を要請した。ベルギーは，EU司法裁判所による排他的なEU法の解釈権限とのICSの適合性，EU法の平等原則および実効性の要件とのICSの適合性，裁判を受ける権利とのICSの適合性，ならびに，独立かつ公平の裁判所で裁判を受ける権利とのICSの適合性の論点について問題を提起しており，[52]こうした点についてEU司法裁判所がどのように判断するか，引き続き注視する必要がある。

5 国際裁判所を創設する協定のEU法との適合性

そこで以下では，CETAのICSと同様に第三国が加わる国際裁判所の創設がEU法と両立するかという問題が扱われたEU司法裁判所の先例を確認し，CETAのICSのEU法適合性の検討を試みる。

(1) EEA裁判所

欧州経済領域（以下，「EEA」）協定は，EEA裁判所の設置を予定しており，EEA裁判所裁判官にはEU司法裁判所の裁判官5名が含まれることとなっていた。EEA裁判所の管轄は，当該協定当事者間の紛争解決，欧州自由貿易連合（以下，「EFTA」）諸国に関する監督手続に関する訴訟，EFTA監督機関の決定に関する訴訟であった。また，EEA協定は，EU法規定と文言が同一になっており，EEA裁判所，EFTA加盟国国内裁判所，およびEU司法裁判所は，協定の解釈の統一性を確保するため，他の裁判所の判決に配慮することとなっていた。[53]

このようなEEA裁判所の設立について，司法裁判所は，いずれも国家間の権利義務を規定する条約であるEEA協定とEC条約（現TFEU。以下，同）とは，その目的および法的性質が異なること，EUには国家主権が一部委譲されることにより，EU法の直接効果や加盟国法に対する優越性等の，独自の法秩序が形成されていること，こうした相違から，EEA協定とEC条約の文言が

同一であるとしても，解釈の同一性は必ずしも導かれないことを理由に，EEA 協定は EC 条約と両立しない旨を判断した[54]（意見21段，29段等）。

その後の修正案では，EEA 裁判所の設置に関する条項が削除され，かわりに EEA 協定の解釈をめぐる EFTA 諸国間のみの紛争に管轄権を有する EFTA 裁判所の設置が規定された[55]。司法裁判所は，同修正案を EC 条約に適合すると判断した[56]。

本件判示の CETA への示唆としては，CETA も締約当事者間にのみ権利義務を創設するものとして，直接効果が否定されており（CETA30.6条），法的性質としては，EU 法とは性質が異なると考えられる点である[57]。

(2) 欧州および共同体特許裁判所

欧州では，EU の範囲外で，欧州特許条約（以下，「EPC」）にもとづく欧州特許権の制度が存在するが，これに加えて EU 独自の特許権の創設が試みられ，欧州および共同体特許裁判所（以下，「特許裁判所」）に関する国際協定案が策定された[58]。これによれば，EPC に従い欧州特許庁（以下，「EPO」）により共同体特許権が付与され，特許付与如何への異議申立は EPO の機関に対して行われ，特許侵害等の私人間の紛争は特許裁判所へ申立てられることとなっていた。特許裁判所は，第一審裁判所および上訴裁判所からなり，協定や，直接適用可能な EU 法，国内法，欧州特許条約等を適用し，EU 法の解釈や効力に関する問題は，EU の司法裁判所の先決判決を求める裁量または義務を負うこととなっていた[59]。

このような特許裁判所について，司法裁判所は，協定によって国際裁判所に司法上の権利を付与できるが，それにより EU 諸条約上の裁判所の本質的な特徴が変更されたり（意見75段），EU 法秩序の自律性に悪影響が及ぶ場合は許容されない（同76段）ことと，特許裁判所が加盟国裁判所から EU 法秩序の「一般的な」裁判所として EU 法を実施する任務，ならびに，EU 法の本質である先決判決を求める権利および義務を奪う（同80段）ため，EU 法と両立しない旨とを判示した[60]。

すなわち，EU 法は加盟国裁判所に EU 法実施の任務や先決付託手続への付託の権限を与えているが，特許裁判所協定は加盟国裁判所からこれらの任務，

権利および義務を奪い EU 法の本質的特徴を変更するため，EU 法と両立しない。

司法裁判所の意見を受け，新たに EU の枠外で，統一特許裁判所を創設する加盟国間の国際協定が締結されることとなった。統一特許裁判所は，条約当事国である EU 加盟国に共通の第一審裁判所，上訴裁判所および登録所から構成され，他の国内裁判所と同様に EU 法の適切な適用と統一的な解釈を確保する義務を負い，司法裁判所の判決に拘束され，統一特許に関連する EU 法令について司法裁判所に質問を付託するよう義務付けられている。[61]

本件の CETA への示唆としては，EUSFTA に関する司法裁判所の意見の中で，EUSFTA の ISDS は投資保護に関する投資家対加盟国訴訟の管轄を加盟国裁判所から取り除くものとしてとらえられており，[62] CETA の ICS の場合にも同様の状況がもたらされるため，EU 法の本質的特徴を変更すると判断される可能性があると考えられる。

(3) 欧州人権裁判所

欧州審議会で締結され，1953年9月3日に発効した多数国間条約である欧州人権条約には，今や全 EU 加盟国が締約国となっており，1996年には，欧州共同体（当時）に欧州人権条約に加入する権限があるか否かに関して，EU の司法裁判所の意見が求められた。しかし司法裁判所が否定的な見解を示したため，[63] その後，リスボン条約により TEU 6条が改正され，同条2項に EU による欧州人権条約への加入が規定されるに至った。同条項に関する第8議定書には，欧州人権条約への加入協定により，EU 法の特有の性格や EU 諸機関の権限が尊重されねばならないと規定された。[64] 2013年7月4日，コミッションは，これら規定にもとづき作成された加入協定案の EU 法との適合性について，司法裁判所に意見を求めた。

司法裁判所は以下を指摘し，加入協定案が EU 法に反すると判断した。[65]

欧州人権条約第16議定書によれば，EU 加盟国の最上級審は，欧州人権条約および同議定書に関する諮問的意見を欧州人権裁判所に求めることができる。このような手続は，とくに EU 基本権憲章の権利が欧州人権条約の権利に対応している場合に，TFEU 267 条の先決付託手続の自律性および実効性に影響を

与える。諮問的意見の要請が，司法裁判所の「事前関与」手続の契機となり，先決付託手続が迂回されるリスクが残る（意見196～200段）。

TFEU 344条は，加盟国が，EU 基本条約の解釈または適用に関する紛争を，EU 基本条約に規定された手続以外の手続に付することを禁止している。その結果，EU 法が争点である場合，欧州人権条約の遵守に関する加盟国間および EU と加盟国の間の紛争については，司法裁判所が排他的管轄権を有する。しかし，協定案は，EU 法との関係で加盟国または EU が欧州人権条約に違反したとの申立を，EU または加盟国が欧州人権裁判所に行う可能性を排除しておらず，TFEU 344条の要請に反する（同210～214段）。

本件の CETA への示唆としては，ICS の裁判手続への付託が，TFEU 267条の先決付託手続の自律性および実効性に影響を与え，また，EU 基本条約の解釈および適用に関する紛争を EU 基本条約に規定された以外の解決方法に訴えないよう規定する同344条に違反すると判断される可能性がある。

(4) EU 加盟国間 BIT の ISDS

スロヴァキア対 Achmea BV 事件では，EU 加盟国間の BIT における ISDS の EU 法適合性が争われた。本件の争点は，オランダとスロヴァキアの間で適用されている BIT 中の規定の EU 法との適合性であった。すなわち，投資紛争の際に一方当事国の投資家が他方当事国を相手取り仲裁裁判所に申立を提起できると規定する同 BIT 8条が，とくに，EU の司法裁判所による先決付託手続を規定する TFEU 267条，および，EU 基本条約の解釈および適用に関する紛争を EU 基本条約に規定された以外の解決方法に訴えないよう規定する同344条に違反するか，という問題である。

2017年9月19日，EU 司法裁判所のアヴォカ・ジェネラルは，本件 BIT 8条は，EU 法に反しないとの意見を示した。

しかし2018年3月6日，司法裁判所はアヴォカ・ジェネラルの意見を採用せず，同8条を EU 法違反と判断した。その理由は以下である。

まず，同8条規定の仲裁裁判所は，EU 法を解釈し適用する可能性を有する（判決42段）。しかし同仲裁裁判所は，オランダの法制度にもスロヴァキアの法制度にも属さず，裁判所の管轄としては特別な性格を有する（同45段）。よって

同仲裁裁判所は、TFEU 267条規定の先決付託手続への付託権限を有する「加盟国の裁判所」ではない（同49段）。また、本件 BIT 8条7項によれば、仲裁裁判所による裁定は確定的であり、それに対する司法審査を規律する手続法の選択は仲裁裁判所が行い（同51段）、国内法が認める場合にのみそのような司法審査が行われる（同53段）。

司法裁判所によれば、商事仲裁の司法審査の範囲の制限は、仲裁手続の効率性の要請により正当化されるが、その場合、司法審査の際に、EU 法の基本的な規定が検討され、必要であれば先決付託手続の対象とならねばならない（同54段）。しかし、当事者の自由な意思による商事仲裁手続と異なり、同8条規定の仲裁手続は、EU 法の適用および解釈に関する紛争を、自国裁判所の管轄外に置き、よって TEU 19条1項が求める EU 法の分野における司法救済システムから除外する旨に加盟国が合意した協定に由来するものである（同55段）。加盟国は、EU 法の適用および解釈に関わる場合にも、EU 法の完全な実効性が確保されない可能性がある形で投資家対加盟国の紛争を解決するメカニズムを創設している（同56段）。

本件では、EU の司法制度以外の機関に紛争を解決させるという可能性が、EU ではなく、加盟国の協定により規定されている。本件 BIT 8条は、加盟国間の相互信頼の原則のみならず、TFEU 267条の先決付託手続により確保される EU 基本条約の独特の性格を損ない、よって誠実協力原則に違反している（同58段）。このような状況において、本件 BIT 8条は、EU 法の自律性を損なっている（同59段）。したがって、本件 BIT 8条は、TFEU 267条および 344条に違反している（同60段）。

このように、EU 加盟国間の BIT における ISDS が EU 司法裁判所による先決付託手続を規定する TFEU 267条、および、EU 基本条約関連の紛争を EU 基本条約規定以外の解決方法に訴えないよう規定する同 344条に違反するとの判断が下されたため、CETA のように、EU と第三国との間の ICS の EU 法との適合性についても、EU 法違反との判断が下される可能性がある。ただ、本件先決判決58段は、EU の司法制度以外の機関に紛争を解決させるという可能性が、「EU ではなく、加盟国の協定により」創設されたことを問題視してい

ると考えれば，全加盟国に加え EU によって第三国との間に創設される CETA の ICS については，本件 BIT の ISDS と異なる判断が出る可能性も排除されないであろう。

VI おわりに

以上の CETA の考察から明らかとなる EU の FTA 締結の際の問題点から，日EU・EPA にとっての示唆を以下の通り求めることができる。

まず，ICS を含む EU の FTA は，混合協定としてその全体適用には加盟国による批准が必要となる。そのような混合協定の一部の暫定適用に応じる場合，1加盟国でも批准を拒否したときに，全体適用が不可能となるのみならず，暫定適用も終了となる可能性があるのかを確認しておく必要がある。

また，CETA に規定された ICS は，司法裁判所の判断によっては，EU 法に適合しないと判断される可能性がある。その場合も，CETA の全体適用が不可能となるのみならず，暫定適用も終了となる可能性がある。

こうした問題を回避するための方策としては，EUSFTA に関する意見においてアヴォカ・ジェネラル意見が示唆したように，協定を権限の種類にもとづき別々に作成しそれぞれ締結することが考えられる[69]。具体的には，EU の排他的権限に該当する共通通商政策に関わる EU 単独協定と，加盟国との共有権限事項である ICS を含む投資保護に関わる混合協定を別個に作成し，それぞれ別途締結するという手段である。実際に，コミッションは，2018年4月18日，EUSFTA の当初の協定案の本体（自由貿易協定）から投資保護協定を独立させ別個に策定し，両者を理事会に提案した[70]。同日，コミッションは，日EU・EPA の署名と締結についても理事会に提案した。日EU・EPA は2018年7月17日に日EU により署名されたが，投資保護および投資紛争解決手続については，別途交渉が続けられることとなり，含まれておらず，EU 単独協定となっており，発効には欧州議会による同意を待つのみである[71]。このように日EU・EPA の場合も EUSFTA と同様に投資保護および投資紛争解決に関しては別個の協定を締結すれば，CETA の際に生じうる EU 加盟国による批准拒否の問題を回避できる。

自由論題

いずれにしろ,日 EU 間で投資紛争解決手続を交渉する際には,CETA の ICS の EU 法適合性に関して示される EU の司法裁判所の判断に留意する必要がある。

1) Framework Agreement for Commercial and Economic Cooperation Between Canada and the European Community [1976] OJ L 260/2.
2) Euractive, "CETA failure reveals Lisbon Treaty's Structural Flaw's", 25 October 2016, at https://www.euractiv.com/section/trade-society/opinion/ceta-reveals-structural-flaws-of-lisbon-treaty/ (as of 10 February 2017).
3) Commission Report on Online Public Consultation on Investment Protection and ISDS in the TTIP, SWD(2015)3 final, Brussels, 13.1.2015.
4) EPRS Briefing, European Parliament, "CETA with Canada", January 2017, at http://www.europarl.europa.eu/EPRS/EPRS-Briefing-595895-Comprehensive-Economic-Trade-Agreement-Canada-rev-FINAL.pdf (as of 15 February 2017).
5) Comprehensive Economic and Trade Agreement (CETA) between Canada and the EU and its Member States [2017] OJ L 11/23, Chapter 8, Section F.
6) Proposal for a Council Decision on the signing of the CETA COM(2016)444 final, Strasbourg, 5.7.2016.
7) 中西優美子「ドイツ連邦憲法裁判所の CETA の締結に関する仮命令」『自治研究』93 巻 2 号(2017年)92-3頁。BVerfG, 13 Oktober 2016, 2 BvR 1368/16.
8) "Accord de coopération entre l'Etat fédéral, les Communautés et les Régions, relatif aux modalités de conclusion des traités mixtes" (M.B. du 19.07.1996, p. 19517).
9) Euractive, "Does CETA's saga spell the beginning of the end of EU trade policy?", 20 October 2016, at https://www.euractiv.com/section/trade-society/opinion/does-cetas-saga-spell-the-beginning-of-the-end-of-eu-trade-policy/ (as of 12 February, 2017).
10) Joint Interpretative Instrument on the CETA between Canada and the EU and its Member States [2017] OJ L 11/3.
11) Euractive, "Belgium reaches consensus on EU-Canada free trade deal", 27 October 2016, at https://www.euractiv.com/section/trade-society/news/belgium-reaches-consensus-on-eu-canada-free-trade-deal/ (as of 11 February, 2017).
12) Press Release, European Commission, "EU-Canada Summit: Newly Signed Trade Agreement Sets High Standards for Global Trade", 30 October 2016, at http://europa.eu/rapid/press-release_IP-16-3581_en.htm (as of 11 February 2017).
13) Fact Sheet, European Commission, "CETA-a Trade Deal That Sets a New Standard for Global Trade", 15 February 2017, at http://europa.eu/rapid/press-release_MEMO-17-271_en.htm (as of 15 February 2017).
14) Press Release, European Commission, "EU and Canada agree to set a date for the

provisional application of the CETA", 8 July 2017, at http://europa.eu/rapid/press-release_STATEMENT-17-1959_en.htm (as of 10 July 2017).
15) オーストリア，ブルガリア，クロアチア，デンマーク，フランス，ギリシャ，アイルランド，リトアニア，オランダ，ポーランド，ルーマニア，スロヴァキア，イギリス (Euractive, "After Parliament approval, final ratification could still put CETA in legal limbo", 16 February 2017, at http://www.euractiv.com/section/trade-society/news/after-parliament-approval-final-ratification-could-still-put-ceta-in-legal-limbo/ (as of 16 February 2017))。
16) Legislative Train Schedule, European Parliament, "CETA", 20 July 2018, at http://www.europarl.europa.eu/legislative-train/theme-a-balanced-and-progressive-trade-policy-to-harness-globalisation/file-ceta (as of 28 August 2018).
17) Statements to be entered in the Council minutes [2017] OJ L 11/15.
18) 後述。Press Release, Belgian Ministry of Foreign Affairs, "Minister Reinders submits request for opinion on CETA", 6 September 2017, at https://diplomatie.belgium.be/en/newsroom/news/2017/minister_reynders_submits_request_opinion_ceta (as of 30 September 2017).
19) Legislative Train Schedule, *supra* note 16.
20) Report to the Prime Minister, "The impact of the CETA on the environment, climate and health", 7 September 2017, at https://www.foodwatch.org/fileadmin/foodwatch_international/campaigns/CETA/France_experts_Report_CETA_impact_on_environment_climate_health_2017_ENGLISH.pdf (as of 30 November 2017).
21) Euractive, "Italy Threatens to Block CETA Ratification", 15 June 2018, at https://www.euractiv.com/section/ceta/news/italy-threatens-to-block-ceta-ratification/ (as of 17 June 2018).
22) 特定の分野（サービス貿易，知財の通商的側面，FDI，文化・言語多様性に関わる文化的・音響視覚サービス貿易，教育・社会・保険サービス貿易）で，EU 内の規則採択に全会一致を要件とするとき。
23) Puccio, L., "A guide to EU procedures for the conclusion of international trade agreements" European Parliament Research Service Briefing, October 2016, at http://www.europarl.europa.eu/RegData/etudes/BRIE/2016/593489/EPRS_BRI (2016) 593489_EN.pdf (as of 14 April 2018).
24) *Ibid.*
25) VAN DER LOO, G. and WESSEL, R. A., "The Non-ratification of Mixed Agreements: Legal Consequences and Solutions," *CMLR*, Vol. 54 (2017), p. 759.
26) Statements in the Council minutes, *supra* note 17.
27) 加盟国は EU が権限を行使した限度で自らの権限の行使ができなくなる（先占）（TFEU 4 条 2 項）。先占のない事項もある（TFEU 4 条 3 ～ 4 項）。
28) 補充的権限（TFEU 2 条 5 項）の他，経済政策・雇用政策（TFEU 2 条 3 項），および共通外交・安全保障政策（TFEU 2 条 4 項）が規定されている。

29) VAN DER LOO and WESSEL, *supra* note 25, p. 737.
30) 庄司克宏『新 EU 法政策編』(岩波書店, 2014年) 411-4頁。
31) Opinion 1/76 *Inland Waterways* [1977] ECR 741, EU: C: 1977: 63.
32) Case 22/70 *AETR* [1971] ECR 263, EU: C: 1971: 32.
33) Opinion 1/94 *WTO Agreement* [1994] ECR I-5267, EU: C: 1994: 384.
34) Craig, P. and De Búrca, G., *EU Law*, 5th ed. (Oxford, 2011), p. 334; 庄司『EU 法政策編』(第 7 刷) (岩波書店, 2009年) 152頁。
35) VAN DER LOO and WESSEL, *supra* note 25, pp. 737-8.
36) Craig and De Búrca, *supra* note 34, p. 335.
37) Press Release, European Commission, "EU-Canada trade deal to be signed by governments", 5 July 2016, at http://europa.eu/rapid/press-release_IP-16-2371_en.htm (as of 10 February 2017).
38) VAN DER LOO and WESSEL, *supra* note 25, pp. 738-9.
39) 庄司『前掲書』(注30) 415頁。
40) VAN DER LOO and WESSEL, *supra* note 25, p. 738.
41) *Ibid.*, pp. 756-7.
42) *Ibid.*, p. 757.
43) Paris Agreement [2016] OJ L 282/4.
44) VAN DER LOO and WESSEL, *supra* note 25, pp. 753-4.
45) *Ibid.*, pp. 754-5.
46) Opinion 2/15 *EUSFTA*, EU: C: 2017: 376.
47) Ankersmit, L., "Opinion 2/15 and the Future of Mixity and ISDS", *European Law Blog*, 18 May 2017, at http://europeanlawblog.eu/2017/05/18/opinion-215-and-the-future-of-mixity-and-isds/ (as of October 10, 2107).
48) ICSID 条約の解説として，阿部克則監修『国際投資仲裁ガイドブック』(中央経済社, 2016年) 等を参照。
49) Laird, I. and Petillion, F., "Comprehensive Economic and Trade Agreement, ISDS and the Belgian Veto", *Global Trade and Customs Journal*, Vol. 12, Issue 4 (2017), pp. 168-169.
50) *Ibid.*, pp. 170-171.
51) Cour Constitutionelle, Décision n° 2017-749 DC du 31 juillet 2017, paras. 35-39.
52) Press Release, *supra* note 18.
53) 中西優美子『EU 権限の判例研究』信山社 (2015年) 455-6頁参照。
54) Opinion 1/91 *EEA* [1991] ECR I-6079, EU: C: 1991: 490.
55) 中西『前掲書』(注53) 459頁参照。
56) Opinion 1/92 *EEA* [1992] ECR I-2821, EU: C: 1992: 189.
57) 直接効果が否定される WTO 協定により設立された WTO 紛争解決機関の判断の直接効果を否定した Fiamm 事件 (C-120/06 and C-121/06 P *Fiamm* [2008] ECR I-6513, EU: C: 2008: 476) 判理にしたがい，CETA の直接効果否定条項によって ICS の判決の

遵守確保が妨げられる可能性も指摘されている (Szilárd Gáspár-Szilágyi, "ISDS in EU FTIAs. Yes, No, Maybe? A Domestic Enforcement Perspective", *European Law Blog*, 15 November 2016, at http://europeanlawblog.eu/2016/11/15/isds-in-eu-ftias-yes-no-maybe-a-domestic-enforcement-perspective/ (as of October 10, 2107))。

58) Draft Agreement on the European and Community Patents Court and Draft Statute, Council Working Document 7928/09, Brussels, 23.3.2009; 中西『前掲書』(注53) 460頁参照。
59) 中西『前掲書』(注53) 463-4頁参照。
60) Opinion 1/09 *European and Community Patents Court* [2011] ECR I-1137, EU: C: 2011: 123.
61) 中西『前掲書』(注53) 469-70頁参照。
62) Opinion 2/15, *supra* note 46, para. 292.
63) Opinion 2/94 *ECHR* [1996] ECR I-1759, EU: C: 1996: 140.
64) Protocol (No 8) relating to Article 6 (2) of the Treaty on European Union on the accession of the Union to the European Convention on the Protection of Human Rights and Fundamental Freedoms [2012] OJ C 326/1.
65) Opinion 2/13 *ECHR*, EU: C: 2014: 2454.
66) 「事前関与」(prior involvement) 手続は、協定案に規定されており、EU法が問題となっている事案が欧州人権裁判所に継続している場合に、司法裁判所の関与を可能にする手続である。
67) Case C-284/16 *Slovakia v Achmea*, EU: C: 2018: 158.
68) Opinion of AG Wathelet delivered on 19 September 2017 in Case C-284/16 *Slovakia v Achmea*, EU: C: 2017: 699.
69) Opinion of AG Sharpston delivered on 21 December 2016 in Opinion Procedure 2/15 *EUSFTA*, EU: C: 2016: 992, para. 567.
70) Press Release, European Commission, "Trade: European Commission proposes signature and conclusion of Japan and Singapore agreements", 18 April 2018, at http://europa.eu/rapid/press-release_IP-18-3325_en.htm (as of 20 April 2018).
71) Press Release, European Commission, "EU and Japan sign Economic Partnership Agreement", 17 July 2018, at http://europa.eu/rapid/press-release_IP-18-4526_en.htm (as of 20 July 2018).

(長崎大学多文化社会学部准教授)

自由論題

EU国際不法行為法における当事者自治の部分的排除

福 井 清 貴

　Ⅰ　序　文
　Ⅱ　ローマⅡ規則における当事者自治の部分的排除
　　1　概　観
　　2　不正競争行為
　　3　知的財産権侵害
　Ⅲ　わが国への示唆
　　1　序
　　2　不正競争行為
　　3　知的財産権侵害

Ⅰ　序　文

　法の適用に関する通則法（以下，「通則法」）21条が，不法行為につき当事者自治を認める。この当事者自治は，EUにおける契約外債務に関する統一的な国際私法である「契約外債務の準拠法に関する欧州議会および理事会規則（ローマⅡ）」(以下,「ローマⅡ規則」)[1]においても認められている。もっとも，この内容については，ローマⅡ規則と通則法とで相違がみられる。そのひとつとして挙げられるのが，ローマⅡ規則は，不正競争行為と知的財産権侵害につき明文の特則規定を有しており，かつそこで当事者自治が排除されていることである。通則法には，これらの法律関係に関する明文の特則がそもそも存在せず，当該法律関係における当事者自治の認否についても不透明な状況である。

　それに対し，ローマⅡ規則においては，すでに当事者自治の認否に係る明文規定があるにもかかわらず，立法論上の批判がみられ，一部で解釈論も分かれている状況にある。本稿は，このようなEUにおける議論を参考にし，わが国の議論に対し示唆を得ることを目的とする。

　なお，本稿では，「当事者による法選択」を端的に，「法選択」または「当事

者自治」という。

II ローマⅡ規則における当事者自治の部分的排除

1 概　観

　ローマⅡ規則は，その14条において契約外債務につき当事者による法選択を認めている[2]。この規定は，不法行為，不当利得，事務管理，契約締結上の過失等，当該規則の規律する事項的適用範囲すべてに妥当する一般規定である。しかし，ローマⅡ規則6条4項ならびに8条3項によれば，不正競争行為，競争制限行為[3]，知財権侵害につき14条の適用がなされない。すなわち，これらの法律関係に限って，当事者自治が排除されている。

　この排除規定の置かれた根拠は，立法資料から明らかでない。種々の草案を眺めると，以下の経緯は読み取れる。すなわち，欧州委員会提案が知財権侵害について当事者自治の排除を定めたところ[4]，これに対し欧州議会が反対の意を示し，この削除を提案した[5]。これに応じ，欧州委員会は，知財権侵害につき，当事者自治を認める提案に修正した[6]。ところがその後，欧州理事会の「共通の立場」草案が，知財権侵害のみならず不正競争も併せ，当事者自治の排除を定めた[7]。結局，欧州議会はこれを受け入れ，これが現行の規則まで引き継がれた，という経緯である。しかし，以上のいずれの草案にも当事者自治を容認または排除する理由を明確に述べる記述は見当たらない。そのため現時点では，この理由や解釈論等としては学説が参考となる。

　以下では，各々ごとに議論を見ていきたい。

2　不正競争行為

(1) 三面的競争行為

　ローマⅡ規則6条1項は，「不正競争から生じる契約外債務は，競争関係または消費者の集合的利益が影響を受け，または影響を受ける恐れのある国の法による」と定め，不正競争行為の準拠法を市場地法とすることを明らかにする。この市場地法主義の特則は，不正競争行為につき一般不法行為に関する4条[8]が適用されるとすると，具体的な連結結果が不明確であるのみならず不適切[9]

自由論題

な結論が生じる場合があるということで導入された[10]。不正競争法上の規律は，加害者と被害者といった二当事者間の損害や利益の調整を目的にするというより，一国市場内の競業者や消費者の集合的利益を包括的に保護することを主たる目的とする。したがって，市場全体の利益に影響を与える行為に対しては，影響を受けた市場地の法が一律に適用されるべきと解されるからである[11]。このような不正競争行為は，三面的ないしは市場関係的競争行為といわれる。

　三面的競争行為においてローマⅡ規則4条が適用される弊害のひとつとして，同条2項の存在が挙げられる[12]。同項は，当事者間に共通常居所地が存在するとき，その地の法の適用を定める。そのため，ある事業者の不正競争行為により特定の国の集合的な消費者と競業者を含む市場全体の利益が害された場合，もし当該事業者と競業者のうちの一の常居所地が一致するならば，ローマⅡ規則4条2項により，その当事者間でのみ市場地外の法が適用される。そうすると，同一市場にて取引を行う他の競業者との平等性が損なわれ，市場内の競争秩序を歪曲することにつながる。このことは，市場内の競争条件の平準化およびその公共の利益を保護することを企図したその国の立法者の関心とも衝突する。以上から，4条ではなく，6条1項に基づき市場地法を適用する必要があるとされる[13]。これと同様の理由が，三面的競争行為において当事者自治が排除される理由ともなる。特定の競業者間にて法選択がなされ，彼らにのみ市場地法と異なる法が適用されれば，前述と同様に一市場内の競争条件の歪曲および当該国の公共政策との衝突が生じるからである[14]。三面的競争行為において当事者自治を排除することに対し，反対論はほとんど見られない[15]。

(2) 二面的競争行為

　ローマⅡ規則6条2項は，「不正競争が，もっぱら特定の競業者の利益に影響を及ぼす場合には，第4条が適用される」と定める。同項の定めるような，不正競争行為者と被害者との二当事者間の利益だけに関係する競争行為は，二面的競争行為ないしは営業関係的競争行為といわれる。この二面的競争行為には，従業員の引抜，産業スパイ，営業秘密の漏洩，契約破棄の教唆，営業誹謗等が含まれる[16]。この二面的競争行為は，消費者の集合的利益を含めた市場全体ではなく，個別的な競業者だけを相手に行われるため，市場それ自体との関連

性が乏しく，市場利益を保護するという競争法に独自の特殊性もないため，市場地法を適用する前提条件がない。[17] そこで，ローマⅡ規則6条2項は，当該競争行為の準拠法について4条以下を準用し，一般不法行為と同様の連結政策を[18]妥当させるのである。[19]

この二面的競争行為の場合に6条4項が適用されるかどうかは，明文上必ずしも明らかではない。そこで，当該競争行為に当事者自治が認められるかどうかについて，学説は分かれている。第1に，当事者自治を肯定する立場がある。6条4項は，「本条による準拠法は，第14条による合意により排除されない」と定める。この説は，文理解釈として「本条による準拠法」という文言に着目し，この「本条」とは6条だけを意味する。しかし二面的競争行為は，6条2項により厳密には4条によって準拠法が決定される。そのため，6条4項の当事者自治排除は二面的競争行為には妥当しない，とする。[20] この解釈が主張される実質的根拠としては，当事者自治の原則はローマⅡ規則における基本原則のひとつでありその排除は抑制的になされるべきこと，6条2項が当事者の個人利益を保護することに着目し，4条に基づきより柔軟な連結政策をあえて採用したのだから，同時に当事者自治も認めることが首尾一貫すること等が挙げられる。[21] この説によれば，ローマⅡ規則6条4項における当事者自治の排除は，三面的競争行為に限定されることになる。

第2に，当事者自治を否定する説によれば，文理解釈上，6条4項は，とくに限定なしに，6条全体に関係している。そのため，同条2項による4条の準用の場面にも当事者自治の排除は妥当するとする。また，二面的競争行為に係る6条2項自体の立法論上の問題も根拠として挙げられる。すなわち，市場それ自体の利益と関係しない純粋な二面的競争行為はほとんどありえず，特定の競業者の利益を害する行為が行われたとしても，その行為は間接的に市場に影響を与えている。例えば，二面的競争行為の一類型である営業誹謗の一例として，特定の事業者の商品を誹謗中傷する比較広告が挙げられる。このときには，その事業者の信用のみならず，消費者の購買判断を歪曲させるため，市場に影響が生じている。また，一度なされた不正競争行為が，同一市場の他の競業者によって模倣されることがあるから，それだけでも市場全体の利益は害さ

自由論題

れるとする。そこで,二面的競争行為の場合であっても,第三者や市場の利益が等閑にされないよう,極力市場地法の適用がなされるべきであり,市場地法以外の適用を導きうる当事者による法選択は認めるべきではないとするのである。

両説の相違は,二面的競争行為が市場利益へ間接的に影響を与える場合に生じる。否定説は,二面的競争行為が間接的に市場に影響を与えうるという理由で,一律に当事者自治を排除する。他方で肯定説は,間接的な影響があるだけでは当事者自治を排除することを正当化できないとする。すなわち,両説の実質的な対立点は,当事者以外の第三者の利益,とくに市場利益が法選択により受けるわずかな影響を重視するか否かに起因している。

3　知的財産権侵害

(1)　保護国法主義と当事者自治排除

ローマⅡ規則8条1項は,知的財産権侵害から生じる契約外債務関係には,(領域について)保護が要求される国の法が適用される旨,定める。そのうえで,同条3項によって当事者自治が排除される。本条は知財権侵害の問題につき,もっぱら「保護国法」を適用することを明らかにしている。

この「保護国」について,学説は概ね以下のように説明する。すなわち,知的財産法には,その適用が制定国の領域に限定されるという実質法上の属地主義の原則が妥当する。したがって,知的財産権の存否や侵害は,領域ごとにつき権利の保護をもたらす国の法が適用されなければならない。この国が「保護国」といわれる。複数の保護国が想定される場合には,各々の保護国における知財権は,各々の国に領域的に限定された形で複数に併存する。その場合には,それらの知財権の侵害もそれらの国々の実質法により別々に判断されなければならない。そのため,保護国法の特定は,通常の国際私法のように特定の国際的事実関係について実質法から価値中立的に最も密接に関係する地の法を指定する方法で行われるのではなく,原告の権利侵害の主張から,裁判所が適用しうる法を特定することにより行われる。原告の主張する事実関係または権利と領域的に関連性のある国の実質法は,その権利の侵害を適用範囲に含めて

いるはずである。それが肯定されるならば、その実質法を適用しそれに基づき実際に当該原告が権利を有するか否か、どのように権利侵害されているか、それに応じどんな法律効果が発生するかを認定するのである。

ローマⅡ規則が知財権侵害につき保護国法主義を採用した理由は、簡潔に、「一般的に承認された原則」であるからとされる[30]。しかし、当事者自治の排除については、明確な理由が示されていない。もっとも、諸学説において保護国法主義の詳細な根拠がいくつか挙げられる。そして、それらの根拠が同時に当事者自治の排除の理由となっていると考えられる。

第1に、知的財産権に関する条約、例えばベルヌ条約やパリ条約の規律から、属地主義ならびに保護国法主義が導かれることがある[31]。EU構成国ならびにEUには、TRIPs協定を介しこれらの条約の遵守の必要がある。したがって、同条約に知財権侵害に関する準拠法決定規則があるとすれば[32]、EUとしてもそれに従う必要がある[33]。この考えによれば、ローマⅡ規則8条1項は、上記条約における保護国法主義をEU立法の中で承認したものと解される。そうとすれば、知財権侵害につき当事者自治を認め難くなる。知財権条約は当事者による法選択の許容性を明示的には定めておらず、この法選択により、当該条約自体が規律する保護国法主義から乖離した結論も生じうるからである[34]。

第2に、実質法上の属地主義の帰結ないしはその実現を挙げることができる。すなわち、知財権の成立やその侵害からの保護は、国の主権行為に基づくとされる[35]。この主権性を尊重するには、各国において認められる知財権は夫々の国独自のものとして併存し、夫々の国の知財権は他国の知財権に干渉しないとされなければならない。そのような各国知財法の属地主義の尊重のために、保護国法主義という独特の連結政策が採用された[36]。もし知財権侵害につき、当事者自治が認められるならば、特定国の領域について属地的に妥当しなければならない保護国法の適用が排斥され、その領域と関連性のない法が適用される[37]。また、当事者の法選択により、保護国と異なる法が選択されたとしても、その選択された実質法も知財法の属地性を前提としているはずだから、その法は自国領域の侵害にしか適用されないはずである。そのため、当事者により選択された法は、その法の所属する国の領域外の保護国での侵害行為を合法と評

自由論題

価せざるをえなくなる。そのため，保護国と無関係な法の選択によって，当事者は本来の保護国の権利を放棄する帰結を生みだすといわれる。[38]

第3に，第2の理由と関連して，国家公共政策との強い関連性が挙げられる。[39]例えば，特許権は，一国の産業の保護といった経済政策的利益，著作権は知的創作活動の促進といった文化政策的利益を保護することを主たる目的とする。各国の領域内の公共政策を尊重するために，その国の主権領域と密接に関連する国の法が適用されなければならない。しかしもし法選択が認められれば，特定の保護国がその領域内で考慮しようとした公共の利益を損なう国の法の適用が認められる。これは保護国の規律の回避を導くため，当該国内で登録された特許，あるいは公表された著作物をめぐり権利義務関係を争う人々（とくに第三者）の取引利益を損なうことにもつながる。[40]

以上のように，保護国法主義の理由そのものが，同時に当事者自治排除の理由となりうる。[41]しかし以下で紹介するように，一定の限度または場合に法選択を認める有力説がある。

(2) 共同体（EU）知的財産権と当事者自治

共同体知的財産権が侵害される場合には，当事者自治の原則は肯定できるとしばしば主張される。ローマⅡ規則8条2項は，「共同体知的財産権の侵害から生じる契約外債務関係の場合，共同体の当該法源が妥当しない問題には，侵害の行われた国の法が適用される」と定める。通常，EU内の知的財産権を統一化する目的で創設された共同体知財権に係る規則には，当該権利に係る詳細な実質法規定が定められている。[42]しかし，この定めがない部分については，EU内の各国内法にゆだねられる。例えば，共同体商標権については，共同体商標裁判所は，当該商標権侵害に対し，それを禁止する命令を発することができる旨定める。[43]しかし，その命令の際に，制裁の手段に係る明文規定はない。そこで，これについてはローマⅡ規則8条2項のような国際私法規定に基づき，侵害が行われた加盟国の法が適用される。この規定は，規則の実質法規定の欠缺を補充するため，不法行為地法による解決にゆだねたものとみられている。[44]

以上の解決策は，共同体商標権の保護国は，EU加盟国各々ではなく，

「EU」全体を意味するから，そのEUの内部では必ずしも属地主義に基づく必要はないという発想から生じている[45]。この論拠は，当事者自治の許容を導く論拠ともなる。当事者自治の排除の根拠が，知財権の属地性から演繹される保護国法の適用にあるとすれば，それが妥当しないEU内部では，当事者自治排除の理由も妥当しないからである。このことから，ローマⅡ規則8条3項の当事者自治排除を縮小解釈し，2項の場面には適用しないと主張されるのである[46]。

(3) 当事者自治導入の立法論

保護国法主義を主張する多数説は，知的財産権の全要素，すなわちその成立，内容，移転，保護期間，効果等につき一律に保護国法によらしめることを前提とする[47]。しかし，これらの中には，知財権の属地性が必然的に妥当するとまではいえない事項が含まれる。この事項が知財権侵害の法律効果である損害賠償ならびに差止請求である。この法律効果は，ローマⅡ規則15条により，同規則に基づく準拠法の送致範囲に含まれる。そのため，解釈論上はこの問題にも，もっぱら8条1項による保護国法が適用され，その3項に基づき当事者自治は排除されざるをえない[48]。

しかし，立法論上は批判がある。法律効果に係る問題は，知財権そのものというよりも，民事法上の救済手段に属し，諸外国においてもしばしば民事法の準用によって解決され，当事者の合意による解決も認められうる。そのため，当事者自治が認められる一般不法行為との類似性があり，権利の属地性や公的利益と関わらない。そのため，その他の知財権の要素の服する保護国法と別異の準拠法が適用されうる[49]。そのことから，この問題に限り当事者による法選択を認める説が有力に提唱される[50]。これを認めることにより，ライセンス契約違反が問題となり，契約責任と不法行為責任が同時に発生した場合に損害賠償の準拠法を一つに絞ったり，複数の保護国が生じる場合に法律効果に限り単一の法を選択することで，権利実現や手続きの緩和化が期待できるとされる[51]。

ただし，差止請求は，知財権に独自に認められる中核的権利であるため，保護国法から切り離されるべきではないといわれることがある[52]。これに対しては，以下の批判がなされる。すなわち，どんな侵害行為が権利者の差止請求権を引き起こすのかという要件の問題は，たしかに認められるべき知財権の範囲

と密接に結びつくため，もっぱら保護国法による。しかし，差止請求権の実施の方法は必ずしも知財権の範囲との直接的な関連性を有さないから[53]，その範囲の問題と分離することはできるとする。そのうえで，損害賠償請求権と共に単一の準拠法で判断できる利点が指摘される[54]。

以上の法律効果に対し，侵害の要件，つまりどのような行為が侵害行為に当たるのかといった侵害の有無や内容等については，当事者自治は認められないとするのが一般的である。侵害要件は，権利の内容と範囲，すなわちどんな権利が排他的に認められるのかといった問題と関係する。このような問題は各国の知財法の公共政策に強く関わるため，当事者による自由な法選択は適さないとされる[55]。

ところが，限定された場合に，侵害の効果のみならず侵害の要件についても，当事者自治の意義を認める見解が存在する。この場合の典型例として挙げられるのが，インターネットにおける著作権侵害である。すなわち，著作者の許諾を受けていない著作物がインターネット上に送信された場合，そのデータを受信しうるあらゆる国々も保護国となる（いわゆる「ユビキタス侵害」）。これに関連し，しばしば保護国法主義の弊害が指摘される。保護国法主義の一般的理解によれば，各々の保護国法は，その各々の保護国内で生じた権利侵害について適用されるため，権利侵害の要件および効果も，その国の法ごとに審査されなければならない（いわゆる「モザイク的連結」[56]）。したがって，ユビキタス侵害の場合に権利者が損害賠償や差止請求を望むとき，権利者は無数の保護国法の調査をし，夫々の侵害毎にそれに応じた法に基づき権利の主張をしていかなければならない。これは侵害の主張をする権利者，それに応訴をする加害者，裁判官いずれにとってもコストがかかり，権利の実現の放棄につながる[57]。そこで，侵害の法律要件についても法選択を通して単一の法の適用を認めるべきとの見解が提唱される[58]。これにより，権利実現に際して生じる過剰なコストの問題が一層解消され，権利の実現の緩和化が可能となる。

この最後の見解は，権利の属地性の妥当しない範囲に限り法選択を認めるという従来の議論をさらに超えている。むしろ，厳格な属地主義および保護国法主義の弊害を回避するための手段として，政策的に当事者自治を利用するので

ある。その実効性については、侵害者が権利者に持ち掛けられた法選択合意に応じない可能性も高いため疑問は残る。しかし、各種民間の立法提案が定めるように、密接に関連する保護国法の適用に限定することによりモザイク連結の問題を緩和化するとか、権利者による単一の保護国法の一方的選択を認める方法と併用することにより、より平易に権利を実現できる可能性は高まるであろう。

Ⅲ　わが国への示唆

1　序

ローマⅡ規則は不正競争行為ならびに知財権侵害につき法選択の排除を明定した。その主たる理由としては、法選択が特定国の公共利益ならびに第三者の取引利益に影響を与えうることが挙げられた。しかし当該法律関係には、当事者自治によっても公共利益が直接的には影響を受けない類型ないしは事項がある。そこで、その限りで法選択は認められうるとする一連の学説のあることが確認された。以下では、この議論から日本にいかなる示唆がありうるか確認したい。

2　不正競争行為

EUにおいては、不正競争行為において二面的競争行為につき法選択の余地があると主張されている。わが国でも、不正競争行為を三面的（市場関係的）と二面的（営業関係的）とに区別し、後者につき一般不法行為の抵触規定によらせる見解が有力に主張されている。この見解に従うとすれば、二面的不正競争には、通則法17条や20条のみならず21条も適用されることとなり、当事者自治が認められることになろう。たしかに、二当事者だけに係る問題につき、当該二当事者間だけが法選択により自らの権利義務を変動させるに過ぎないならば、第三者や公共利益は干渉を受けないはずである。そうとすれば、不正競争行為が不法行為と性質決定されうる以上、当事者自治の許容は当然と解しうる。

ただし、この許容が二面的競争行為の類型化の問題と切り離せない点に留意

は必要と思われる。この行為に該当するか否かで当事者自治の認否が左右される以上，できる限りその区分は明解である必要がある。法選択は当事者により行われるため，この類型判断が裁判所にてアドホックになされると，合意が予期せぬ形で覆されることになるからである[63]。しかし，EUの議論でも指摘のあったように二面的競争行為においても公共利益に間接的影響が生じる場合はありうる。例えば，労働者の引抜については，当事者間のみならず，他の労働者の利益にも影響があり，産業スパイ等においても一度取得された情報が市場にて利用されれば，市場全体の競争条件に影響を与えうる。もしこの場合が三面的競争行為とされるならば，二面的競争行為の認否は，情報が市場内にて経済的に利用されたか否かといった紙一重の事実認定に左右される[64]。国際私法における単位法律関係の振り分けは，準拠法の決定を行うことが主目的である。本来実質法で行われるべき精密な類型化は却って法的安定性を害する。仮に客観的連結の場面でこれが認められるとしても，法的確実性の保障を主目的とする当事者自治の認否に関連し，精密な性質決定を求めることは適切ではないようにも考えられる[65]。そのため，二面的競争行為に法選択を認めるならば，その認定はより画一的になされる必要があろう。この点は今後，詳細に検討される必要があると思われる。

　次に三面的競争行為における法選択の排除の理由も問題となる。ローマⅡ規則と異なり，通則法は公共利益に関わる単位法律関係を規定しておらず，不法行為の一類型につき当事者自治を特別に排除する明文規定ももたない。したがって，純粋な文理解釈によれば，三面的競争行為を通則法の単位法律関係，特に17条の「不法行為」に含めると，同時に21条が適用されることとなり，当事者自治を排除できないことになりうる[66]。

　もっとも，当該競争行為を不法行為と性質決定しつつ，特別に21条の適用を排除するという解釈論はなお不可能でないであろう[67]。たしかに，17条，20条，21条はいずれも同じく「不法行為」を単位法律関係とする。しかし，主観的連結と客観的連結との連結政策の違いから，事後的法選択を認める21条だけが他の規定の趣旨・目的と異なるという理解はなお可能である。事実，21条は，現代不法行為法が，当事者間の利益調整を主目的とすることをひとつの理由に導

入された。それに対し，当事者以外の公的利益の保護も目的とする不正競争行為は，この理由が必ずしも該当しない法律関係といえる。したがって，少なくとも三面的競争行為については，21条の立法趣旨と抵触し，その適用の前提がないとして当事者自治を排除することはできるのではないかと考えられる。

3 知的財産権侵害

ローマⅡ規則は明文上，知財権侵害につき一律に当事者自治を排除する。たしかに，知財権の存否とその侵害要件は公共政策的側面があるため当事者自治の容認が難しいとされる。しかし，学説によって侵害効果は一般不法行為と同様に当事者自治の余地があると主張された。

わが国の判例には，特許権や著作権侵害につきその中核的内容については保護国法によるとし，損害賠償請求につき不法行為の連結政策により準拠法を決定するものがすでに存在する。たしかに通則法21条の適用が問題となった判例はまだないため，知財権侵害に当事者自治が妥当しうるかは明らかでない。しかし，判決の理由付けにおいて損害賠償が民事上の救済であることが強調されていることからすれば，21条の適用を認める可能性が全くないとまではいえないであろう。現状，わが国においても当事者自治を容認する見解が増えてきている。

もっとも仮にこれが認められるとしても，その許容範囲が侵害効果にとどめられるか，それとも侵害要件にまで広げられるかは問題となる。EUの学説の多くは，侵害効果にのみ法選択を認め，侵害要件にはもっぱら保護国法を適用すべきとする。しかしこれによれば，侵害効果と侵害要件とが別異の法に拠りうるため，その適用関係に複雑さを残す。また，当事者の選択しうる事項が狭きに失するため，結局保護国法の調査の比重が大きくなり，有用性にも疑問がある。むしろ法選択の有用性を追求するならば，侵害要件に係る保護国法の適用範囲を極力狭く解し，その反面として当事者自治の範囲を広げるべきと考えられる。

ただし，この解決に至るには種々の障害があることは否めない。侵害要件に当事者自治が認められないとされる理由は，これが知財権の内容といった根幹

自由論題

に関わり,属地主義または公共政策の枠内にあると解されたからである。これに関しては,侵害要件のすべてが真に国の公共政策に関わる問題であるのか,そしてその中から通常の抵触規定または当事者による法選択に能う要素を切り離すことができるのか,そしてそもそもの属地主義の妥当性等々,検討を要する点は少なくない。[74]

またこの問題は,判決の承認と執行の問題にも関わる。ある国にて複数の国における知財権侵害につき,当事者により選択された単一の法により一括して当該侵害の賠償ないしは差止を認める判決が下されたとしても,それが他国において承認・執行されるとは限らない。その判決が,選択された法により,執行国からみて自国の公共政策ないしは法の属地性に触れる内容の判断をしていた場合,その内容如何では公序を理由に執行拒絶されるか,判決の一部だけしか執行されない可能性があるからである。[75] したがって,当事者自治容認の議論は,一国の国際私法の解釈論の問題にとどまらず,複数国の知財法のあり方に関わる。最終的には国際的立法による解決が図られるべき問題といえよう。[76]

1) ABl. EG 2007 L 199/40.
2) この法選択の要件については,福井清貴「EU 国際不法行為法における当事者による事前の法選択」『上智法学論集』58巻2号(2014年)92頁以下参照。
3) これについては,本稿では扱わない。
4) KOM(2003)427 endg., S. 39. その理由として「知的財産の分野のために当事者自治の原則は適さない」という簡潔な一文があるのみである(a.a.O., S. 24)。
5) 「根拠がない」という一文が反対理由である。A6-0211/2005 endg., S. 19.
   また,不正競争行為については,欧州委員会提案が市場地法に連結する旨の特則を定めていたところ,欧州議会がそのような特則がなくても対応できるとしてその削除を提案した。当事者自治を許容することについて両者に見解の相違はみられなかった。
6) KOM(2006)83 endg.
7) ABl. EU 2006 C 289E/68.
8) ローマⅡ規則4条は,原則として不法行為債務につき,損害(結果)発生地法によるとしつつ(1項),加害者と被害者とが損害発生時に同一の国に常居所を有していたときには,その国の法によるとする(2項)。さらに1項と2項による準拠法所属国よりも明らかにより密接な関係のある地があるときには,その地の法によるとする(3項)。
9) ローマⅡ規則4条1項の損害発生地法は,不正競争の事例では,市場利益の侵害された地たる市場地法となる。そのため,6条1項における市場地法主義は,4条1項における損害発生地法をより具体化し明確化を図ったものとされる。ローマⅡ規則前文第21

段。より詳細には，Buchner, Rom II und das Internationale Immaterialgüter- und Wettbewerbrecht in: GRUR Int. 2005, S. 1009.
10) Staudinger/Fezer/Koos（2015），IntWirtschR, Rn 638f.; Dickinson, The Rome II Regulation（2008），Rn 6.12f.
11) Rauscher/Unberath/Cziupka/Pabst, EuZPR/EuIPR（2016），Art 6 Rom II-VO Rn 16f.; Huber/Illmer, Rome II Regulation（2011），Art. 6 para. 36.
12) 競争制限行為に係る説明ではあるが，Rauscher/Unberath/Cziupka/Pabst（Fn 11），Rn 12も参照。
13) Bauermann, Der Anknüpfungsgegenstand im europäischen Internationalen Lauterkeitsrecht（2015），S. 38.
14) Staudinger/Fezer/Koos（Fn 10），Rn 671; MüKo/Drexl 7. Aufl.（2018），IntLautR Rn 205; Graziano, Das auf außervertragliche Schuldverhältnisse anzuwendende Recht nach Inkrafttreten der Rom II-Verordnung in: RabelsZ 2009, S. 57; De Boer, Party Autonomy and its Limitations in the Rome II Regulation in: YbPIL, Vol. 9（2007），S. 24; Buchner（Fn 9），S. 1009.
15) ただし，Leible, Rechtswahl im IPR der außervertraglichen Schuldverhältnisse nach der Rom II-Verordnung in: RIW 2008, S. 257（259); Heiss/Loacker, Die Vergemeinschaftung des Kollisionsrechts durch Rom II in: JBl. 2007, S. 631は，ローマⅡ規則14条1項2文における第三者保護規定の存在を理由に，当事者自治の排除の可否を改めて検討すべき旨指摘する。しかし，この規定はあくまで法選択の効果が第三者に及ばないというにすぎず，当事者間の法選択は原則として有効のままである。そのため当事者間と第三者とで準拠法が異なりうることは避けられず，この規定でも市場内の取引条件の平等性を確保することはできない。したがって，法選択を排除することが一般に支持される。例えば，Bauermann（Fn 13），S. 36.
16) Rauscher/Unberath/Cziupka/Pabst（Fn 11），Rn 44.
17) Staudinger/Fezer/Koos（Fn 10），Rn 654; Graziano（Fn 14），S. 56.
18) 前掲（注 8) 参照。
19) ただし，学説上，4条2項の共通常居所地法の適用には批判が根強い。Staudinger/Fezer/Koos（Fn 10），Rn 665; Sack, RomII-VO und "bilaterales" unlauteres Wettbewerbsverhalten in: GRUR Int. 2012, S. 602f.
20) Dickinson（Fn 10），Rn 6.75; Leible（Fn 15），S. 259; Rauscher/Unberath/Cziupka/Pabst（Fn 11），Rn 49; Bauermann（Fn 13），S. 80. 目的論的解釈を理由に同様の結論を示すものとして，Heinze in: JurisPK-BGB 6. Aufl. 2013, Art. 6 Rom II-VO Rn 36.
21) Huber/Illmer（Fn 11），para. 54; De Boer（Fn 14），S. 24f.
22) Staudinger/Fezer/Koos（Fn 10），Rn 656.
23) Sack（Fn 19），S. 603; Staudinger/Fezer/Koos（Fn 10），Rn 671; Vogeler, Die freie Rechtswahl im Kollisionsrecht der außervertraglichen Schuldverhältnisse（2013），S. 100ff. さらに，MüKo/Drexl（Fn 14），Rn 206は，営業秘密の保護は二面的競争行為としてだけでなく知的財産権との関係で問題となる。そのため，第三者や公共利益が関わる

から当事者自治を排除すべきと主張する。
24) Heinze (Fn 20), Rn 36.
25) 肯定説によれば,二面的競争行為の有無に応じて当事者自治の認否が左右される。そのため,肯定説が具体的にどの場合を当該競争行為とするのかも重要論点となる。しかし検討範囲が過度に広がるため,本稿では扱えない。
26) 例えば,MüKo/Drexl 7. Aufl. (2018), IntImmGR Rn 10ff.; Rauscher/Unberath/Cziupka/Pabst, EuZPR/EuIPR (2016), Art 8 Rom II-VO Rn 20, 22; Leistner, The Law Applicable to Non-Contractual Obligations in: Leible/Ohly, Intellectual Property and Private International Law (2009), S. 99ff.; Vischer, Das Internationale Privatrecht des Immaterialgüterrechts nach dem schweizerischen IPR-Gesetzentwurf in: GRUR Int. 1987, S. 678f. ただし,保護国法には他の理解の仕方があることにつき,Matulionyte, Law Applicable to Copyright (2011), S. 58ff.
27) 具体的な例として,Richter, Parteiautonomie im Internationalen Immaterialgüterrecht (2017), S. 76f.
28) MüKo/Drexl (Fn 26), Rn 12; Huber/Illmer, Rome II Regulation (2011), Art 8 para. 29; Grünberger, Das Urheberrechtsstatut nach der Rom II-VO in: ZVglRWiss 2009, 152f.; Leistner (Fn 26), S. 100f. 権利侵害が特定の国で生じたか否かは,実質法のレベルで判断され,抵触法のレベルで判断されるわけではない。この点が,通常の国際私法における不法行為地法主義と異なるとされる。
29) 「保護国」は,各国実質法上登録を要するとされる工業所有権については,登録国と一致し,無方式で発生する著作権等については権利の侵害(または利用行為)地の国と一致する。
30) ローマⅡ規則前文第26段。より詳しくは,KOM (2003) 427 endg., S. 22ff.
31) 例えば,MüKo/Drexl (Fn 26), Rn 70ff.; Basedow/Metzger, Lex loci protectionis europea in: Festschrift für Boguslavskij (2004), S. 157f.; Boschiero, Infringement of Intellectual Property Rights in: YbPIL Vol. 9 (2007), S. 95f.
32) ただし,とくに著作権についてベルヌ条約から保護国法主義が直接に導かれうるか否かは賛否両論ある。例えば,田村善之編『新世代知的財産法政策学の創成』(2008年,有斐閣) 447頁以下 [横溝大] 参照。わが国の見解については,櫻田嘉章・道垣内正人編『注釈国際私法 第1巻』(有斐閣,2011年) 635頁以下 [道垣内正人]。
33) Staudinger/Fezer/Koos (Fn 10), Rn 891; MüKo/Drexl (Fn 26), Rn 186.
34) この考え方を示唆するものとして,Richter (Fn 27), S. 227f. ただし,Richter 自身は,知財権条約から抵触法規定を演繹する立場に立たないため (a.a.O., S. 34ff.),本文の考え方を結論的には支持していない。それに対し,わが国における本文と類似した見解として,金彦叔『国際知的財産権保護と法の抵触』(信山社,2011年) 250頁以下。
35) Matulionyte (Fn 26), S. 19; Staudinger/Fezer/Koos (Fn 10), Rn 885.
36) Grünberger (Fn 28), S. 145ff.; MüKo/Drexl (Fn 26), Rn 7; Buchner (Fn 9), S. 1005; Heiss/Loacker (Fn 15), S. 636; Matulionyte, Calling for Party Autonomy in Intellectual Property Infringement Cases in: JPIL, Vol. 9, No. 1 (2013), S. 83.

37) Staudinger/Fezer/Koos(Fn 10), Rn 923; Buchner(Fn 9), S. 1007f.
38) Sack, Das internationale Wettbewerbs- und Immaterialgüterrecht nach der EGBGB-Novelle in: WRP 2000, S. 284. Beckstein, Einschränkungen des Schutzlandprinzip (2010), S. 290f. も保護国法以外の法の適用が，権利の放棄を導きうると指摘する。Dickinson（Fn 10), Rn 8.54は法的な「真空状態」をもたしうるという。
39) Grünberger（Fn 28), S. 147.
40) Staudinger/Fezer/Koos（Fn 10), Rn 923; Rauscher/Unberath/Cziupka/Pabst（Fn 26), Rn 28; Basedow/Metzger（Fn 31), S. 160f.; Vogeler（Fn 23), S. 115f.; Graziano (Fn 14), S. 58; Leistner, (Fn 26), S. 105.
41) その他には，保護国法主義の下では，訴訟での権利主張の内容を操作することで当事者（原告）が準拠法を選択できるため（前掲注（27）本文以下参照），当事者自治の導入の意義がない旨指摘されることがある。Oppermann, Die kollisionsrechtliche Anknüpfung internationaler Urheberrechtsverletzungen（2011), S. 157. しかし，保護国法主義の下で原告に選択の余地があるのは請求の内容だけであり，その内容に応じて保護国法が変動するというにすぎない。それに対し，当事者自治は単一の準拠法を指定することにより，保護国法の属地的適用を無視しうる。この点で両者は性質を異にする。
42) 例えば，共同体商標（ABl. EU 2017 Nr. L154 von 16.06.2017）や共同体登録意匠 (ABl. EG 2002 Nr. L3 von 05.01.2002）等を挙げることができる。このような規則と抵触法の関係については，MüKo/Drexl（Fn 26), Rn 130ff. 参照。
43) 同規則130条。なお2017年前においては，102条がこの規定に当たる。
44) Staudinger/Fezer/Koos（Fn 10), Rn 956.
45) Staudinger/Fezer/Koos（Fn 10), Rn 962; Basedow/Metzger（Fn 31), S. 167f.
46) Leistner（Fn 26), S. 111ff.; Rauscher/Unberath/Cziupka/Pabst（Fn 26), Rn 29; Richter（Fn 27), S. 149; Leible（Fn 15), S. 259; Heiss/Loacker（Fn 15), S. 636. 同様の見解を主張しながらも解釈論上は困難とするものとして，Vogeler（Fn 23), S. 121; Huber/Illmer（Fn 28), Rn 42.
47) このうち，ローマⅡ規則は，知財権侵害の以外の問題（権利の発生，保護期間，原始的帰属等）を規律対象としていない（MüKo/Drexl（Fn 26), Rn 187; Leistner（Fn 26), S. 104; Boschiero（Fn 31), S. 102f.）。そのためこれらの問題は，あくまで各国の国内国際私法によることになる。それにもかかわらず，多くの国は知財権の上記問題につき保護国主義を採用するため，当該国々では結果的に知財権のすべての問題が保護国法によることになる（異論として，Schack, Urheber- und Urhebervertragsrecht 7. Aufl. (2015), Rn 1018）。それに対し，Grünberger（Fn 28), S. 160ff. は，以上の全要素がローマⅡ規則の規律対象であるという。
48) Leistner（Fn 26), S. 106; Grünberger（Fn 28), S. 176. Buchner（Fn 9), S. 1008は，属地主義の下では，知財権の全要素がもっぱら保護国法によらなければならないとし，侵害の法律効果のように一部の要素だけを切り離して準拠法決定することは許されないという。

49) 詳細は Richter（Fn 27），S. 214ff.
50) Matulionyte（Fn 36），S. 83f.; De Boer（Fn 14），S. 26; Leible（Fn 15），S. 259; Richter（Fn 27），S. 216; Matulionyte（Fn 36），S. 89.
51) MüKo/Drexl（Fn 26），Rn 271; Boschiero（Fn 31），S. 108; Richter（Fn 27），S. 231.
52) スイスの IPRG 草案に係る議論ではあるが，Vischer（Fn 26），S. 680.
53) Matulionyte（Fn 36），S. 89f. また仮に差止が公共利益に関わるとしても，公序の発動により対応できるという。
54) Richter（Fn 27），S. 223.
55) Boschiero（Fn 31），S. 107. また前掲（注50）（注51）にて引用した多くの説は，侵害要件について当事者自治を認めると明言しない。また，スイス IPRG の学説であるが，Vischer, Zürcher Kommentar zum IPRG, 2. Aufl.（2004），Art 110 Rn 13.
56) この問題については，例えば Heiss/Loacker（Fn 15），S. 634f.
57) 原告は請求権を特定の保護国のものに限定することができるため，必ずしもすべての保護国法を調査する必要はない。しかし，ある著作物に係る損害額が各々の国内では微々たるものであったとしても，世界全体でみれば，相当な損害額となることはありうる。
58) Matulionyte（Fn 26），S. 238f.; Richter（Fn 27），S. 251f.; Beckstein（Fn 38），S. 332ff.; MüKo/Drexl（Fn 26），Rn 343. いずれの見解も法選択を権利侵害の問題に限定する。知財権それ自体の成立や帰属関係等に法選択を認めることまで提唱しているわけではない。
　なお，著作権法につき属地性を否定し，その準拠法を保護国法ではなく本源国法によらしめる立場の中には，著作権の全要素に当事者自治を認めるものがある（Oppermann（Fn 41），S. 152f.）。しかし一般的な見解ではない。
59) ただし，Beckstein（Fn 38），S. 292ff. は，侵害要件と効果が公共政策に関わらないという理由で，保護国以外の法を適用可能とする。ユビキタス侵害の場合のみならず広く法選択の可能性を主張していると解される。
60) 以上の見解は，ALI 原則や CLIP 原則を参照しつつ提唱されていることも注目される。これらの立法提案については，河野俊行編『知的財産権と渉外民事訴訟』（弘文堂，2010年）10頁以下等参照。いずれの提案も，ユビキタス侵害における保護国法主義の弊害を解消することを試みる規定を置いており，当事者自治の導入にも積極的な立場に立つ。
61) 櫻田・道垣内編『前掲書』（注32）450頁［西谷祐子］とその脚注98に挙げられる文献参照。また，相澤吉春『国際不正競業法の研究』（大学教育出版，2016年）506頁は同様の分類をしつつ，とくに営業的（二面的）競争行為たる信用毀損につき，被害者の営業所所在地法を不法行為地法として適用すべきとする。
62) 櫻田・道垣内編『前掲書』（注32）452頁［西谷］。
63) ただし，通則法21条は事後的法選択のみを認める。たいていは訴訟にて法選択がなされるため，この問題性は事前の法選択が認められる場合と比して低くはなる。
64) Sack（Fn 19），S. 606.

65) 横溝大「抵触法における不正競争行為の取扱い」『知的財産法政策学研究』12号（2006年）235頁以下は，市場利益に係る日本法規定が絶対的強行法規として適用されうることを理由に，両競争行為をとくに分類することなく不法行為と性質決定し，いずれにも当事者自治を認める。
66) そのため，櫻田・道垣内編『前掲書』（注32）451頁［西谷］は，「条理」を援用する。
67) 嶋拓哉「国際的な不正競争行為を巡る法の適用関係について」『知的財産法政策学』37号（2012年）295頁以下も同旨。
68) 小出邦夫編『逐条解説　法の適用に関する通則法〔増補版〕』（商事法務，2014年）246頁。
69) 通則法21条の導入は，不法行為の主たる法律効果が金銭債権の発生であることも理由に挙げられる（小出編『前掲書』（注68）246頁）。しかしそのことを理由に，差止請求が認められる法律関係に21条が妥当しないとまでいうべきではない。差止および損害賠償の発生の可否は実質法上の適用結果の問題であり，抵触法上の性質決定の段階で評価されるべきではないからである。
70) 第三者保護規定の存在が，不正競争における当事者自治の容認の理由には必ずしもならない点については，前掲（注15）参照。
　なお通則法20条の適用も問題となる。しかし同条は，ローマⅡ規則4条2項と異なり，共通常居所地法の適用を強制しないため弊害は大きくない。出口耕自「国際不正競争の準拠法」『日本国際経済法学会年報』23号（2014年）117頁。
71) 特許権侵害につき，最判平成14年9月26日民集56巻7号1551頁。また，著作権侵害の近時の判決として例えば，知財高判平成28年6月22日判時2318号81頁。前者の判決は差止請求につき一般不法行為の抵触規定ではなく，保護国法を適用した。これに対する批判として，木棚照一『国際知的財産法入門』（日本評論社，2018年）163頁，駒田泰土「著作権をめぐる国際裁判管轄及び準拠法について」『国際私法年報』6号（2004年）74頁。
72) 木棚『前掲書』（注71）160頁，種村佑介『国際不法行為法の研究』（成文堂，2017年）354頁は，知財権侵害訴訟が当事者間にのみ影響を及ぼす種類の紛争にすぎないことを理由に，当事者自治を認めうるとする。また，烏吉木「特許権侵害の準拠法」松岡編『国際知的財産法の潮流』（帝塚山大学出版会，2008年）111頁は，特許権侵害の救済に当事者自治を許容する。道垣内正人「特許権をめぐる国際私法上の問題」知財管理60巻6号（2010年）887頁は，損害賠償額の算定についてこれを認める。申美穂「いわゆる『知的財産法における属地主義』の多義性とその妥当性」国際私法年報9号（2008年）262頁以下は，属地主義が妥当しないことを理由に侵害効果のうち損害賠償に当事者自治を認めつつ，差止請求は保護国法によるとする（ただし，申美穂「法の適用に関する通則法における特許権侵害」特許研究57号（2014年）37頁にて改説）。以上に対し，櫻田・道垣内編『前掲書』（注32）455頁［西谷］，金『前掲書』（注34）251頁は当事者自治に否定的であり，もっぱら保護国法によるとする。
73) この点，木棚照一編著『知的財産の国際私法原則研究』（成文堂，2012年）29頁以下は，知財権のほとんどの事項に当事者自治を認める。また前掲（注72）に挙げた諸『論

文』も参照。
74) Beckstein (Fn 38), S. 300f. はこれを可能だとし，保護国法主義の範囲を限定しようとする。同様の試みとして，特許権につき申「前掲論文」(注72) 33頁以下。
75) この点につき Peinze, Internationales Urheberrecht in Deutschland und England (2002), S. 210ff., 367ff. この問題は，侵害要件のみならず差止請求に当事者自治を認めた場合にも生じうる。
76) 侵害要件と侵害効果の両方に当事者自治を認めようとする Richter (Fn 27), S. 252は，EU レベルの法統一で，承認と執行の懸念を払拭できるとする。

(明治大学法学部専任講師)

自由論題

植物検疫上の国際紛争の解決
―― WTO 紛争解決手続を使用しないという選択――[1]

舟 木 康 郎

Ⅰ　はじめに――問題の所在
Ⅱ　植物検疫と国際的枠組
Ⅲ　植物検疫上の紛争解決制度の特徴の比較と制度選択
　1　IPPC-DS と WTO-DS の比較
　2　植物検疫の紛争解決における制度選択
　3　IPPC-DS の活用事例：EU ―南ア CBS のケース
Ⅳ　SPS 委員会における新たな動き
Ⅴ　おわりに

Ⅰ　はじめに――問題の所在

　現代の国際社会には複数の紛争解決制度が並存しており、国家による制度選択が生じる要因・理由を検証することが重要な課題のひとつとなっている[2]。貿易紛争分野においては、世界貿易機関（WTO）の紛争解決手続（WTO-DS）[3]と自由貿易協定上の紛争解決手続の並存についての先行研究が多いが[4]、本報告では、貿易紛争の中でも植物検疫という、紛争に科学・技術的要素を伴う分野に着目し、同分野に関する紛争解決制度を比較し、国家による制度選択、とりわけ WTO-DS を使用しない紛争解決の方法の選択の要因を分析する。

　植物検疫とは国への新たな病害虫の侵入・まん延や国の一部に発生している病害虫の拡大を防ぐための活動である。植物検疫に関する国際条約としては 1952 年に発効した国際植物防疫条約（International Plant Protection Convention: IPPC）が存在する。同条約には紛争解決制度が備わっていて、植物検疫上の紛争解決にあたっては、国家は WTO システム内における紛争解決の枠組以外に、この制度を選択することも可能である。

　WTO-DS では、法律の専門家や外交官などが紛争解決のパネルの委員となり報告書を作成する。一方、IPPC の紛争解決制度（IPPC-DS）の下では、科

学・技術の専門家からなる専門家委員会が係争中の問題を検討し,紛争の技術的側面に関する報告を作成して,紛争当事国に勧告を行うこととなっている。このように,IPPC-DS は WTO-DS のような,いわば裁判的な紛争解決ではない,科学・技術専門家の知見によって紛争解決を図る制度である[5]。IPPC-DS はこれまで正式には選択されていなかったものの,最近になってこれを選択しようとする国家が現れた。国際法の観点からは,WTO 協定のひとつであり,食品安全や動物衛生,植物検疫問題を扱う「衛生植物検疫措置の適用に関する協定(SPS 協定)」が科学的意思決定モデルを採用した国際法の代表例であるとされ[6],また,貿易上の紛争解決は WTO-DS により行うことが一般的である。こうした中,なぜ,IPPC-DS が選択される事例が現れたのだろうか。

　以下では,まず,植物検疫に関する国際的枠組の形成過程を概観するとともに,IPPC について特に紛争解決に関する部分を中心に概説する。次に,植物検疫に関する紛争解決制度の特徴をそれぞれの法化レベルの違いから整理する[7]。そのような特徴を踏まえ,国家がそれぞれの紛争解決制度を選択する際には,まずは SPS 委員会に問題を持ち込むことが多いこと,及びそのような状況の中でも案件によっては,国家は非公式に IPPC に対して問題解決のための支援要請を行ってきたことを指摘する。その上で,IPPC-DS が公式に選択された初の事例となった,南アフリカ共和国から EU に輸入されるカンキツに生じる植物病害を巡る問題についてその選択の理由を明らかにする。最後に,最近の SPS 委員会におけるグッド・オフィスに関する手続の策定の動きや同委員会における IPPC-DS の活用の促進を意図した動き等を紹介した上で,WTO-DS を使用せずに植物検疫上の国際紛争の解決を試みる意義について考察を行うこととしたい。

II　植物検疫と国際的枠組

　海外からの植物病害虫の侵入は国家の安全保障,経済安全保障,バイオセキュリティなどの脅威となりうる。植物病害虫は輸出される農産物に伴って侵入してくるため,輸入国側だけで措置を講じていても侵入を防止することが難しい場合が多く,実際に過去に多くの国で侵入病害虫による農産物の被害に悩

まされるようになっていった。こうした背景から，輸出国側と協力して侵入を防いでいく必要性が徐々に認識され，19世紀後半から植物検疫に関する国際的枠組の整備が進み，1952年には植物防疫に関する国際協力のための条約としてIPPCが発効した。[8]

植物検疫に関する国際的枠組にはもうひとつ，SPS協定が存在する。これはWTO協定のひとつとして1995年に発効している。SPS協定においては，国の権利として人，動物及び植物の健康を保護するために必要な衛生植物検疫措置をとることを認めた上で，国の義務として，そうした措置は科学的根拠に基づいてとること等が定められている（SPS協定2条1項及び2項）。

IPPCとWTO/SPS協定の特徴を対比させるとすれば，IPPCは侵入病害虫から植物を保護することが大きな目的であり，SPS協定は，そうした措置をとることは国の権利であるとしつつ，当該措置が「保護主義目的で乱用されたり，国際貿易に不必要な障壁をもたらされたりしないことを確保すること[9]」を基本的な目的としていると言えるであろう。

IPPCとWTO/SPS協定には関係性が生じている。すなわち，植物の健康に関する国際基準の策定については，SPS協定の策定と同時にIPPCが国際基準の設定機関として位置付けられた。[10]

他方，紛争解決制度部分については，SPSに関する紛争解決制度として，他の国際機関の紛争解決制度の利用についても妨げない旨も記載されることとなり（SPS協定11条3項），これによって，IPPC-DSはWTO-DSと併存することとなった。その後，IPPCは1997年に改正され，IPPC-DSにおいては，技術的側面に関する報告書（a report on the technical aspects of the dispute）を作成すると記載されることとなり，技術的な解決を目指す制度であることが明示的なものとなった。また，専門家委員会の報告書の承認方法，専門家委員名簿（Expert Rosters）への専門家の登録方法，専門家委員会を構成する専門家の選出方法等に関し，IPPC-DSの手続の詳細がIPPC紛争解決手続（IPPC Dispute Settlement Procedures）として整備されていった。[11]

こうして，植物検疫上の紛争解決に関し，WTOシステムの内側に位置する紛争解決制度としてWTO-DS及びSPS協定12条2項に基づくSPS委員会に

自由論題

おける提起等が,同システムの外側の制度として IPPC-DS が併存することとなった。

IPPC の目的は,植物及び植物生産物に対する病害虫のまん延及び侵入を防止し,病害虫の防除のための適切な措置を促進するための共同かつ有効な措置を確保することである (IPPC 1 条)。IPPC は植物及び植物生産物の輸出時に特定の病害虫が付着していないことを証明する植物検疫証明書の発給に関する事項等,締約国における公的な植物防疫機関の主要な責務について定める (4 条及び5 条) とともに,締約国に規制の主権的権限があるとした上で,必要かつ技術的に正当なものでない限り植物検疫措置をとってはならない旨規定している (7条)。SPS 協定の発効 (1995年) 後の1997年の IPPC の改正によって,国際基準の策定と採択に関する条文 (10条~12条) が追加された。また,IPPC-DS は13条 (Settlement of disputes (紛争の解決)) に規定される。その概要は以下のとおりである。

まず,13条1項においては,植物検疫証明書や輸入に関する要件に関し,特に締約国から輸出される植物や植物製品の輸入の禁止あるいは制限の根拠に関する義務に違反すると認める場合に,関係締約国は紛争解決のため当該関係締約国間でできる限り速やかに協議しなければならない ("……the contracting parties concerned shall consult among themselves as soon as possible with a view to resolving the dispute") とされる[12]。これにより紛争が解決されない場合には,関係国は国連食糧農業機関 (Food and Agriculture Organization: FAO) 事務局長に対し,係争中の問題について審議するための専門家委員会を任命するよう要請することができる (同条2項)。同専門家委員会には,関係締約国が指名する代表を含める必要がある。専門家委員会は,解決のため紛争の技術的側面に関する報告を作成する。同報告は当該関係締約国に送付されるし,要請に応じ貿易紛争の解決に責任を有する国際機関の管轄組織 (Competent body) にも提出されうる (同条3項)。専門家委員会の勧告は,拘束力を有さないものの,意見の不一致を生じさせた事項についての関係締約国による再考の基礎となる (同条4項)。この条 (13条) の規定は,貿易問題を処理する他の国際協定に定める紛争解決手続を補完するものであるが,これを逸脱するものではないとされる

(同条6項)。

III 植物検疫上の紛争解決制度の特徴の比較と制度選択[13]

1 IPPC-DS と WTO-DS の比較

　IPPC-DS は WTO-DS と様々な異なる特徴を有している。両者の最も大きな違いは，法的義務化・対抗措置の有無と科学・技術専門家の関与の程度であろう。まず，法的義務化に関し，手続面に関しては WTO-DS の場合，パネルの設置には「ネガティブ・コンセンサス」方式が採用されているが，IPPC-DS の場合には，WTO のパネルに相当する専門家委員会の設置には当事国の合意が必要な「コンセンサス方式」が採用されている。また，WTO-DS の場合，その勧告については高い法的拘束力があり，また，対抗措置の規定を有するのに対し，IPPC-DS の場合，専門家委員会の勧告には拘束力は無く，また，対抗措置についての記載も無い。このように，IPPC-DS は，WTO-DS と比較し法化の程度が非常に低い制度と言える。

　SPS 委員会については，衛生植物検疫措置に関する貿易問題が生じた場合には WTO-DS の活用を開始する前に，できる限り SPS 委員会において議論することが加盟国により合意されている[14]。すなわち，SPS 委員会に関する紛争解決についての規定は努力規定にすぎず，手続的にも決定内容にも法的拘束力はない。

　次に，科学・技術専門家の関与についてみると，WTO-DS の場合には，SPS 協定11条2項において科学・技術的な問題を含む紛争においては，専門家からの助言を求めるべきとなっており，専門家の役割は助言に限定される。パネル報告書は専門家による意見を踏まえつつも，主に法律家や外交官などにより構成されるパネルが作成する。これに対し，IPPC-DS の場合，科学・技術の専門家からなる専門家委員会が紛争の技術的側面に関し勧告等を含む報告書を作成する。

　また，SPS 協定の場合，科学・技術専門家の関与については，SPS 協定12条3項において SPS 委員会は科学・技術上の助言を得るため，関連国際機関と密接な連絡を維持するとされていて，過去には実際にこれらの国際機関が SPS

自由論題

委員会における特別の貿易上の関心事項（STC）の議論において専門的知見を提供している[15]。しかしながら，STC の紛争解決の主体は当事国であることから，IPPC-DS と比較すれば SPS 委員会（特に STC）における第三者的立場からの科学・技術専門家の関与は，低いものと考えるのが妥当であろう。

2　植物検疫の紛争解決における制度選択

　国際制度が各分野において複数形成されるようになると，その結果として国家等のアクターにとって制度を選択する必要性が生じる。すでに述べてきているとおり，植物検疫上の紛争解決についても国家が選択しうる複数の紛争解決制度がある。以下では，2018年3月末時点で得られる情報を基に，植物検疫分野において制度選択がどのように行われているのかを分析する。

　植物検疫に関する貿易上の懸念（主に輸入国側が講じている植物検疫措置に対する輸出国側の懸念）が生じると，最初のステップとしては通常，2カ国間で協議がなされる場合が多い。

　2カ国間協議で行き詰まった場合や，案件の重要性が高い場合等においては，植物検疫措置による影響を懸念する国（主に輸出国）から，SPS 委員会においてSTC の提起がなされる場合が多かった（表1，107件）。植物検疫上の紛争の場合には WTO-DS に持ち込まれた案件がこれまで計7件あるが，これら全ての案件について確認したところ，全てにおいて，まず SPS 委員会における STC の提起が選択され，その後，WTO-DS が選択されていた。

　他方，IPPC-DS が選択される場合—以下に述べる南アと EU 間の1件しか無い—場合においても，やはりまず2カ国間協議が実施され，それに続き SPS 委員会での懸念の表明がなされ，その後に IPPC-DS の下での協議へと進んでいる。SPS 委員会においては，STC の提起の他，SPS 協定12条2項の運用上の制度のひとつであり，SPS 委員会の議長が案件に直接関係している加盟国の要請を受けて，当事国による問題解決を支援する「グッド・オフィス（Good Office）」という制度がある[16]。このグッド・オフィスの活用は植物検疫については2件と，あまり活用されていないと言える[17]。

　IPPC における支援要請は9件行われていた。これらの案件と STC には何

表1　植物検疫上の紛争における紛争解決制度のに活用について

WTO/SPS 協定		IPPC
SPS 委員会	DS	
・グッド・オフィス（2） ・STC（Specific Trade Concern）（107）	・WTO 協議（7） ・WTO パネル（3） ・上級委員会（3）	・支援要請（9） ・公式協議（1） ・専門家委員会（0）

注：（　）内は使用頻度。STC の場合，案件が同じである場合，複数回提起されても1件としてカウントしている。
出典：SPS-IMS, IPPC（2013）

らかの関係性はあるのであろうか。

表2には，IPPC 紛争案件と，それに類似する STC の関係を示した。IPPC 紛争案件の場合，関連の加盟国名が非公開となっていることから，STC の案件の中に IPPC 紛争案件と同一と思われる案件が見られた場合であっても，それらが本当に同一の案件であるか否かは明らかでない。その前提の下で，ここでは IPPC 紛争案件と，対象となる産品と病害虫の組合せがほぼ同一である類似の STC を抽出した。類似の STC が複数ある場合には，IPPC に支援要請があった時期に近い STC を選定した。

この表による IPPC 紛争案件と STC の比較により，IPPC 紛争案件の中で品目が特定されている案件のうち，少なくともタロを除く6件については，類似の STC が SPS 委員会において議論されていることが分かる。さらに，IPPC 紛争案件のうち，1997年に支援要請のなされたコメ（病害虫：ヒメアカカツオブシムシ及び *Tilletia barclayana*）や1998年に支援要請のなされたココナッツ（病害虫：Coconut lethal yellows（LYD））については，全く同じ案件を扱った STC が存在するように見える。また，IPPC 紛争案件にあるカンキツ（病害虫：カンキツ黒星病）については，後に述べるとおり，同一の案件である。

これらの結果から，IPPC 紛争案件と類似（あるいは同一）の紛争案件は，ほぼ SPS 委員会の STC として提起されうると考えられた。他方，IPPC 紛争案件と類似の案件が WTO-DS が活用された案件に含まれるか確認したところ，そのような案件は無いことが確認された。

以上から，国家（輸出国）は輸入国側との間で植物検疫上の紛争が生じた場

自由論題

合には，SPS委員会におけるSTCの提起を選択しつつも，案件によってはIPPCへの支援要請も併せて行う等，戦略的な制度選択を行っている様子が浮かび上がる。また，IPPCに支援要請がなされた案件は全てWTO-DSに至っていない案件であることから，紛争としては軽微な，あるいはWTO-DSに持ち込むことにより，尖鋭化させたくない類の案件であったであろうと推察される。

2010年になり，IPPC-DSを公式に選択するケースが初めて現れた。以下ではこのケースについて概説する。[19]

3　IPPC-DSの活用事例：EU―南ア CBS のケース

IPPC-DSが活用されたのは，EUによる南アフリカ共和国からのカンキツの輸入に関する植物検疫上の紛争案件（以下，「EU―南アCBS」という）であった。本件は，*Phyllosticta citricarpa*という，カビの一種である植物病原菌により生じるカンキツ黒星病（Citrus Black Spot: CBS）を巡る問題である。CBSは南アには発生しているが，EUには未発生である。[20] *P. citricarpa*がカンキツに感染すると，カンキツ生果実の表面に黒点が多数発生するため，商品価値が著しく損なわれる。[21] EUにはカンキツの生産地が多数あり，*P. citricarpa*がEU域内に侵入すると甚大な被害が生じると考えられることから，EUは*P. citricarpa*について検疫措置を講じている。

南アからのEUへのカンキツの輸出量は年間60万トン前後で推移している。[22]これは南ア産全体のカンキツの輸出量の45%～50%を占めており，南アにとってEUは最も大きなカンキツの輸出市場となっている。[23] 他方，EU側から見た場合，南アはEU全体の主要カンキツの輸入量の約3割を占めている。[24]

1992年，EUが統一市場化し，EUはEU域内で調和した植物検疫規則を採用した。[25]

CBSに関しては，EUは南アと協議を行い，カンキツ生果実の各荷口に「南アからEUに輸入するカンキツ生果実にはCBSが存在しない」旨を付記した植物検疫証明書を添付することを義務付けた。[26]

WTO設立後の1997年，EUがCBSを含むそれまでの植物検疫措置に修正を

加える通知を行った際，南アはSPS委員会において，カンキツの国際貿易においてカンキツ生果実はCBSの感染源になりえないとの趣旨のステートメントを配布した。[27]

しかしながら，このような南アの主張にかかわらず2000年，EUはEU加盟国がEU以外の国からのカンキツの輸入を行う際に，以下の4つのいずれかを採用するよう義務付けた。

具体的にはEUは，EUへカンキツを輸出する国に対し，以下を求めた。[28]
① *P. citricarpa* の無発生国であること
② CBSが発生していない地域からの輸入であること
③ 前回の収穫期開始以降，CBSの発生がなく，公的検査でCBSが生果実に発生していないことが確認されていること
④ *P. citricarpa* に対して（殺菌剤噴霧などの）適切な処理がなされた果樹園からの生果実であって，公的検査でCBSが発生していないことが確認されていること

南アはこれに対し，EUの措置は科学的根拠を欠くと反論を行った。南アは，*P. citricarpa* が仮にEUに侵入しても，気候条件が異なるのでEU内に定着することは無いとし，その根拠となる科学的データをEUに提出した。しかしながら，EUは，病害虫リスクアナリシスを行った結果として，*P. citricarpa* がEUに侵入すればEUのカンキツ生産地への定着はありうるとした。これに関し，2カ国（地域）間での解決が困難であったため，その後，2010年になって南アはIPPC-DSの下での協議を要請した。[29] 南ア（南アの生産者組合の代表のコメント）はその理由を，IPPC-DSは技術的問題の協議の場であること，WTOによる紛争解決にはより経費がかかり，小国にとっては提訴が困難であること，WTOの場はより対立的であることの3点を挙げている。[30] 2013年の協議においてEUは南ア産カンキツのCBSについてリスクの再評価を行うこととし，南アはその結果を待つこととなった。[31] 2013年6月，南アはSPS委員会の場で，CBSの感染した南ア産カンキツに対するEUの輸入検疫措置をSTCとして取り上げた。[32] しかしながら，2014年になってEUによるリスク評価結果が公表されたものの，その評価結果はそれまでのものと大きく変わらず，葉の

表2 IPPCに対して

IPPCへの支援要請案件			
産品・事項名	病害虫	要請時期 (年／月)	解決の状況 (年／月)
コプラ（ココナッツ）	Coconut lethal yellows (LYD)[2]	1996	不明
コメ	ヒメアカカツオブシムシ (*Trogoderma granarium*) 及び *Tilletia*[3] *barclayana*	1997	不明
ココナッツ	Coconut lethal yellows (LYD)	1998	1999
コメ	ヒメアカカツオブシムシ (*Trogoderma granarium*)	1999	不明
コメ	ヒメアカカツオブシムシ (*Trogoderma granarium*)	2005	不明
タロ		2006/4	2007
植物検疫証明書		2006/11	2007/3
証明手続		2007/6	不明
カンキツ	カンキツ黒星病（Citrus black spot: *Phyllosticta citricarpa*）	2010/6	継続中

注1：IPPCへの支援要請については加盟国名は非公開。
注2：ココナッツのファイトプラズマによる病気。
注3：*Tilletia* は黒穂病を引き起こす病原菌。
注4：ただし，南アはSTCではないものの，1997年に既にSPS協定において本件に関する懸念を
出典：IPPC (2013), SPS-IMS (1995-2013)

付いていないカンキツ生果実からの *P. citricarpa* の侵入，定着及びまん延のリスクはそれぞれ「中程度に起こりうる（moderately likely）」というものであった。[33] さらにEUは，2013年における南ア産カンキツからのCBSの検出件数の多さとPRAの結果を踏まえ，2014年5月，南ア産のカンキツ生果実に対する規制を更に強化する旨のプレスリリースを行った。[34]

 2014年になって，IPPC-DSのための専門家委員会の設置に向け，IPPCにより専門家のノミネーションのアナウンスがなされた。[35] IPPC-DSの場合はWTO-DSと異なり，専門家委員会の設置には当事国である両者の合意が無いと設置に至らない。このことから，文書としては公表されていないものの，南アとEUが専門家委員会の設置に合意してこのような動きとなったことが伺える。IPPC事務局は，計3回，CBS問題を扱う専門家のノミネーションのアナウンスを行った。しかしながら，結果的に専門家のノミネーションがなされな

支援要請のあった植物検疫上の紛争

		類似のSTCの例				
番号	産品・事項名	病害虫	要請時期 (年／月)	解決の状況 (年／月)	提起国	被提起国
46	ココナッツ	Coconut lethal yellows (LYD)	1998	未報告	フィリピン	ブラジル
36	コメ	ヒメアカカツオブシムシ及び *Tilletia barclayana*	1997	2002	タイ	メキシコ
46	ココナッツ	Coconut lethal yellows (LYD)	1998	未報告	フィリピン	ブラジル
36	コメ	ヒメアカカツオブシムシ及び *Tilletia barclayana*	1997	2002	タイ	メキシコ
270	コメ	ヒメアカカツオブシムシを含む複数の病害虫	2008	2010	パキスタン	メキシコ
		類似のSTCは無い				
356	カンキツ	カンキツ黒星病 (Citrus black spot: *Phyllosticta citricarpa*)	2013[4]	未報告	南アフリカ	EU

示すステートメントを配布している。

かった[36]ことから，専門家委員会の開催に至っていない（2018年3月末時点）。CBSのリスク評価はEUでは，欧州食品安全機関植物検疫専門家パネルでなされ，EU内の専門家21名がこれに参加した[37]。他方，南アは，南ア，ブラジル，アルゼンチン，米国及び豪州の計30名以上の専門家からなるCBS専門家パネルを独自に形成し，CBSのリスク評価を実施した[38]。これら両サイドに属さない専門家のノミネーションが困難となってしまい，本件に関する更なる動きは見られない状況となっている[39]。

IV SPS委員会における新たな動き

IPPC-DSの活用の動き以外にも，最近になり，SPS委員会においても前述したグッド・オフィスの活用に関する新たな動きがあった。SPS委員会のグッド・オフィスについては，これまで3件しか活用されておらず，このうち，2

件が植物検疫に関する案件であった。ひとつがアルゼンチン，チリ，EU，南ア及びウルグアイによる，EU の採っていたカンキツかいよう病に関するカンキツへの植物検疫措置に対する懸念について，もうひとつが，米国による，ポーランドが小麦及び油糧種子について維持していた措置（雑草種子の混入に対する許容率）に対する懸念であった[40]。

2007年，グッド・オフィスの更なる活用を意図して WTO 事務局から，SPS 協定12条 2 項の細則を作る提案がなされ，2008年にはこれに賛同した米国及びアルゼンチンが細則の具体案を提案した[41]。米国・アルゼンチンの提案理由は，手続規則があれば，グッド・オフィスの活用が増えるであろうというものであった[42]。2009年に WTO 事務局が手続の細則案のドラフトを草案し，2014年 9 月，SPS 委員会において「加盟国間で SPS 協定12条 2 項に沿って特定の衛生植物検疫に係る問題の解決を奨励し，促進するための手続（Procedure to Encourage and Facilitate the Resolution of Specific Sanitary or Phytosanitary Issues among Members in accordance with Article 12.2)」が公式に採択された[43]。手続については，SPS 委員会での STC の提起と WTO-DS との間を橋渡しする役目が期待されており，手続，結果ともに法的拘束力が無いものの，協議は180日を超えるべきではないといった期限も記載された[44]。その他，通常，SPS 委員会の議長がファシリテーターを務めること，全てのやり取りは非公開であること，議長は協議の結果（general outcome）を SPS 委員会に報告すること等，手続に関する詳細が記載された。

また，上記以外の動きとして注目されるのは，2016年 6 月の SPS 委員会において，イスラエルが IPPC-DS については紛争回避（Dispute avoidance）メカニズムとして活用し得るし，これを活用すべきであることを主張し，米国，及び南アがこれに同調したことである[45]。ただし，南アは自らの経験をもとに，IPPC-DS については改善を図る必要があることを併せて述べている。このように，IPPC-DS の活用については，その活用目的は紛争の解決というよりも，むしろ紛争に至る前のステップでの紛争回避にあるとされつつも，その活用についての期待は高まってきている。

V おわりに

　本稿では，WTO-DS を使用せずに植物検疫上の紛争を解決する試みを中心に論考してきた。これらをまとめると以下のとおりである。第1に，WTO/SPS 協定の DS と IPPC-DS の併存については，IPPC-DS は，植物検疫の技術的側面を扱う制度として法的事項を争う WTO-DS を補完する形で発展し，併存することとなったと言えよう。

　第2に，植物検疫上の紛争では，多くの場合，国家は紛争解決の場として，まず，SPS 協定での STC の提起を行うものの，同時に案件によっては WTO システムの外側において，IPPC への非公式な支援要請や IPPC-DS の下での協議を実施しており，案件の解決を戦略的に図っている様子が確認された。

　第3に，南アが紛争解決の場として IPPC-DS を選択した理由としては，南アと EU の双方に技術的解決を望む意思があって，かつ，南アに WTO-DS を選択しにくい事情，すなわち，コスト面や EU との関係性等があったと考えられた。

　第4に，最近の動きとして WTO-DS の使用を避けて，SPS 委員会や IPPC-DS を選択し，紛争の解決を図る動きが見られるようになってきた。これは，これまで貿易問題の解決には WTO-DS が機能し，多くの研究者は「WTO＝WTO-DS」と認識してきたところであるが[46]，そうではないケースが見られるようになってきていることを示唆している。特に IPPC-DS は，法律の専門家を必要としない紛争解決制度であるため，費用がより少なくて済む可能性があり[47]，さらに案件を尖鋭化させずに友好的な解決を目指すことも可能とする制度である。国際法学者は，このような科学・技術の専門家による紛争解決制度による紛争案件の解決事例や，技術的解釈を WTO での衛生植物検疫分野の解決に役立てうる可能性について注目してきている[48]。科学・技術を伴う紛争が生じうる他の分野（例えば TBT 協定の分野）においてもこのような特徴を有した紛争解決制度の設立と活用がなされるのであれば，今後更に国際的な相互依存が進み，各国との安定的な関係が一層重要視されると予想される中で，貿易上の紛争問題の解決の一助となる可能性がある。

　ただし，本稿で紹介した EU―南ア CBS のケースのように，案件が国際的

自由論題

に大きく注目されて、さらに各国の多くの専門家が関与してリスク評価が実施されているような場合には、対象となる案件に関する世界中の多くの専門家がすでに輸入国側、あるいは輸出国側のリスク評価に参加していて、中立的な専門家を見つけることが難しいような事態が発生している。これについては、科学・技術専門家による紛争解決の限界を示すものとも捉えられよう。

こうした観点からは、IPPC事務局による説明や上述のSPS委員会における参加国からの提起にもあったように、IPPC-DSについては、むしろ植物検疫措置に関する協議案件が紛争案件となる前の段階での「紛争回避（Dispute avoidance）」メカニズムとして活用するのが効果的であると考えられる。そもそもWTOにおける紛争解決は貿易上の紛争を解決し、輸出入の円滑化を目指すことを意図したものであることを踏まえれば、この点にこそ、IPPC-DSの存在価値が見出せるだろう。

また、IPPCを紛争解決に活用すべきなのは、科学・技術の専門的知見をより必要とし、かつ、紛争解決に必要なコストを抑える必要があると考えられる途上国なのかもしれない。これは、第2表において紛争案件をIPPCに持ち込んでいるのが全て途上国であることからも示唆される。そうとは言え、SPS委員会において先進国（イスラエル及び米国）がIPPC-DSの一層の活用を支持していることは興味深い。

他方、SPS委員会においてはグッド・オフィス等についての手続規則が整備され、案件に直接関係している加盟国間で議論を非公式に実施しうる機会が提供されている。グッド・オフィスにおいては外部からの科学的知見のインプットが可能であることから、ある意味IPPC-DSと近い特性を有していると考えられる。IPPC-DSとグッド・オフィス（及びSPS委員長による2014年手続）の大きな違いは、前者については主要アクターが科学・技術の専門家に限定されるのに対し、後者については当事国の外交官も主体的に出席することが想定され、前者よりは「交渉」に近い側面を持ちうることであろう。また、後者はWTOシステムの枠内の制度であることから、常に背後にあるWTO-DSへの案件の移行が当事国（特に植物検疫措置を実施している輸入国側）へのプレッシャーとして存在することも前者との違いであると考えられる。

本稿では，WTO-DS を使用しない植物検疫上の紛争解決について，それらの実施される制度の特徴と制度選択の現状を中心に論じた。最後に植物検疫上の紛争解決制度については，世界の広範な国々が活用しうるこれらの制度の他に，地域的（"regional"）な紛争解決制度が存在し，その中でも代表的なソフトな紛争解決制度として，地域植物防疫機関（RPPOs）の紛争解決制度，ハードな紛争解決制度としては北米自由貿易協定（NAFTA）等があることを指摘しておきたい。RPPOs の紛争解決制度のうち，米国，カナダ及びメキシコが加盟している北米地域植物防疫機関（NAPPO）の紛争解決制度については，過去に米国カリフォルニア産核果類のメキシコへの輸入に関する検疫病害虫の扱いに関する科学・技術的事項を伴う紛争解決に活用された事例がある[50]。しかしながら，同紛争解決制度で扱った案件の報告書は加盟国のみで共有され，公表されるのは概要のみであり，多くの情報を入手するのは難しい[51]。また，NAPPO の紛争解決制度との比較対象となりそうな NAFTA の紛争解決制度については植物検疫上の紛争への適用実績は無いことから，現状での制度選択上の比較分析はあまり意味をなさない。こうした点から，本稿では，地域的（"regional"）な植物検疫上の紛争解決制度については今後のそれらの活用状況によっては将来的には制度選択を研究する上での重要なオプションとなりうることのみを指摘しておく。

1) 本稿は，政策研究大学院大学に提出した博士論文「植物検疫に関する国際紛争における制度選択」（2016年）の成果の一部につき，情報をアップデートした上で報告した，日本国際経済法学会第27回研究大会（2017年10月15日，一橋大学）における筆者の研究報告に加筆修正を行ったものである。
2) 内記香子「「貿易と環境」問題とレジーム間の相互作用―― WTO と国際基準設定機関の関係から――」『国際政治』153号（2008年）110頁。
3) ここでいう WTO-DS とは，「紛争解決に係る規則及び手続に関する了解」（"Understanding on Rules and Procedures Governing the Settlement of Disputes"）の下で進められる協議，パネル及び上級委員会の一連の手続を指すものとする。
4) David A. Gantz, "Dispute Settlement Under the NAFTA and the WTO: Choice of Forum Opportunities and Risks for the NAFTA Parties," *American University International Law Review*, Vol. 14, No. 4（1999）; 川瀬剛志「WTO と地域経済統合体の紛争解決手続の競合と調整――フォーラム選択条項の比較・検討を中心として――」

自由論題

『RIETI Discussion Paper Series』07-J-050（2007年）など参照。
5) 動物衛生分野においても，国際獣疫事務局（OIE）に IPPC と同様の紛争解決制度が存在し，その機能は IPPC のそれと類似している。
6) Jacqueline Peel, *Science and Risk Regulation in International Law* (Cambridge University Press, 2010), p. 7.
7) 法化（Legalization）については，Kenneth W. Abbott, Robert O. Keohane, Andrew Moravcsik, Anne-Marie Slaughter and Duncan Snidal, "The Concept of Legalization," *International Organization*, Vol. 54, No. 3 (2000), pp. 401-419; Robert O. Keohane, Andrew Moravcsik, and Anne-Marie Slaughter, "Legalized Dispute Resolution: Interstate and Transnational," *International Organization*, Vol. 54, No. 3 (2000), pp. 457-488 など参照。
8) George H. Berg, *Plant Quarantine Theory and Practice* (OIRSA, 1991); Macleod, Alan, Marco Pautasso, Mike J. Jeger and Roy Haines-Young, "Evolution of the international regulation of plant pests and challenges for future plant health," *Food Security*, Vol. 2 (2010), pp. 49-70など参照。
9) WTO, "Understanding the WTO Agreement on Sanitary and Phytosanitary Measures," at https://www.wto.org/english/tratop_e/sps_e/spsund_e.htm (as of May 6, 2018), (和訳は農林水産省 HP を参照)。
10) IPPC 自体は条約であり，国際機関そのものではない。それを理解した上で，本稿では，便宜的に IPPC を国際機関を指すものとして使用する。SPS 協定 3 条 4 項では，「加盟国は，関連国際機関及びその補助機関，特に食品規格委員会及び国際獣疫事務局並びに国際植物防疫条約の枠内で活動する国際機関及び地域機関において，これらの機関における衛生植物検疫措置のすべての側面に関する国際的な基準，指針及び勧告の作成及び定期的な再検討を促進するため，能力の範囲内で十分な役割を果たすものとする。」と記載されており，植物検疫の国際基準設定機関としては，IPPC の他に地域植物防疫機関（RPPOs, 地域（例えばアジア，北米，ヨーロッパなど）毎に設立されている植物防疫機関の総称）が指定されている。これは，ウルグアイ・ラウンド交渉におけるSPS 協定の最終合意文書案が作成された1991年12月時点では未だ IPPC には事務局が正式に設置されていなかった一方で，RPPOs が実質的に機能していたことが反映されたものである。林正徳，『多国間交渉における合意形成プロセス―GATT ウルグアイ・ラウンドでの SPS 協定の成立と「貿易自由化」パラダイムの終焉』（農林統計出版，2013年）312頁参照。
11) IPPC, "IPPC Dispute Settlement Procedure", 2014.
12) 13条については，同条 1 項における関係国間での協議の必要性や，他の国際協定の紛争解決手続との関係性を説明する6項等が1997年の IPPC 改正の際に追記された。
13) 制度選択は英語では Forum shopping あるいは Forum Choice 等と呼称され，「国家など行為者が自己の利益に最も適切な制度を選択すること」と定義されている（Kal Raustiala and David G. Victor, "The Regime Complex for Plant Genetic Resources," *International Organization*, Vol. 58, No. 2 (2004), p. 299.

14) WTO, SPS Committee, "Summary of the Meeting Held on 29-30 May, 1996," G/SPS/R/5, p. 6, para 28 (9 July 1996).
15) Lang Andrew and Joanne Scott, "The Hidden World of WTO Governance," *European Journal of International Law*, Vol. 20, No. 3 (2009), p. 592.
16) SPS 委員会の手続規則 (The Rules of Procedure for the SPS Committee) に次のように示されている。"With respect to any matter which has been raised under the Agreement, the Chairperson may, at the request of the Members directly concerned, assist them in dealing with the matter in question. The Chairperson shall normally report to the Committee on the general outcome with respect to the matter in question.". WTO, SPS Committee, "Working Procedures of the Committee, " G/SPS/1, p. 2, para 6 (4 April 1995).
17) 植物検疫以外の案件としても，動物衛生関係で1件の活用があるのみである。WTO, SPS Committee, "Ad hoc consultations and resolution of trade concerns-Note by the Secretariat," G/SPS/GEN/781, p4, para 1-20 (15 June, 2007).
18) ここで述べている類似のSTCとは，紛争の対象となっている品目が同一であり，対象病害虫が同一あるいは同一の対象病害虫が含まれている場合を指す。
19) 本件の詳細については，博士論文「植物検疫に関する国際紛争における制度選択」；舟木康郎，「南アフリカ共和国からEUに輸入されるカンキツのカンキツ黒星病（Citrus Black Spot）を巡る問題――国際植物防疫条約の紛争解決制度の活用――」，『植物防疫』70巻1号（2016年）; Olivier Cheree, *Exploring the phytosanitary dispute between South Africa and the EU* (LAP LAMBERT Academic Publishing, 2018) を参照。
20) EFSA, "Scientific Opinion on the Risk of *Phyllosticta citricarpa* (*Guignardia citricarpa*) for the EU Territory with Identification and Evaluation of Risk Reduction Options," *EFSA Journal*, Vol. 12 (2: 3557) (2014), p. 27.
21) *Ibid.*, p. 115.
22) Final Report of an Audit Carried Out in South Africa from 07 to 17 June 2011, DG (SANCO) 2011-6070-MR Final, p. 4.
23) *Ibid.*, p. 4. *See also*, Briefing Document to Parliamentary Portfolio Committee No. 5.3. 4.2/CPM, p. 1.
24) GAIN Report: EU-28 Citrus Semi-annual 2014 を基に筆者が集計。
25) それまでは各国が独自の植物検疫措置を採用していた。具体的には，スペイン，ギリシャ，イタリアの3カ国はヨーロッパ地域外からのカンキツの輸入を禁止（イタリアについてはグレープフルーツを除く）し，他方，その他の欧州諸国はCBSの発生国からのカンキツについてもCBSに関する植物検疫上の規制を設けずに輸入を認めていた。
　　P. Barkley, (Broadbent), T. Schubert, G.C. Schutte, K. Godfrey, V. Hattingh, G. Telford, G.A.C. Beattie, and K. Hoffman "Invasive Pathogens in Plant Biosecurity. Case Study: Citrus Biosecurity," Gordon Gordh and Simon McKirdy (eds), *The Handbook of Plant Biosecurity*, (Springer, 2014), p. 580.
26) Press Release of EU Delegation to South Africa: SA-EU citrus trade stays in the

limelight, Pretoria, 2013, p. 1, at http://eeas.europa.eu/archives/delegations/south_africa/documents/press_corner/20130827_cbs_final_en.pdf (as of May 6, 2018)
27) WTO, SPS Committee, "Statement by South Africa at the Meeting of 1-2 July 1997," G/SPS/GEN/26 (11 August 1997).
28) European Commission, "Council Directive 2000/29/EC of 8 May 2000 on protective measures against the introduction into the Community of organisms harmful to plants or plant products and against their spread within the Community," *Official Journal of the European Communities*, L169, pp. 69-70.
29) *Supra* note 26, p. 1.
30) CTA, "Dispute settlement procedures raise serious issues for South African citrus exporters," *Agritrade*, 2013, p. 1, at http://agritrade.cta.int/Agriculture/Commodities/Horticulture/Dispute-settlement-procedures-raise-serious-issues-for-South-African-citrus-exporters (as of May 6, 2018).
31) *Ibid.*, p. 1.
32) WTO, SPS Committee, "Specific Trade Concerns", G/SPS/GEN/204/Rev. 14, p. 55 (as of 4 March 2014). 南アはその後、2014年3月と10月、2015年7月と10月にもそれぞれSPS委員会の場でSTCとして本件について提起している。SPS-IMS (as of May 6, 2018).
33) EFSA, *supra* note 20, p. 1.
34) 南ア産カンキツについては、上述した検疫措置が講じられているにもかかわらず、なお、EUの輸入港においてカンキツ表面からCBSが何度も検出された。このため、2014年5月に「600個のカンキツ生果実についてCBSの付着の有無を南アの植物検疫当局が検査すること」等の措置が追加された。European Commission Press Release, "Plant Health: Commission strengthens rules on citrus fruit imports from South Africa," at http://europa.eu/rapid/press-release_IP-14-614_en.htm (as of May 6, 2018).
35) IPPC, "Call for Experts: citrus black spot (*Guignardia or Phyllosticta citricarpa*)," at https://www.ippc.int/en/news/call-for-experts-citrus-black-spot-guignardia-or-phyllosticta-citricarpa/ (as of May 6, 2018)
36) IPPC事務局へのインタビュー（2016年9月）。
37) EFSA, *supra* note 20, p. 1.
38) CBS Expert Panel, "Comments on the European Union Food Safety Authority's Pest Risk Assessment for *Phyllosticta citricarpa*." (2014), p. 1.
39) IPPC事務局へのインタビュー，*supra* note 36.
40) WTO, SPS Committee, *supra note* 17, para 17-18.
41) *Ibid.*
42) *Ibid., See* also, WTO, SPS Committee, "Article 12.2 - Consultations," G/SPS/W/227 (23 June 2008).
43) 本手続の策定経緯及び解説について Nohyoung Park and Myung-Hyun Chung, "Analysis of a New Mediation Procedure under the WTO SPS Agreement," *Journal of World Trade*, Vol. 50, No. 1 (2016), pp. 93-116.; 石川義道「WTOパネル・上級委員会

報告書解説⑲：米国―アルゼンチン産の動物，肉，他の動物性生産品の輸入関連措置（DS447）――輸入解禁要請に伴う審査手続の遅延と SPS 協定の規律――」『RIETI Policy Discussion Paper Series』17-P-023（2017年）43頁；農林水産省ホームページ「特別協議制度」at http://www.maff.go.jp/j/syouan/kijun/wto-sps/adhoc.html（as of May 6, 2018）など参照。

44) WTO, "Steps officially agreed for mediating food safety, animal-plant health friction," at https://www.wto.org/english/news_e/news14_e/sps_10sep14_e.htm.（as of May 30, 2018）.

45) WTO, SPS Committee, "Summary of the Meeting of 30 June-1 July 2016," G/SPS/R/83（9 August 2016）.

46) 例えば，Davis は，WTO-DS は，輸入国側の貿易障壁を変更させ，また，紛争期間を短縮するのに効果的であるとし，弁護士を雇い第三者の判定者の面前で議論することが貿易等の国際紛争を解決するための標準的アプローチとなっていると述べている。Davis, *Why Adjudicate?: Enforcing Trade Rules in the WTO* (Princeton University Press, 2012), p. 281. *See also*, Lang Andrew and Joanne Scott, *supra* note 17, pp. 575, 614.

47) IPPC, *A brief guide to dispute settlement under the IPPC*, FAO（2012）, p. 3.

48) Foltea, Marina, *International Organizations in WTO Dispute Settlement: How Much Institutional Sensitivity?* (Cambridge University Press, 2012), p. 158.

49) IPPC, *supra* note 47, p. 7.

50) The Annual Report of the California Grape and Tree Fruit League（CGTFL）(2007/2008), at http://www.cafreshfruit.org/sites/default/files/doucments/CGTFL_Annual_Report_2007_08.pdf.

51) NAPPO Executive Committee Decision Sheet, "A Dispute Settlement Mechanism for NAPPO countries," at https://www.nappo.org/files/7614/3781/6807/DNo.6-DisputeSettlement-e.pdf.

［付記］　本稿の基になった政策研究大学院大学における博士論文執筆において，全般にわたり御指導を賜った飯尾潤政策研究大学院大学教授（政策プロフェッショナルプログラム・プログラムディレクター）に厚く御礼申し上げる。川瀬剛志上智大学法学部教授には，技術的な問題解決と司法的問題解決の関係等について示唆に富む貴重なコメントをいただいたことに対して感謝申し上げる。また，内記香子大阪大学大学院国際公共政策研究科准教授には，同博士論文の外部審査員として御指導頂いたのに続き，本稿についても様々な貴重なコメントをいただいた。ここに記して感謝申し上げたい。

　本稿の見解は，筆者個人のものであり，必ずしも筆者が属している組織の公式見解ではない。

（農林水産省消費・安全局植物防疫課国際室長）

〈文献紹介〉

Marion Jansen, Joost Pauwelyn, and Theresa Carpenter (eds.)

The Use of Economics in International Trade and Investment Disputes

(Cambridge University Press, 2017, xvii + 398pp.)

阿 部 克 則

　本書は，国際貿易センター（International Trade Center）チーフ・エコノミストのMarion Jansen，ジュネーブ高等国際問題研究所教授のJoost Pauwelyn，及び，同研究所の貿易経済統合センター・エグゼクティブ・ディレクターのTheresa Carpenterの共編による論文集である。近年，WTO紛争解決手続や投資仲裁において，経済学あるいはファイナンス理論に基づく分析が利用される例が増えている。WTOに関しては例えば，GATT第3条における同種性の判断，補助金協定上の「著しい害」の認定，DSU22.6条仲裁における対抗措置の水準の決定などについて，計量経済学的手法やシミュレーション・モデルによる経済分析が用いられている。また投資仲裁に関しては，投資家に対する損害賠償額の決定において，DCF法による算定が行われている。本書は，こうした近年の傾向を踏まえ，法律学・経済学双方の専門家や実務家が，それぞれの観点から執筆した論稿をまとめたもので，タイムリーな著作である。

　国際経済法に関する法律学と経済学の学際的な研究としては，第1に，いわゆる「法と経済学（Law and Economics）」の観点からの分析がある。例えば，国家の経済厚生を中心に据えた新古典派経済学に基づき，最恵国待遇原則や相互主義に基づく関税引き下げの経済学的意義を指摘し，WTOルールの重要性を説く規範的分析や，セーフガードやアンチ・ダンピング税のような例外規定について，公共選択論の観点からその意義を説明する実証的分析が従来から存在する。これらの研究は，法規範を経済学的観点から分析する「法の経済分析（economic analysis of law）」とも言い換えることができる。第2に，国際経済法のもとでの要証事実に関し，経済学的手法を利用して立証することの意義や課題を論ずる研究もある。こうした研究は，法規範自体を経済学的に分析するというよりは，法規範・法制度の中において，経済学の知見が果たしうる役割に焦点を当てるもので，「法の中における経済分析（economic analysis in law）」と言い得る。本書は，上記の第2の観点に基づき，近年のWTO紛争解決や投資仲裁における実践を分析したもので，1冊のまとまった著作としては初めてのものであり，先駆的で極めて重要な研究成果である。

　本書は，第1部「国際貿易・投資紛争における経済学の利用：実務家の視点」，第2部「国際貿易紛争における経済学の利用：経済学的思考対法的思考」，第3部「国際投資紛争における経済学の利用：責任と損害賠償」さらに，編者による導入と結論が，書

籍の最初と最後につけられている。

　第1部には、実務家による6つの論考が収録されている。実務上、WTO 紛争解決手続における経済学的手法の利用は、米国―綿花事件において、注目を集めた。本件では、申立国のブラジルが、米国の綿花補助金による「著しい害」の立証のために経済学的手法を証拠として提出し、さらに、対抗措置額の算定においても、仲裁人が経済モデルなどを用いたため、一躍、WTO 紛争解決手続での経済学の利用が関心を集めることになった。同事件で、ブラジルをサポートしたのがシドリー・オースティン法律事務所で、経済学的手法の利用に積極的だったようである。同事務所のエコノミストの Schropp と弁護士の Lau は、同事件での経済学の利用について当事者の観点から解説する（第4章）。これは、法律事務所の中でエコノミストと弁護士がうまく協力した例であるが、一般には、お互いを理解させ、1つのチームにまとめることは難しいと、米国の法律事務所でシニアの弁護士としての経験の長い Graham（現 WTO 上級委員）が指摘する（第3章）。さらに、WTO 紛争解決手続においては、法律事務所を使うのは紛争当事国であり、政府の担当者も関わってくる。WTO の紛争解決を担当する政府職員は、法律学をバックグラウンドとする者が多く、彼らも経済分析の意味を理解しなければならないが、必ずしも政府職員が、経済学の利用に積極的なわけではない。WTO 協定は法的概念で構成された法的文書であるから、経済分析を紛争処理に導入することは、問題を不必要に複雑化したり、歪曲したりする恐れもあると、欧州委員会で長年 WTO 紛争処理に携わってきた Flett は、法律家の観点から批判的に論ずる（第6章）。なお WTO 自身も、紛争処理に関わるが、WTO 事務局や一部の上級委員は、経済学の利用に前向きの姿勢をとっているようである。WTO の現職エコノミスト（The）と元上級委員会事務局ローヤー（Yanovich）による第2章は、WTO 紛争解決手続において経済学的手法が利用される際の問題点（データの利用可能性やパラメーターの値の正確性）等について指摘しつつ、経済学の利用に関するベスト・プラクティスをパネルのために作成すべきだと主張する。また、米国―綿花事件の履行上級委員会手続を担当した Unterhalter も、補助金協定の「利益」概念のように、経済学の概念枠組みの中で法解釈すべき WTO 協定の規定もあると指摘する（第5章）。なおエコノミストの Malashevich と Kobe による競争法における経済分析の利用を概観した論考も収録されている（第7章）。

　第2部には、経済学を WTO 紛争解決手続で利用する際に生ずる問題点に関する学術的な観点からの6つの論考が、収録されている。上述のように、経済学を司法的プロセスで利用する場合は、大別して、法解釈における実質論の根拠として用いられることと、事実認定における証拠として利用することがある。「法と経済学」の専門家である Anne van Aaken は、前者の観点から経済学の利用を積極的に進めるべきとの立場をとる。また、立法と司法の区別は相対的であり、経済学の知見の発展は WTO 法の発展にもつながるべきであり、紛争解決手続においても経済学を利用して発展的な解釈を行う

ことを主張する（第8章）。ただ，実際のWTOのケースにおいては，具体的な経済分析を根拠に協定解釈を行う例は管見の限り存在せず，米国―綿花事件をはじめとして，要証事実である経済的事象を立証するための証拠として経済分析を用いるのが現在の傾向である。そのためか，第2部の他の論考は，事実認定における証拠として経済分析を用いることに関して論じている。競争法の専門家である Iacovides とエコノミストの Jansen は，WTO紛争解決手続で用いられる経済学的手法である計量経済分析とシミュレーション分析について解説し，対抗措置仲裁の仲裁人に比べパネリストは経済学の利用に消極的であると論ずる。そして，今後さらに経済学の利用を促進するためには，ローヤーとエコノミストとの間のコミュニケーションが重要であるとする（第9章）。国際経済法学者である Mavroidis とエコノミストの Neven も，WTOのパネリストと上級委員が，経済学に利用に消極的であるとの立場をとり，その原因は，パネリストと上級委員に経済学のバックグラウンドがないことにあると主張する。こうした現状を変えるには，パネリストと上級委員の属性を変える必要があると論ずる（第10章）。なお，パネル段階で経済分析が用いられてきたのは，主として補助金紛争であり，その点に焦点を当てた論考が2つある。エコノミストの Jorge Miranda は，米国―綿花事件における経済分析の利用について，市況対策支払とマーケティング・ローン支払の経済効果を貿易理論の観点から示しつつ，批判的に検討する。その結果，原審パネルと履行パネルの行った経済分析には問題点があるものの，全体としてはパネルの結論の頑健性には影響を与えないとする（第11章）。また，元上級委員会事務局法務官で弁護士の Bentes は，「著しい害」の因果関係に関し，従来のパネルは経済学的な定量分析について回避する傾向にあり，定性分析を組み合わせた折衷的な対応をとっていると論ずる。そして，将来的には，経済学的証拠の取り扱いについて，パネルにとっての分析枠組みを作成すれば，因果関係要件のもとでの事実認定に関し，パネルを手助けすることになるだろうと示唆する（第12章）。さらに，元WTO事務局職員のエコノミストである Breckenridge は，競争法における合併審査で用いられるシミュレーション・モデルが，WTO紛争解決手続にも適用可能であるとしつつ，WTO紛争解決手続は「裁判所」的な手続であり，行政機関である競争当局による経済分析の利用とは異なる側面もあるとする（第13章）。

　第3部には，投資仲裁における経済分析の利用に関する5つの論考が収録されている。投資仲裁においては，投資家に対する損害賠償額を決定する際に，DCF法などの会計学的あるいはファイナンス理論に基づく手法が用いられてきたのは，広く知られていることである。本書では，狭い意味での資産査定にとどまらない経済学的な手法の利用も含めて論じられている。Alschner は，法学者の立場から，投資仲裁における損害賠償額の算定プロセスは，資産査定的な性格のものになってしまっており，投資家が被った損害のうち，投資受入国の違法行為により生じた損失だけに受入国が責任を有するとの原則に基づき，違法行為と損失との間の事実的因果関係を認定するために，経済学の

知見を用いた but for 分析が有用であると指摘する。従来の投資仲裁ではこの点が不十分であり，それを改善するには，ローヤーとエコノミストの協力が必要だと論ずる（第14章）。Gottschling と Geffert は，投資仲裁において投資受入国を弁護する側に立ったエコノミストの観点から，Alschner が提示したフレームワークの中での，経済分析の利用の仕方について論ずる。その例として，アルゼンチンのような経済危機が投資家に及ぼす影響について分析する場合や，投資財産の減失を計算する際に，but for 分析における違法行為がなかった場合の反実仮想を構築する場合などがあるとするが，具体的な分析手法の詳細は示されていない（第15章）。Chavich と López Zadicoff も，投資仲裁に関わるエコノミストの観点から，資産査定以外の場面での経済学的手法の利用の例として，緊急避難の抗弁を投資受入国が行う場合には，緊急事態を投資受入国自らが招いた否かを検討する際に経済分析が有用であることなどを指摘するが，具体的にどのようなモデルを使うのかなどの経済分析の詳細は論じていない（第16章）。さらに Abdala と Rozenberg も，エコノミストの立場から，ユーコス事件での損害賠償額の算定において用いられた時価総額アプローチについて論ずる。両氏によれば，PCA Yukos 事件の仲裁廷は，表向きには時価総額アプローチを否定したものの，実質的には同アプローチを採用しており，収益還元法に比べ，変数や仮定が少なくて済むのが同アプローチの利点であるとする（第17章）。また，投資財産の収用における FMV の算定に関し，法学者の Zarbiyev は，投資協定における FMV は純粋に経済的な概念ではなく，法的概念であるとする。その例として，DCF 法におけるカントリー・リスクを考慮した割引率の決定に関し，投資協定に違反するような反投資的行動を多く行う国のほうが，リスクは高く割引率も大きくなってしまうが，法的な観点からは排除されるべきリスクであり，法的思考と経済学的思考の緊張関係があると指摘する。

　以上のような第1部から第3部までの諸論文を踏まえて，共編者は，結論として，経済分析を用いる場合に紛争当事者が従うべきベスト・プラクティスの必要性を指摘する。また，パネリストや仲裁人が経済学の素養を備えるべきであり，紛争当事者が提出する経済学的証拠の質の維持も必要だとする。さらに，定量分析の証拠を提出する場合のガイドラインを提示し，データやモデルについて明確かつ適切に説明すべきことなどを提案する。

　このように本書は，WTO 紛争解決手続や投資仲裁に関わる様々なアクターや研究者による論考が，バランスよく含まれている。経済学の利用が問題となる紛争案件に第一線で関わっている実務家を集め，その著作をまとめていることは，編者の人脈の広さと編集能力の高さを示している。他方で，紛争解決における adjudicator としては，WTO 上級委員（現職・元職）が著者に含まれてはいるが，実際に経済分析が利用されたケースのパネリストや仲裁人が含まれていれば，さらに充実した内容になったと思われる。また，モノグラフではないため，全体として扱っている内容にやや偏りがある。例えば，経済分析の利用が最も定着しているのはWTOの対抗措置仲裁であるが，そこでの

実践について詳しく検討した論考はない（この点については，阿部克則「WTO対抗措置仲裁における法廷経済学——対抗措置額の決定における経済学的手法の利用——」『学習院大学法学会雑誌』52巻2号（2017年）3-67頁を参照されたい）。

第5章のUnterhalterや第8章のAnne van Aakenは，WTO紛争処理において，経済学の知見を法解釈において利用することも肯定的にとらえており，編者も国際経済紛争処理における「経済学の利用」の中に，法解釈の実質論として経済学を用いることも含めていると思われるが，本書のほとんどの論考は，事実認定における経済学的手法の利用を扱っている。これは，先にも指摘したように，実際のケースにおいては，具体的な経済分析を根拠に協定解釈を行うというより，要証事実である経済的事象を立証するための証拠として経済分析を用いるのが現在の傾向であるためであろう。評者は，こうした傾向を踏まえ，司法的プロセスにおける経済学的手法の利用という「法廷経済学 (forensic economics)」の観点から，近年の実践を研究してきた。これに対して本書は，より広い視点に立ち，事実認定だけではなく，法解釈を含めた経済学の利用を検討対象としているが，両者の違いを踏まえた方法論的考察は，本書には含まれていないように思われる。巻末の結論とガイドライン案も，基本的には定量分析に関わるものであり，本書の対象を法解釈にまで広げるのであれば，方法論的な検討を行う必要があったのではないだろうか。しかしながら本書は，最先端の問題にいち早く取り組んだ野心作であり，学術的にも実務的にも，今後に大きな影響を与えることは疑いがない。タイムリーに研究成果をまとめ上げる編者の手腕は，高く評価されるべきであり，今後は，本書を踏まえて，法律学と経済学の双方の観点から，さらなる研究が行われることが期待される。

（学習院大学法学部教授）

Heejin Kim,

Regime Accommodation in International Law: Human Rights in International Economic Law and Policy

（Brill Nijhoff, 2016, xx + 361pp.）

関 根 豪 政

1　はじめに

本書は，Heejin Kim氏がイェール大学に提出した博士論文が基礎となっている。本書では，国際経済法（貿易法及び投資法）と国際人権法の相互関係が「レジーム適応（regime accommodation）」との概念枠のなかで議論されており，両法分野がいかにして相

互作用してきたかの経緯が論じられている。WTOをはじめとする国際経済法の見識が集約されているのみならず，執筆前後に国際刑事裁判所（裁判所長会議調査官）や，韓国の憲法裁判所ないし国家人権委員会で勤務した彼女のキャリアが活かされた，豊富な国際人権法の知見が含まれた書籍となっている。以下では，本書の概要を記した上で，若干の評価を加えたい。なお，本書において，筆者はregime accommodationという表現を用いており，そこでは，他のレジームにおける考えを「包摂し」，元のレジームが「適応する」との意味合いが込められているように思われる。実際の分析ではそこまで動的な意味を持たせているとは思えないものの（当該用語を用いる理由等に関する明確な説明はない），かかる用語が採用されていることを受けて，ここでは「適応」との訳語を充てる。

2　本書の概要

本書は，全5章から構成され，本書執筆の動機となった背景を説明する第1章に続いて，第2章では「レジーム」や「規範の抵触」等，本書の基礎をなす概念の整理が行われている。第3章では，国際人権法と国際経済法の相互作用について歴史的な観点から考察が試みられており，第4章では，両法分野の相互作用の具体例について，主に立法の取り組みや司法的判断に着目して分析が加えられている。第5章では，第4章における議論がまとめられると同時に，レジーム適応の実現度合いについて評価が下されている。

第1章で示されている本書の狙いは次の通りである。すなわち，国際レジームの増加によりレジーム間の抵触が激化し，国際法学者にそれらの共存を促すためのより適切な戦略の考案が求められている中で，国際人権法及び国際経済法レジームの間の多面的な連鎖（linkage）に新たな観点を提供することである。そして，かかる前提に基づき，本書の主たる目的として，①国際法の各分野の相互作用と抵触の様相と，それがもたらす深刻性の明確化，②国際人権法及び経済法レジームの間の適応の視点を導入する契機となる共通性の発見，③国際貿易及び投資政策における人権法の役割（紛争処理過程での援用を含む）の検証が掲げられている。

第2章では，本書の概念的前提として国際レジームの意味が論じられている。まず，本書は，今日までの「レジーム」議論について，国際関係論と国際法の双方の視点から概観した上で，国際レジームを①法規則，②組織，③意思決定過程から把握される複合的組成物と捉える。その上で，レジーム間での相互作用（とくに抵触）が発生している概況を説明し，それを管理するためのレジーム適応の戦略として，立法的，行政的，司法的ルートが存在しうることを提示する。この3つのルートからの分析が，本書における分析枠組みの基軸を成している。

本書で興味深いのは，具体的なレジーム間の相互作用を分析する前に，第3章にて，この問題を歴史的な観点から詳細に考察することを試みている点である。同章は，最初に，国際法学における歴史的文脈の有意義性について説いた上で，国際人権法と国際経

済法の歴史的展開を丁寧に描写する。ここでは，中世終わりから近世にかけての，国際法的平面における人権の理解と，自由貿易の思想が個別的に（ときには間接的に連動して）発展してきた経緯が論じられ，それらが近代及び現代において相互に連関を強めつつ推移している様子が描かれている。章の後半では，歴史的発展の帰結点として，人権法に関しては国連における人権保護のメカニズム等が，国際経済法についてはGATT/WTO体制及び二国間投資協定（BITs）が興隆した様態が詳細に説明されている。そして，最終節では，「共通基盤」として，国際人権法と国際経済法の5つの共通点が指摘されている。すなわち，①ともに条約に基礎を置くシステムであり，国家は幅広い権利義務に直面することになる，②両者に規範的な階層性が存在しない（強行規範を除いて），③ともに国際公法により統治される，④広い意味で国家と私人ないし非国家主体の関係を取り扱う，⑤国際社会における平和と安全の維持にむけた不断の努力と連動しているとの点である。

そして第4章では，「レジーム適応」，とりわけ国際人権法と国際経済法の相互作用及び抵触の管理が，立法的，行政的，そして司法的にどのように展開されているかについて検討が加えられている。まず，立法的ないし行政的な適応については，「相互補完的解釈原則（interpretative principle of mutual supportiveness）」や「抵触条項（conflict clause）」の挿入，国際機関間の調整を通じて実施されうることを指摘する。その上で，実際の例として，環境問題，労働問題，そして人権問題のそれぞれについて，多国間（例えば，国連人権機関における貿易と人権の問題提起）ないし二国間協定（例えば，カナダ・コロンビアFTA前文）での取り組みを紹介する。

司法面でのレジーム適応としては，WTO，ICSID等における司法的判断が分析されている。分析に際しては，最初に，抵触解決手法としての法格言や原則が検討されており，具体的には，上位法優先の原則，後法優先の規則，特別法優先の規則，そして，ウィーン条約法条約（以下，条約法条約）第31条3項(c)及び体系的統合の原則（principle of systemic integration）が取り上げられている。筆者はとりわけ，最後の条約法条約第31条3項(c)に関する議論を重視しており，同条約制定以前においては当該規定の基礎となるような国際法間の相互参照が行われていた様子や，同条約制定後しばらくは当該条項が謙抑的に用いられていたものの，オイル・プラットフォーム事件で状況が変化した様子を仔細に説述している。

司法的なレジーム適応についても，立法的ないし行政的な調整の議論と同様に，環境問題と労働問題を中心に，WTOの司法的判断や投資仲裁での議論の推移が追跡されている。WTOにおいては，米国エビ輸入禁止事件等の注目度の高かった事例のみならず，ブラジル特許保護事件（DS199，パネル設置後に解決の相互合意が形成されたため，報告書は作成されず）等の事例にも触れて，他の条約等が参照されている状況を詳細にトレースしている。本書の主眼点が人権問題との接点であることから，環境問題に加えて，公衆の健康，公衆の道徳，言論の自由等が，貿易問題と抵触しうる主な論点として

示されている。投資仲裁における国際人権法等の参照については，投資家がそれらを主張する場合，投資のホスト国が反対請求において援用する場合，紛争当事者以外が提出するアミカス・ブリーフにおいて言及する場合，仲裁廷が主体的に参照する場合に分けて整理されている。人権問題との接点が顕在化してきた場面として，水資源へのアクセスの確保，人種差別問題の解消に伴う措置，反タバコ政策，文化遺産の保護，そして先住民の生活保護が取り上げられている。

　以上の議論を踏まえて，最後の第5章では，国際経済法レジームでは人権的関心は受容（accommodate）されているか，されているのであればどの程度か（あるいは，どの程度されるべきか）との本書の主たる命題に解答を示すことが試みられている。この章が最も重要と思われるので，書籍において占める分量は少ないものの，やや詳細に紹介する。

　最終章では，本書の分析枠組みをなす立法的，行政的，司法的観点のそれぞれから議論がまとめられている。立法的な観点においては，①抵触回避条項，②例外条項，③人権関連法文書等の直接参照，④解釈原則に関する規定が検証対象とされたところ，いずれも人権問題を国際経済法の枠組みの中で反映させるものとして十分には機能しないとしつつも，③及び④については，地域ないし二国間協定でその取り組みが具現化しつつあることを指摘する。行政的な取り組みに関しては，国際経済法関連の組織は国連の人権機関等と比べて，貿易や投資における人権の意義を検証する制度的慣行を発展させる意欲が弱いと評価する。司法的観点については，上位法優先の原則，後法優先の規則，特別法優先の規則，そして，条約法条約第31条3項(c)（及び当該条項に体現される体系的統合の原則）が規範抵触の解決方法として考えられる中で，条約法条約第31条3項(c)がより良い手段であると評価する。加えて，WTO紛争解決手続及び投資仲裁手続のこれまでの実績を踏まえ，総じて，人権が積極的に考慮された例に欠けると指摘する。最後に，国際経済政策決定の過程において人権的関心が受容されているかとの問いに対して筆者は，継続的な検証が必要であり，最終的な解答は示し得ないとしつつも，立法的な解決と，国際経済法の意思決定者（司法的判断を下す者も含め）が人権侵害の現状を理解することによる漸次的な改善に期待するとの見解を提示して締めくくっている。

3　コメント

　以上のように，本書は国際経済法と国際人権法の規範抵触について包括的な分析を試みた書籍である。これまで，両法分野のインターフェイスについて論じてきた書籍は少なくない。貿易と人権の接点を包括的に分析したものとしては，Thomas Cottier, Joost Pauwelyn, and Elisabeth Bürgi (eds.), *Human Rights and International Trade* (Oxford University Press, 2005) にまで辿れるであろう。その後，コンスタントに同様のテーマを扱った書籍や論文が刊行されており，焦点も多様化する傾向が見られる。しかし，その扱う課題の広大さゆえか，単独の著者で包括的に分析している例は少ない。単独の著者が一定の分析枠組みに沿って議論を展開する本書は，この法的課題を一貫的に把握す

ることを可能にしてくれる（もっとも，近年は単著の増加傾向が見られる）。

　国際経済法と国際人権法との相互性について論ずる書籍が増えつつある中，本書の有益性は第1に，歴史的視点を多分に含めている点に求められる。国際経済法と国際人権法のインターフェイスの議論が顕在化したのが比較的近年のため，とかく最近の事象にフォーカスしてしまいがちだが，本書は，中世終わりから近世にまで遡って問題の本質を探究する。かかる歴史的視点は，経済活動と人権問題が常に相互作用的に発展してきており，ゆえに両者は本質的に不可分であるという実態に目を向けさせてくれる。

　第2が，投資法における人権問題との接点について包括的に論じている点である。投資法＋人権問題は，貿易法におけるそれと比べて，より最近になって注目を浴びるようになったと言え，本書はその先駆的な研究ともなっている。本書の出版と同時期ないしそれ以降になると，投資と人権問題を前面に出す書籍の出版数が加速するが，それでも貿易と投資の両者を含めて包括的に分析する書籍は少ない。WTOにおける司法的判断と，投資仲裁における判断の間に相互作用が生じうる状況下において，両者を包括的に分析することは，国際的な経済規範と人権規範の相克をより実質的に把握することに貢献するであろう。あるいは，人権問題が投資仲裁においてより直接的に問題となり得ることから，そこにおける教訓を読者が貿易法の文脈で考察しやすいとの利点もある。

　なお，本書は，規範の抵触を解決する上での条約法条約第31条3項(c)の機能を好意的に評価する。かかる姿勢自体には異論がないものの，また，本書は当該条項について詳細な分析を展開しているとの点で高く評価されるものの，とりわけ国際経済法分野で中核的な論点とされている「当事国 (the parties)」や「関連規則」の解釈について，一定の方向性を示すことを回避している点は惜しまれる。著者は，条約法条約第31条3項(c)が規範の抵触の解決のためのより良い手段であると評価し，それ以上の分析は行わないが，例えば「当事国」の解釈次第ではその効果に大きな相違が存在することになる。条約法条約第31条3項(c)の「当事国」がWTO加盟国すべてを意味するとの解釈が否定されていない現状において（本書執筆と前後してペルー農産物事件上級委員会報告（DS457）で再び同解釈に肯定的な見解が示されている，para. 5.106参照），当該条項の適用機会を拡大させる理論構築を一切試みずに，当該条項単独で規範抵触の解決策として有効と肯定的に評価することにはやや抵抗を覚える。

　最後に，筆者は明記しないものの，結論部からは，地域協定における人権関心の受容を通じたレジーム適応の実現を期待するニュアンスを感じる。たしかに，本書執筆後の2017年6月14日には中米・ドミニカ共和国・米国自由貿易協定（CAFTA-DR）における労働条項に関する仲裁パネル報告書が回付されている。当該パネル報告書では，重要な論点である「一連の作為又は不作為を締約国間の貿易に影響を及ぼす態様で継続し，又は反復することにより」労働法の執行懈怠が生じているかとの点について謙抑的な解釈が行われたため，物議を醸す可能性があるものの，実際に仲裁パネル手続が利用されたこと，そして労働者の人権を保護しうる判断も部分的に示されたことは，貿易と労働

の問題が今後，地域ないし二国間協定を舞台に展開される可能性を含意する。加えて，条約法条約第31条3項(c)の「当事国」の解釈論は，少数国間協定の方がはるかに問題となりづらい（上記CAFTA-DR仲裁パネル報告書para. 427参照）。これらを加味すると，今後は，経済と非経済的関心（とくに労働問題とそれに関連する人権問題）の抵触問題が，少数国間協定の中で議論されることが主流化し，そこで発展する傾向が定着するかもしれない。本書はそのような視点も示唆してくれる。

（名古屋商科大学経済学部准教授）

Michelle Limenta,

WTO Retaliation: Effectiveness and Purposes

(Hart Publishing, 2017, xviii + 184pp.)

菊間　梓

1　はじめに

WTO協定の紛争解決了解（DSU）の下では，WTO協定に非整合的な措置に関する紛争の処理を，同協定下での手続の枠内に閉じ込め，完結させることが想定されている。その構造の中で報復措置は申立国にとっての「最後の手段」として位置付けられるが，本書はその制度の実効性を擁護する論陣を張る。

著者のLimentaは，インドネシアのUniversitas Pelita Harapanの上級講師及び国際貿易・投資センター長を務めており，本書は，著者が2012年にウェリントン・ヴィクトリア大学に提出した博士論文に基づいている。

2　本書の概要

第1章では，WTO紛争解決手続の概要の説明の後，同手続における報復（retaliation）制度の評価に関する2つの論争として，①報復の実効性に関する論争，②報復制度の目的に対する論争が紹介される。

第2章ではWTO協定の下の報復に関する規定の詳細が説明される。著者は，WTO協定は報復の内容，程度の算定方法について三種類の手法を規定していることを指摘する。まず，DSU第22条4は，報復がこれを「無効化又は侵害の程度と同等（equivalent）」であることを求める。一方で，補助金協定に基づく「対抗措置（countermeasure）」については，これと異なる算定基準が規定されている。禁止補助金に対する対抗措置について，「無効化又は侵害の程度と同等」の基準は適用されず，代わりに「適当（appropriate）」な対抗措置であることが求められる（補助金協定第4.10条）。他方で，禁止補助金に該当しない補助金に対しては，対抗措置が「存在すると決定された悪影響

の程度及び性格に応じた（commensurate）」ものであることが求められる（補助金協定第7.10条）。

　第3章においては，現在の報復制度に内在する欠陥及び限界並びにその解決策について，既存の議論が紹介される。特に，制度の欠陥と限界については，被申立国の国内で強い影響力をもつ産業に関するWTO協定違反措置については申立国が報復を導入したところで当該違反措置は撤回されないこと，申立国が小国の場合には効果的な報復を導入する能力がないときがあることといった，報復制度の実効性を懐疑する議論とその背景が広く示される。

　第4章では，本書の主題であるところの実効性（effectiveness）についての概念的整理が展開される。著者は，実効性と履行（compliance）の区別を主張し，実効性を「法的文書がその目的を達成することに成功している程度」と定義する。著者は報復制度の目的に関する既存の議論は「履行の促進（inducing compliance）」と「バランスの回復（rebalancing）」のいずれか一方のみを強調するものであったと指摘し，その主要な論説を紹介する。

　第5章は本書の中心ともいえる章であり，報復制度の目的についての検討が行われる。著者は，これを4つの問いとその答えに分割する形で展開する。

　最初の問いは国際法委員会の国家責任条文の取り扱いである。著者は，WTO紛争処理は国家責任条文に対して特別法（*lex specialis*）に当たり，WTO加盟国は国際慣習法上の国家責任のルールの「適用除外に合意（contract out）」したと主張する。

　第2の問いは，法的・経済的観点から見た契約法的救済制度と報復の関係である。ここでは英米法における property rules と liability rules の概念に基づく報復制度の評価がなされる。両ルールは，契約上の義務の不履行に陥った当事者が，権利者と再交渉して権利を「買い取る」ことで義務を免れることを可能としている点では共通しているが，前者の下では権利者が「再交渉」に合意するか否かは任意であるが（合意が成立しない場合は，不履行に陥った当事者は処罰される），後者の下では，合意内容が裁判所により特定された対価に基づく限りは，権利者はそれを合意を拒むことができない点に違いがある。著者はWTO協定は property rules に対応していると説明する。

　第3の問いとして検討されるのは，これまでのDSU第22条6に基づく手続において仲裁人が報復制度の目的をどのように理解してきたかである。著者は，これまでの判例を次のように説明し，4つのグループに整理する。第1のグループは，*EC-Banana III (US)*, *EC-Banana III (Ecuador)*, *EC-Hormones*, *US-Gambling* に見られる立場で，報復制度の目的は「履行の促進」であると判断しつつも，「同等」基準を超える範囲での報復は認めていない判断である。第2のグループは，禁止補助金についての対抗措置の「適当」基準に注目する一連の判断である。*Brazil-Aircraft* においては，対抗措置の額は，補助金が引き起こした影響と「同等」の範囲を超えて，補助金の総額に相当する額が「適当」基準を満たすものと判断される。これに続く *US-FSC* 及び *US-Upland*

Cotton においては違反の重要性が「適当」な対抗措置の額を判断するための要素として考慮される。そして、*Canada-Aircraft* においては、被申立国カナダが WTO 協定に非整合的な措置を撤回する意図がないことを明言したことを考慮し、仲裁人はカナダに DSB の勧告を履行させるために補助金総額にその20％を加算した額を「適当」な対抗措置として認めている。第3のグループは、*US-1916 Act* 及び *US-Byrd Amendment* であり、履行の促進を報復制度の目的としつつも、これは唯一の目的ではないとする立場である。最後のグループとして、報復制度の目的に一切言及しない判断として、*US-COOL* が挙げられる。

　第4の問いは、DSU 第22条を条約解釈に関する慣習法にしたがって解釈した場合に、報復制度の目的として何が導かれるかである。著者は条約法条約第31条及び第32条の手法に沿った分析を行い、「友好的解決の促進」も報復制度のひとつの目的であると主張する。

　上記を踏まえ、著者は報復制度は、①履行の誘因、②紛争当事者間でのバランスの回復、③「相互に合意された解決（mutually agreed solutions：MAS）」の達成という複数の目的を有すると結論付ける。

　第6章においては、第5章を踏まえ、報復制度の目的を「友好的解決の促進」として理解したうえでの、現状の制度の評価が行われる。著者は DSU における MAS に関する手続的規定である同3条6に基づく通報が実務上は行われていないことを指摘する。そのうえで、著者は、これまでに履行確認段階において MAS が合意された事例である、*EC-Hormones*, *US-Upland Cotton*, *US-Clove Cigarettes* を紹介し、MAS は紛争当事者間の権利義務のバランスの回復につながると論じる。申立国が報復をされたにもかかわらず MAS に至らされることは勝訴国が勝訴した結果を十分に享受できないことになり正義に反するという議論に対しては、著者は、政治的に機微な事案については完全な履行確保は現実的ではなく、そのような場合には、紛争当事者の権利義務の回復の観点から、MAS が重要になると反論する。一方で、著者は MAS が紛争当事者以外の第三国に対して与える影響については検討の必要性を指摘する。

　同章第Ⅱ節において、著者は、現状の制度の評価に関しては、報復制度の目的は履行の促進に限られないところ、履行が確保されない場合においても、MAS の合意も含めた形で被申立国の行動を変えさせている点において、現行の制度は効果的であると結論付ける。その論拠として、著者は、報復の威嚇によって WTO 非適合的な措置が撤回された事案として *US-Safeguards* と *US-COOL* を挙げ、*US-Byrd Amendment* においては報復措置の結果としてバード修正条項は撤廃されたと指摘するとともに、報復又は対抗措置が授権された事案である *EC-Hormones*, *EC-Bananas*, *US-Upland Cotton*, *Canada-Aircraft* 及び *Brazil-Aircraft* では MAS が実現していると述べる。他方で、第Ⅲ節においては、著者は制度の今後の改善点として、MAS の透明性を高めるべく、通報義務の強化等が必要であると主張する。

第7章では，第Ⅰ節で6章までの議論が総括される。そして，第Ⅱ節（最終所感）において，著者は，「DSU 第22条 6 に基づく仲裁人の機能は，停止される譲許の額について，例えば，それが履行の誘因に十分か否かを判断することではないと論じる余地はある（arguably）」と指摘したうえで，「むしろ譲許の停止について非懲罰的な（「同等」又は「適当」な）水準を設定することこそが仲裁人の役割である」と主張する。著者は，制度の究極の目的は，履行又は MAS のいずれかを実現することであると結論付け，本書を締めくくる。

3　若干の評釈

本書は報復制度の意義についての学説，実行を広く扱っており，本書を通読することによって，既存の議論の鳥瞰図は得ることができる。本分野についての研究，実務に着手する者が最初に手に取る本の一冊としては良書であるといえよう。その「使いやすさ」を評価したうえで，以下，実務的な観点からの若干の評釈を加えることにしたい。

著者の議論の主眼は，報復制度の目的には「履行の促進」のみではなく「MAS の促進」も含まれるとの前提から，現状の制度の実効性を論証することにある。第5章における報復制度の目的に「MAS の促進」が含まれていることを示すための議論は緻密かつ詳細であり，読者を圧倒するものがある。他方で，これに対して，実際に報復制度が MAS に対してどのように寄与してきたかについての検討を行う第6章第Ⅱ節は，全体で3ページと極めて簡潔なものとなっている。複数の事例について言及はされるも，各事案について記述は，その事案において，報復・対抗措置（又はその威嚇）と MAS の双方が存在していたことが端的に指摘されるに留まり，報復・対抗措置（又はその威嚇）が MAS の交渉経緯，合意の成否及び合意の内容にどのように影響したかについての分析・論証は提示されていない。（著者自身が問題視する）MAS の交渉における透明性の欠如から生じる方法論上の限界とも言える。しかし，このような分析・論証を行わずに，「MAS の促進」という目的に照らして現状の報復制度が実効的であることを証明しようとするのであれば，ここで言う「MAS の促進」とは，何らかの MAS が合意されている状態を実現することであって，その具体的な合意内容は問わないという前提を置かざるをえなくなる（ただし，著者はそのような論証方法を取ることを明言はしていない）。

他方でこのような技巧的な概念操作を行って，「MAS の促進」という目的に照らした現在の報復制度の実効性を「擁護」したとして，このような整理は，どのような実務上の影響を有するであろうか。報復制度の目的が最も問題となるのは，禁止補助金に対する「適当」な対抗措置の額の算定の場面である。例えば，上述のように *Canada-Aircraft* では，仲裁人は制度の目的を「履行の促進」と捉えたうえで，カナダが不履行の意思を示していることを考慮して，算定額を加算している。では，著者の主張するように報復制度の目的は「履行の促進」のみならず「MAS の促進」も含むと理解すると，このような加算の可否についての結論は変わるのだろうか。このような加算を行わずと

も MAS はいずれにせよ合意され，ただ加算が行われない場合には MAS の内容が（交渉材料であるところの対抗措置の額が小さくなるため）申立国側に不利になるに過ぎないような場合は，「MAS の促進」という目的からは加算は不要となる。では，そのときは，「履行の促進」という目的からは「適当」とされる加算であっても認められなくなるのだろうか。または，加算の必要性が相対化されて減額されるのだろうか。この問いに対して著者の立ち位置は，本書からは明確には見えない。上記に引用した第7章第Ⅱ節における記述を表層的に読むと，そもそも加算そのものを認めないのが著者の立場とも読める。他方で，当該記述には「論じる余地がある（arguably）」という留保が明示で付されているため，これは著者自身の見解を必ずしも反映していないとも読み得る。この一文を除くと，著者は「同等」基準と「適当」基準が同一であるとの言明は一切行っておらず，また，「履行の促進」が報復制度の目的のひとつである点についても争っていない。この寄木細工のように慎重なヘッジをかけられた書きぶりが，著者の立場を読み解くことを困難としている。

いずれにせよ，報復の額の算定において影響を与えないのであれば，報復制度の目的に「MAS の促進」を読み込むことの実務上の実益は，ほぼない。他方で，「MAS の促進」という目的を，「履行の促進」のみの観点から導かれた算定額を修正（又は否定）する要素として扱うのであれば，仲裁人はその修正の程度を具体的に決定しなければならない。だが，当該決定を行うに当たっては，その前提問題として「望ましい MAS」の内容について一定の価値判断に基づいて特定することは実務上は避けられないように，紹介者には思える。そのような立場に置かれるであろう仲裁人が依るべき指針は，本書は提供していない。

一方で，「望ましい MAS」を，仲裁人が特定することは容易ではない。例えば，WTO 協定が規律する以外の事項（同盟関係等）については。外交的な見地からのみ見れば，WTO 協定の外にある事項（例えば安全保障）も対象として「パッケージ」を組むことを可能とする方が，MAS は合意しやすい。他方で，このアプローチは WTO 協定上の権利義務を巡る紛争の解決を，同協定の枠内の手続にて完結させようとした DSU の趣旨と緊張関係にある点は否めない。WTO 協定の下で授権された仲裁人が行うには荷が重い判断である。

このような実務上の課題はひとえに，「MAS」の内実についての議論が現時点ではまだ十分に探求されていないため，これが本書の分析枠組の中のブラックボックスと化してしまっていることに由来する。この点を明らかにする後続研究は期待されるところであるが，一方で，その知的鉱脈を示したという点にも，本書の意義を見出すことはできよう。

［付記］本稿は評釈者の個人的見解であり所属組織の見解を必ずしも反映するものではない。

(外務省欧州局中央アジア・コーカサス室課長補佐)

文献紹介

Catherin A. Brown,

Non-discrimination and Trade in Services: The Role of Tax Treaties

(Springer, 2017, xx + 273pp.)

田 村 暁 彦

1 はじめに

　国際貿易の健全な発展に不可欠な要素のひとつは国際通商法による規律であり，その規律で最重要なものが無差別原則（最恵国待遇及び内国民待遇）であることは論を俟たないだろう。しかし，国際通商法の規律対象が物品貿易からサービス貿易へ拡大するにつれて，その当然のはずの事が当然ではない領域があることが浮き彫りになってきた。サービス貿易を歪曲する租税措置，特に直接税に対する規律である。サービス貿易が国際通商法の規律対象となったのは，ウルグアイラウンドで合意されたGATS（サービスの貿易に関する一般協定）が国際通商法の仲間入りをして以降である。しかし，GATSはその規律対象から租税措置を大きく除外している。国際租税問題に対する規律は，伝統的に二国間租税条約の織り成す網によって与えられてきた。しかし，GATSの規律が越境サービス取引に関わる租税措置に殆ど及ばないことによって，サービス貿易が負の影響を被っている。本書は，この問題を，国際通商法及び国際租税法の両面から実定法学的に分析すると共に，事態改善のための提案を行うものである。

2 本書の構成と内容

　第1章「導入」は，本書の内容を概観する。

　第2章「サービスの貿易に関する一般協定（GATS）」は，サービス貿易を規律する最も基盤的通商協定であるGATSの無差別原則（最恵国待遇及び内国民待遇）が，非居住者により提供されるサービス取引にどのように適用されるかを検討する。更に，GATSの無差別原則と，OECDや国連のモデル租税条約に規定された無差別原則とを比較検討する。GATSの無差別原則は，加盟国が約束した限りで適用される（ポジティブリスト方式）ため，加盟国が自ら租税関係の措置を約束しないことを選択して無差別原則の適用を回避することは可能である。しかし実際にはそのような例は僅少である。何故なら，GATSの本則ですでに租税措置を対象範囲から除外しているからである。例えば，第14条(e)では，一般的例外の対象として「取扱いの差異が加盟国の拘束される二重課税の回避に関する協定又は他の国際協定若しくは国際取極における二重課税の回避についての規定の結果による場合には，第2条（最恵国待遇）の規定に合致しない措置」を規定する。同条(d)では，「取扱いの差異が他の加盟国のサービス又はサービス提供者に関する直接税の公平又は効果的な賦課又は徴収を確保することを目的とする場合には，

第17条(内国民待遇)の規定に合致しない措置」を一般的例外の対象となる旨規定する。「直接税の公平な又は効果的な賦課又は徴収を確保することを目的とする場合」の例として，源泉徴収や移転価格税制等が想定されている。但し，第14条は柱書で，当該措置が無差別原則の例外扱いを享受するには，「同様の条件の下にある国の間において恣意的若しくは不当な差別の手段となるような態様で又はサービスの貿易に対する偽装した制限となるような態様で適用しないこと」が条件だとする。しかし，GATSには，第14条以外に租税措置に対する規律を自己抑制する条文がある。第22条3項は，次のように定める。「加盟国は，自国と他の加盟国との間の二重課税の回避に関する国際協定の対象となる当該他の加盟国の措置に関し，この条(協議)又は次条(紛争解決)の規定の下で第17条(内国民待遇)の規定を援用することができない。」すなわち，GATSの下では，相手国の租税措置が仮に内国民待遇違反だと考えても，当該措置が，無差別原則が設けられている租税協定の規律対象である場合には，WTO紛争解決メカニズムに則った解決の追求が封じられているのである。続いて本章は，租税条約が規定する無差別原則の基本的な検討を行う。二国間租税条約は，OECD条約あるいは国連条約を下敷きとする場合が多いことから，これらのモデル条約における無差別原則を検討する。著者は，OECD条約の無差別原則条文である第24条が定める条件が非常に限定的であることを指摘する。同第24条1項(国籍による差別の禁止)，同条3項(サービス消費国内に「恒久的施設(permanent establishment)」を擁してサービス提供を行う外国企業に対する差別の禁止)，同条4項(非居住サービス提供者への支払の控除に関する差別の禁止)，同条5項(外国籍企業に対する差別の禁止)を挙げる。これらは極めて限定的な列挙であり，本書の主題である非居住サービス提供者のサービス取引に対する源泉国による課税措置に関しては，第24条4項がサービス提供者に対する間接的な保護を与えるに過ぎない。源泉国が国内法に基づき，源泉徴収，情報共有義務等の負担を非居住サービス提供者に負わせる余地が大いにあることを著者は指摘する。

　第3章「地域自由貿易協定」は，NAFTA，アセアン豪州NZ自由貿易協定，TPPを取り上げ，これらの自由貿易協定が規定するサービス貿易に関する無差別原則と，これらの自由貿易協定の加盟国が二国間で締結している租税条約の内容との間での照応を行う。自由貿易協定は，当該地域の経済統合を図り，経済諸制度について可能な限り同質性を図ろうとする企てであるが，にも関わらず租税分野に関してはその埒外とされ，非居住サービス提供者に適用される無差別原則が加盟国間で非整合的である問題性を著者は指摘する。なお，NAFTAは，ネガティブリスト方式であり，貿易自由化に向けた野心度合いはGATSより高いが，それでも，GATSと同様，限定的な場合を除き，無差別原則は租税措置に適用されない。NAFTA第2103条1項は，「本条で規定されるもの以外は，本協定は租税措置には適用されない」，同第2103条2項は，「本協定は，租税条約における権利義務に影響を与えず，両者に齟齬がある場合は租税条約が優先する」とそれぞれ規定する。なお，同2103条4項では，直接税については当該租税措置がサービ

スの購入あるいは消費に関係がある限りにおいて内国民待遇が，間接税については広い範囲の租税措置に対して最恵国待遇及び内国民待遇が，それぞれ適用される旨明示的に規定されているが，それらとても，当該措置に適用されるべき租税条約上の条項があればそちらが優先する旨併せて規定されている。（なお，「サービスの購入あるいは消費に関係がある租税措置」に対する無差別原則の適用の影響の直接的行方は，サービス購入者・消費者であり，サービス提供者に対する保護は間接的である。）そこで著者は，NAFTA 域内の3つの租税条約の無差別原則の検討を行う。これらの租税条約は OECD モデル条約を基本に作成され，国連モデル条約の要素も加味して作成されたものの，三者の間には看過できない差異があることを著者は指摘する。例えば，課税国居住だが他の条約締結国企業から支配される企業に対する課税措置を巡っては，米墨租税条約は内国民待遇を与えるが，他の2つの租税条約は最恵国待遇しか与えない。

第4章「二国間自由貿易協定」は，カナダが締結した二国間自由貿易協定（加コロンビア FTA，加パナマ FTA，加欧 FTA）及び豪州が締結した二国間自由貿易協定（豪星 FTA，豪米 FTA，日豪 FTA 等）を検討する。カナダや豪州が締結した FTA は通常，前述の NAFTA 第2103条1項2項と同様に，「本条で規定されるもの以外は，本協定は租税措置には適用されない」「本協定は，租税条約における権利義務に影響を与えず，両者に齟齬がある場合は租税条約が優先する」旨規定する。しかし，租税条約における無差別原則の規定の有無や内容，非居住サービス提供者に対する無差別原則の適用等を注意深く検討すると，保護の不十分性や非整合性が浮き彫りになる。例えば，加コロンビア租税条約では，非居住のサービス提供者のうち，源泉国内に恒久的施設を有しない者に対して適用される無差別原則は見当たらない。FTA で定めた，サービスの購入あるいは消費に関する控除額についての内国民待遇が，間接的に非居住サービス提供者に対して保護を与えるが，租税協定と齟齬があると見なされれば，当該内国民待遇は無に帰することになりうる。著者はここで「齟齬（inconsistency）」があるかどうかは判断が非常に難しい，という問題提起を行う。特定の論点について租税協定が何も語っていない場合，FTA の規定が租税条約の規定する権利義務と齟齬を来していると言えるのか？著者は，国際法の一般原則に従えば，「齟齬」は広く解釈され，2つの協定で定められた義務同士が，「両立しない（incompatible）」場合には「齟齬」があると認められる可能性があると指摘する。であれば，例えば豪州は，殆どの租税協定に無差別原則を持たず，特に FTA 相手国との間で締結した租税協定の過半数には，直接税に関する無差別原則を如何なる形でも盛り込んでいないため，せっかく FTA には無差別原則が規定されていても，これらの直接税措置には無差別原則が適用されない可能性がある。なお，本章で扱う二国間関係のうち，カナダ・パナマ間については，租税条約がないため，租税協定優先の原則の適用がなく，非居住サービス提供者が源泉国で課税上の内外差別を受けた場合には，WTO 紛争解決メカニズムを駆使し，GATS 第17条（内国民待遇）違反を訴えることが可能である。（但し，GATS 第14条(d)の例外が適用されれ

ば違法とはならないことは既述の通り。）

　第5章「WTO, NAFTA, TFEU（欧州連合機能条約）：無差別義務に関するWTO加盟国の地域的観点」では，カナダと英国が，それぞれNAFTAとEUの加盟国であることの帰結としての無差別原則の適用に伴う影響を扱う。カナダと英国は共にWTO加盟国であるものの，無差別原則の適用において差異が生まれる理由は，英国が属する欧州連合では直接税措置が統合通商協定であるローマ条約（現・欧州連合機能条約）に規定された自由貿易原則の影響を強く受けることに起因する。TFEUにおける加盟国の義務は，加盟国が締結した二国間租税条約上の義務に優先する。TFEUには，GATSやNAFTAに規定されるような租税条約優先条項は存在しない上，EU加盟国は，自国民とEU域内国民を差別してはいけない旨の規律が，投資（第49条）やサービス取引（第56条）に関して設けられている。第56条は，「以下の条項の枠組内において，サービス提供者がEU域内国民であり，サービス提供者が自らの提供するサービスの受取者である他のEU域内国民とは異なるEU加盟国に本拠を有する場合，サービスの提供の自由を制限してはならない」と規定し，EU域内国民に対してサービス取引に係る内国民待遇を保証する。欧州司法裁判所（ECJ）はTFEUの規定する無差別原則と租税協定や各国税法との間の調整に係る案件を多く処理し判例を蓄積してきた。特に，国籍で差別をする「あからさまな（overt）差別」ではなく，居住か非居住かで差別するような「隠れた（covert）差別」については，非居住サービス提供者に対する直接税上の差別的取扱に関する1995年の*Schumacker*判決で提示された「同等の状況（comparable situation）」原則が，その後の類似事案でもECJにより参照されている。このように，NAFTAと異なり，EUにおいては，非居住サービス提供者に対する直接税措置に関する差別扱いの適法性を巡って，「同等の状況」の有無や当該措置の正当性や合目的性等について検討される余地がある。EUには世界で初めて真の意味での国際租税レジームが形成されているとの見方を著者は示す。

　第6章「OECD/国連モデル条約に準拠して作成された租税条約の構造的要素に基づく課税上の差別的取扱の可能性」では，各国の租税協定が採用する国連/OECDモデル条約の条項のうち，非居住サービス提供者に対する課税に関する条項を巡る各国の解釈や適用を検討する。これら条項の各国による解釈や適用は差異が大きく，源泉徴収税の賦課や行政手続上の負担を非居住サービス提供者に強いるケースがある。非居住サービス提供者が源泉国におけるサービス提供で得る所得の分類如何で，無差別原則の適用の有無が異なることを著者は指摘する。モデル条約第7条に規定される「事業所得」に分類される場合には，当該非居住サービス提供者が源泉国に恒久的施設を有するかが問われ，仮に有する場合には恒久的施設に帰属する限りにおいて所得に対する課税権が源泉国に認められる一方，同第24条3項に則り，源泉国は無差別原則に従わなければならない。しかし，「自由職業所得」（国連条約第14条，OECD条約からは削除）に分類された場合は，当該サービス提供者が源泉国に「固定的施設（Fixed base）」を有する場合に

は源泉国の課税権が認められるが、第24条3項に規定された無差別原則は適用されない。なお、「自由職業所得」のうち源泉国の課税権が及ぶのは「固定的施設」帰属部分だけだが、租税条約に帰属部分の算出方法の規定がないことから、源泉国の国内法に基づき源泉徴収がなされる可能性がある。「使用料」(両モデル条約第12条)や「その他所得」(同第21条)に分類された場合には、一般的には源泉国による源泉徴収の対象となり、無差別原則の適用も受けない。源泉徴収や還付手続に伴う手続上行政上の負担を、非居住サービス提供者が過重に負う可能性がある。

第7章「国内法に基づく課税上の差別的取扱の可能性」では、カナダ国内法やメルコスール加盟国等の国内法の下での非居住者に対する課税上の取扱を検討する。居住者と非居住者に対する取扱の差異のうち最も顕著なもののひとつは、非居住サービス提供者に支払われる収入に対する源泉国による源泉徴収である。この相違は、非居住者は徴税や法執行に関わる問題を惹起するという理由で一般的には正当化される。しかし、偽装された貿易制限と言える場合もある。カナダを例に取ると、規則105号の下での、非居住者からのサービス提供に対する支払に賦課される源泉徴収を巡る、取引両当事者に係る様々な負担（支払者側の各種コンプライアンス負担、徴税当局の過剰請求への対応負担等々）が、非居住者のサービス提供の阻害要因となっていると著者は主張する。実際、カナダ商工会議所租税委員会が、同国国際租税制度諮問パネルに2008年に提出した書面で同趣旨を訴えており、カナダ経済界の競争力を損なっている旨指摘する。ここで著者は、仮に通商協定上はサービス取引に関する無差別原則が規定されているものの租税措置については規律対象外として租税条約に委ねる場合、当該租税条約にも同様の無差別原則が規定されていないのは問題と主張する。著者は更に、米国外口座税務コンプライアンス法(FATCA)を取り上げ、租税協定における無差別原則は、FATCAのように徴税自体を目的としない税制措置についても適用対象となるよう射程の広いものとして規定されるべきとも主張する。

第8章「新たな無差別義務に向けて――政策的考慮」では、著者は非居住サービス提供者への差別的取扱の改善に向けた具体的な方策を提示する。通商協定を改訂して税制措置を新たに無差別原則の適用対象とする方策もありうるが、著者は500以上もある通商協定の再交渉は非現実的として当面の方策としては追及しない。むしろモデル租税条約の改訂をまず考える。無差別原則である第24条、特に国籍による差別を禁じる第24条1項の次に、居住非居住による差別を禁じる第24条1項Aを設けた上で、GATS第14条柱書及び同条(d)の文言を材料に再構築し「同様の条件の下にある国の間において恣意的若しくは不当な差別の手段となるような態様で又はサービスの貿易に対する偽装した制限となるような態様で適用しないという条件で、直接税の公平な又は効果的な賦課を確保することを目的とする措置は、その限りではない」という条文を新設することを提案する。しかし、現実的に考えて、かかる租税協定の改訂の合意も極めて困難との予測の下、著者は最後により穏当な提案を行う。モデル条約第25条には「相互協議手続」が

定められており，二国間租税協定の紛争処理手続の雛形を提供しているが，本条に，非居住サービス提供者が自らへの支払に対する源泉国の課税措置が，恣意的若しくは不当な差別又はサービスの貿易に対する偽装した制限であると考えた場合には，居住国当局に書面で申立を行うことが出来，当該当局は申立が正当と認める場合には源泉国当局と協議に入るよう努めなければならない，という条項を追加する，という案である。併せて，コメンタリーを作成し，非居住者に対する差別と思われる措置の例示や非居住者のサービス提供に対する支払の分類に対する考え方等を盛り込むことも提案する。

3 所 感

著者（カナダ人）の主要専門領域は国際租税法であり，モデル租税条約，二国間租税条約，国内租税法に対する博識を存分に駆使して，国際租税法における無差別原則の規律としての希薄さを問題提起する。租税分野は，主権国家各国の課税主権の問題が立ちはだかり，国際租税法の最重要目的は，国際的二重課税回避と脱税防止であった。租税条約も基本的には二国間協定の形式を取り，最恵国待遇という発想とは遠い。これは，無差別原則の適用や関税非関税障壁の軽減除去を通じて経済統合を後押ししてきた国際通商分野とは，エトスが大きく異なる。実際，国際租税法における無差別原則は，「いわば『継子』のような存在として扱われてきた。」のであって「どのような存在意義があるか，必ずしも十分に明確ではない」（増井良啓「二国間租税条約上の無差別条項」RIETI Discussion Paper Series 10-J-051（2010年））のである。国際通商法と国際租税法の2つの法領域の不連続を巡って，著者は自らの専門である国際租税法の規律実態がサービス経済のグローバル化の現実に合致しないことへの危機意識を背景に，学際の壁を乗り越えようと奮闘した。

本問題に対する今後の更なる検討への期待を込めて，二点指摘したい。ひとつは，著者自身も認めるように，本書が炙り出した国際租税法における無差別原則の希薄さが，非居住サービス提供者によるサービス取引をどれほど阻害しているのか，更には世界的なサービス貿易の阻害要因にどれほどなっているのかに関する実証的研究は存在しないようである。制度改変を仮に実現しようとするならば，具体的なステークの程度と問題の深刻さを明らかにしなければ，実現に向けたダイナミズムを起こすには至らないだろう。もうひとつは，著者のディシプリンが影響していると思われるが，通商協定の改変という選択肢が，非現実的として検討されていないことである。ドーハラウンドの現状に鑑みると，GATS改正等のWTO協定を通じた解決が現実的でないことは理解出来る。しかし，自由貿易協定には，昨今はメガFTAというプラットフォーム性の強い枠組も出てきており，通商協定側からの解決も放棄すべきではなかろう。学際的取組は，壁の両側から取り組まれるべきものであり，本書は，国際租税法専門家から国際通商法専門家に対して投げられた重いボールであると受け止めるべきだろう。

(政策研究大学院大学教授，(前・経済産業省通商交渉官))

文献紹介

Christian Riffel,
The Protection Against Unfair Competition in the WTO Trips Agreement:
The Scope and Prospects of Article 10 Bis of the Paris Convention
for the Protection of Industrial Property

(Brill-Nijhoff, 2016, LV + 341pp.)

小 嶋 崇 弘

1　はじめに

「工業所有権の保護に関するパリ条約」(以下, パリ条約という) 10条の2は, 1項で「同盟国の国民を不正競争から有効に保護する」ことを義務付け, 同2項は「不正競争行為」を「工業上又は商業上の公正な慣習に反するすべての競争行為」と定義した上で, 同3項において, 不正競争行為に該当する3つの行為を例示列挙している。我が国では, 主に不正競争防止法（以下, 不競法という）を通じて同規定の国内実施を図っており, 例示列挙された3つの不正競争行為は同法の個別規定を通じて規制されている。平成5年の不競法全面改正時の立法過程においてドイツ型の一般条項を設けるべきか否かが議論の対象となった際に, パリ条約10条の2第2項がその根拠となりうるかという形で議論がなされたが, その後の不競法の立法論および解釈論において同規定が論じられることは少なくなっている。

もっとも, 国際的に見ると, パリ条約10条の2は, 伝統的知識の保護などの現代的問題に対する国際的な解決策を議論する際に, ひとつの拠り所として言及されることが少なくない。本書は, WTO制度下においてパリ条約10条の2がいかなる法的位置付けを与えられているのか, 及び同条3項で例示列挙されているものの他にいかなる行為に対して適用されるのかを明らかにするものである。

なお, 著者は, カンタベリー大学法学部に籍を置く国際経済法研究者であり, 本書は2014年に著者がベルン大学に提出した博士論文を基にしたものである。以下, 本書の概要を述べた上で, 若干のコメントを行う。

2　本書の構成

(1)　第2章の前半では, まず, パリ条約10条の2がWTO法においていかなる位置付けを有するのかを検討する。本書によれば, TRIPs協定2条1項がパリ条約 (1967年) の実体規定の遵守を義務付けていることから, パリ条約10条の2は, TRIPs協定第2部の実体規定が規定する知的財産権の趣旨を損なわない限度で, 実体規定を補完する機能を有する。TRIPs協定は, パリ条約10条の2に基づいて地理的表示 (22条2項(b)) および開示されていない情報 (39条1項) の保護を義務付ける規定を独立して設けている

が，2条1項の文言は保護の対象について限定を付していない。2条1項の「について」という文言の意味は必ずしも明らかではないが，パリ条約10条の2は，TRIPs協定第2部の実体規定を補完するものとして適用される。この解釈は，TRIPs協定の下で加盟国が商号を保護する義務を有することを認めた *Havana Club* 事件（Appellate Body Report, *US - Section 211 Appropriations Act*, ¶ 165, WT/DS176/AB/R（Jan. 2, 2002））からも裏付けられる。もっとも，パリ条約10条の2は，市場における公正を確保することを目的とする規定であるため，知的財産権の厳格な限界が尊重されることを条件に，独立して適用される。すなわち，加盟国が，特定の対象について知的財産権による保護を意図的に及ぼさなかった分野について，パリ条約10条の2を通じて，知的財産権に類似する保護を規定することは禁止される。

　本書によれば，上記の解釈の帰結として，加盟国内での不公正な商慣習から外国人を保護するというパリ条約10条の2が規定する義務を加盟国が遵守しなかった場合，TRIPs協定2条1項に違反することになる。そして，TRIPs協定第3部のエンフォースメントに関する規定が準用される結果として，加盟国は協定2条1項違反を理由にWTO紛争解決手続に申立てを行うことができる。したがって，TRIPs協定の加盟国は，パリ条約10条の2の義務を遵守するために積極的な措置を採ることが求められる。なお，条約違反の判断に際して，WTO紛争解決機関は，個々の不正競争行為を判断対象とするのではなく，被申立国がパリ条約10条の2との関係でTRIPs協定2条1項に整合的であるか否かを判断することになる。

　(2)　第2章の後半では，パリ条約10条の2第2項の解釈を検討する。本書によれば，「競争行為」とは，他の同盟国の国民の競争上の機会を阻害する経済主体による作為または不作為を意味する。これに該当するためには，複数の当事者間に競争関係が存在することが要件となるが，それらが同一の市場において競争している場合に限らず，潜在的な競争関係が存在する場合も含む。

　次に，「工業上又は商業上の公正な慣習」は，事例ごとに具体化する必要があるが，最終的には上級委員会の解釈に委ねられる。本書は，「公正な慣習」という抽象的な文言を規定していることの利点として，「公正な慣習」の内容は条約の起草時から変化しているところ，解釈時における公正な慣習を考慮する発展的解釈を通じて，変化する商慣習に対応することができることをあげる。また，「公正な慣習」の該当性を判断するにあたり，主観要素の考慮は不要であり，客観的な行為の存在およびそれにより生じる競争阻害効果を考慮すれば足りるとする。

　(3)　第3章では，引き続き「公正な慣習」の解釈を論じているが，ここでは，一定の法規範に違反する行為が「公正な慣習」に反することに該当するとされる。もっとも，あらゆる法規範が対象となるのではなく，義務的性質を有する国際的な規範のみが対象となる。さもないと，加盟国は自国の法規範を他の加盟国に及ぼすことが可能になってしまうからである。また，ソフトローおよび法的拘束力を有しない規範に違反する行為

は，それ自体では「公正な慣習」に反することにはならない。「公正な慣習」の内容はパリ条約10条の2第2項で完結して定義されておらず，その具体化にあたっては，非WTO法を含む他の国際法を参照することが必要となる。

WTO法およびパリ条約10条の2は，いずれも貿易の歪曲を防止すること目的としており，特にパリ条約10条の2は競争条件に関する市場参加者の正当な期待を保護することを目的としている。ゆえに，競争に関係し，かつ貿易を歪曲するおそれがある法規範の違反にのみ同規定は適用される。なお，その際に，最低限必要とされる競争との関連性が存在する限り，公衆衛生などの競争と関係のない利益を保護することになったとしても同規定の該当性に影響しない。

本書は，以上の一般論を踏まえた上で，法規範の違反がパリ条約10の2の不正競争行為を構成する一例として，加盟国が「労働における基本的原則及び権利に関するILO宣言」2段落が規定する中核的労働基準を遵守しない場合をあげる。中核的労働基準の遵守が商品の製造費用に影響を及ぼすことを考慮すると，同基準の遵守は，パリ条約10条の2第2項が規定する「工業上又は商業上の公正な慣習」に整合することになる。この場合，パリ条約10条の2第1項および第2項は，条約上の義務のエンフォースメントが不十分であるというILO宣言の弱点を補う機能を果たす。

(4) 第4章では，伝統的知識の国際的な保護について，パリ条約10条の2が果たす役割を検討する。まず，既存の知的財産法制度では伝統的知識の保護を十分に図ることができてない現状を明らかにする。①特許法に関して，伝統的知識は特許権の登録要件である新規性を欠くこと多い。また，特許権は出願日から20年という存続期間の限定があるため，世代を超えて伝統的知識の受託人が保護を受けるという要請に応えることができない。②地理的表示制度は，特定の地域に存在するコミュニティ全体が保護の主体となり，営業上の使用を主たる対象とするため，伝統的知識それ自体の保護を図ることはできない。したがって，第三者が異なる表示を付して伝統的知識を不正に使用する行為を禁止することができない。③契約に基づく制度は，伝統的知識の潜在的利用者と保有者の間の交渉力が不均衡であることが少なくなく，結果として締結される契約は国内法の影響を受けるという問題がある。また，本制度が機能するか否かは伝統的知識の利用者が契約を結ぶ意思を有しているかどうかに依存するため，利用者が不誠実な場合には契約の締結を望むことができない。さらに，多くの場合，伝統的知識の不正使用は本源国とは別の国で生じるため，抵触法によって回避することができない国際的な仕組みを必要とする。

そこで，本書は，伝統的知識の保護を図るための最後の拠り所となる規定としてパリ条約10条の2に着目し，同規定が，公衆に混同，虚偽の主張，誤信を生じさせる行為に対する補助的な規制を提供する機能を有すると主張する（ただし，家庭内における使用を除く）。たとえば，商品に「アボリジニ風」という虚偽の表示を付すことは10条の2第3項3号で禁止される。伝統的知識の保護に関して *sui generis* 制度を導入するための

国際交渉が頓挫している現状において，WTO は，TRIPs 協定1条1項が規定する最低限の保護を提供する権限をすでに有しているということになる。本書は，上記の解釈を採用した場合の利点として，保護を受けるために方式の履行が不要であること，及び伝統的知識が豊富でないという点で法的利益を欠く加盟国も申立国になることができる点を強調する。

最終章である第5章では，パリ条約10の2が EU 加盟国においていかなる効力を有するかを検討する。欧州司法裁判所の判例は WTO 法（TRIPs 協定を含む）の直接効果をカテゴリカルに否定しているところ，本書はこれを批判し，個々の規定の内容に応じて直接効果の有無を判断すべきであると主張する。いずれにせよ，加盟国はパリ条約の同盟国であるため，当該国の憲法が条約の直接効果を認める限りにおいて，十分な明確性を有するパリ条約10条の2は直接効果を有することになる。以上が本書の概要である。

3 コメント

不正競争法理は各国において，既存の知的財産権を新たな分野または対象に拡張するための「インキュベーター」としての機能を果たしてきたとされている（Annette Kur, *What to protect , and how? Unfair competition, intellectual property, or protection sui generis*, in INTELLECTUAL PROPERTY, UNFAIR COMPETITION AND PUBLICITY 19 (Nari Lee et al. eds., 2014)）。TRIPs 協定2条1項を介して同協定に導入されたパリ条約10の2の解釈において，条約の文言の抽象性を活用して新たな分野または対象に対する保護を柔軟に取り入れていくという手法は，核心的労働基準や伝統的知識などに対する同規定の適用を肯定する Thomas Cottier（本書の著者の指導教員である）らの業績によって既に試みられている（Thomas Cottier & Ana Jevtic, *The protection against unfair competition in WTO law: Status, potential and prospects*, in TECHNOLOGY AND COMPETITION/TECHNOLOGIE ET CONCURRENCE — CONTRIBUTIONS IN HONOUR OF/MÉLANGES EN L'HONNEUR DE HANNS ULLRICH 669 (Josef Drexl et al. eds., 2009)）。このような流れを引き継ぐ本書は，多数の文献を渉猟することによりパリ条約10条の2が規定する不正競争行為の解釈を具体化し，核心的労働基準および伝統的知識の分野に対する適用可能性を詳細に明らかにしたという意義を有する。

本書が支持する，不正競争行為として新たな分野または対象に対する規制を柔軟に取り入れる解釈は，TRIPs 協定の改正が困難な状況において，新たに生じた市場環境の変化にパリ条約10条の2を適応させることができるという利点がある一方で，次のような問題があると考えられる。第1に，パリ条約10条の2のような，抽象的な文言で規定されており，明確性の程度が低い条約規定（スタンダード型規定）は，加盟国に対する裁量の余地を広く認めるという条約当事国の意思が現れているのであるから，その解釈にあたっては「評価の余地理論」を適用し，加盟国の立法者および裁判官の裁量を広く認めるべきであるとされる（Yuval Shany, *Toward a General Margin of Appreciation Doctrine in International Law?*, 16 EJIL907（2005））。第2に，不正競争法理の下でい

かなる行為を規制の対象とするかという点について加盟国間の法制度の相違が大きい現状において，条約の起草時に念頭に置かれていないかった行為が特定の加盟国で不正競争行為として規制されているからといって，他のすべての加盟国に最低保護水準として規制を義務付けることは，法的安定性を過度に害するおそれがある。第3に，加盟国が国内状況に適合した独自の知的財産法の立法を行うための多様性を認めることは，より良い法制度を生み出すための「実験室」として機能するところ，加盟国の法制度が収斂していない段階でトップダウン方式で特定の政策の採用を決定することは，加盟国による実験の機会を奪うことになるという点で望ましくない。国内法の場合とは異なり，国際条約の立法においては，一旦誤った政策決定がなされてしまうとそれを矯正することが困難であるため，拙速な政策決定を行うことには慎重であるべきである（以上の点につき，GRAEME B. DINWOODIE & ROCHELLE C. GREYFUSS, A NEOFEDERALIST VISION OF TRIPS: THE RESILIENCE OF THE INTERNATIONAL INTELLECTUAL PROPERTY REGIME 94-97 (2012))。

次に，本書の主張は，TRIPs協定2条1項を通じて加盟国がパリ条約10条の2の義務を一般的に遵守する責任を有していることを前提としている。もっとも，学説の中には，*Havana Club*事件（参照，松下満雄「『米国のオムニバス法211条』パネル報告・上級委員会報告」『2002年度版WTOパネル・上級委員会報告書に関する調査研究報告書』(2002年) 96頁）でTRIPs協定の適用対象に含まれると判断された「商号」に関するパリ条約8条はTRIPs協定中に直接の言及が全く存在しないのに対して，不正競争に関するパリ条約10条の2はTRIPs協定中の営業秘密および地理的表示の保護に関する規定で明示的に言及されているという相違点を重視して，後者についてはTRIPs協定第2部に明文で規定されている行為に関する違反のみがTRIPs協定における最低保護水準に該当するのであって，それ以外の不正競争行為はパリ条約違反となるにすぎないとする見解も有力に主張されている（CHRISTOPHER WALDOW, THE LAW OF PASSING-OFF: UNFAIR COMPETITION BY MISREPRESENTATION (5th ed., 2016) paras. 2-207; Frauke Henning-Bodewig, *TRIPS and Corporate Social Responsibility: Unethical Equals Unfair Business Practices?*, in TRIPS PLUS 20 - FROM TRADE RULES TO MARKET PRINCIPLES 701 (Hanns Ullrich et al. eds., 2016))。

以上の点に留意する必要はあるものの，本書は，TRIPs協定に導入されたパリ条約10条の2の解釈を検討する際に大いに参考になる。特に伝統的知識の保護については，近時の国際的な動向を含め詳細に論じられており，同問題に関心を有する方には一読を勧めたい。

（中京大学法学部准教授）

文 献 紹 介

Jorun Baumgartner,

Treaty Shopping in International Investment Law

(Oxford University Press, 2016, xxxviii + 354pp.)

ウミリデノブ・アリシェル

1 はじめに

　急激に増加し続けている投資仲裁とその判断は，この10年間で国際公法において不可欠なものとなっている。投資仲裁に関する国際的研究が次々に公表されていることからもこの点を指摘できる。とは言え，この問題を巡っては未だ制度的に研究されていない論点は無論数多くあり，今回の文献紹介の対象はまさに，そのような投資仲裁上のホット・イシューの１つである，条約漁り（treaty shopping）についてである。現在，国際投資保護体制に参加している国々が，二国間または多数国間投資協定や投資章を含んだ自由貿易協定を3000以上締結しているが，条約を締結する国々の国内政策や志向により，当該条約保護がカヴァーする企業や個人投資家の範囲は異なっている。このような現状の下で，（外国人やホスト国の国籍を有する）投資家は，出来るだけ有利な協定の保護を享受出来るよう国籍操作を行うのが当然であろう。特に，租税や資産運営を目的として多層構造を採っている多国籍企業にとって，子会社の株をより有利な投資協定の保護を受けられる他の子会社に移動させることは非常に容易である。そこで，広範囲で保護を与えている投資協定の解釈を通して，全ての申立人の訴えにつき管轄権を認定すべきか，あるいは一定程度の歯止めをかけるのかが，問題となる。

　実際，日本にとってもこの問題は決して無縁ではない。日本企業として初めて，チェコ共和国に対し投資仲裁を申立てた野村證券も，その欧州子会社を通して，チェコ―オランダ投資協定を利用したことはよく知られている（Saluka Investments v Czech Republic）。同事件に関する本案判断では，最終的には公正待遇違反が認定されている。他方，最近では，Philip Morris v Australia のように健康保護などの敏感な公益領域に関わる分野において，あえて条約保護の取得のために子会社の国籍を変更させるような行動がとられており，最終的には仲裁廷により条約の濫用が認められた事例もある。

　先行研究において，法人による国籍操作を巡る問題について数多くの論文が公表されてきたことは確かだが，本書のように投資プランニングについて慣習国際法から投資仲裁まで包括的な検討がなされ，投資家の国籍に関する問題点についてよく整理されている研究はこれまでなかった。その意味で，オックスフォード大学出版社の国際経済法シリーズで出版された本書をここで紹介する意義は大きいように思われる。

　本書の目的は，正当な投資プランニング（nationality planning）と条約濫用（treaty

文献紹介

abuse) との区別について，慣習国際法，国際投資法，および投資仲裁判断を系統的に分析することにより問題点を解明し，最終的に広範な現象 (pervasive phenomenon) となっている条約漁りに関し，投資協定の本当の主 (real masters of IIA) とであるホスト国に対して立法論 (de lega ferenda) を提供することにある。著者は，UNCTAD の職員であるヨールン・バウムガーナで，本書は彼女のスイスのローザンヌ大学での博士論文に基づいて執筆されたものである。

2 本書の概要

本書は3部から成り立っており，各章の後にそれぞれ簡潔なまとめがある。第1部「条約漁りの文脈」は，条約漁りの理解に当てられている。著者は，これまで統一的に定義されてこなかった条約漁りの定義を明確にし，その発生要因を検討し，条約漁りの関係で生じる政策的事項を議論する。中でも，「条約漁り実務の理解」について語る第1章では，条約漁りについて権威ある定義 (authoritative definition) がないことを指摘しつつ，自ら次のように定義付けている。すなわち，「より有益な投資条約へのアクセスを目的とした，国籍の戦略的な発動，創出，またはその変更を目的とした手続的または実体的法律業務 (legal operations)」とするのである (12頁)。

また，あり得る条約漁りのシナリオとして，①自然人による条約漁り，②企業再編による条約漁り，③債権譲渡 (transfer of claims) による条約漁りを挙げる一方で，上記②はこれらの中でも一番よく訴訟になるとする。バウムガーナは，条約漁りと法廷地漁り (forum shopping) との区別についても論じており，例えば，投資家が条約漁りによって，より広い範囲で仲裁という選択肢を与える投資協定にアクセス出来，その中で自らにとって最も有利な法廷地を選ぶ際には両者を区別することに問題はないが，企業再編によりグループ会社内の複数の子会社が様々な場所で同時に訴えを提起する場合は，両者を区別することは困難である (difficult to distinguish) と述べている (19頁)。最後に，条約漁りの発生とその増加の潜在的要因として，著者は，世界的な投資協定の急増，慣習国際法時代の外交的保護から投資家が国家を直接訴えるような制度に変わったこと (direct standing paradigm)，会社を複数の管轄権において同時に組織することが容易になったこと，株主の高い代替性，そして最後に，先例拘束性の原理 (doctrine of precedent) が存在しないことなどを挙げている。

条約漁りは，投資協定上禁止されていない場合何が問題なのかという点が，第2章の主たる問いである。著者は本章において，条約漁りの賛成派と反対派双方の主張を整理する。まず賛成派の主張であるが，彼らは主に2つの点を指摘する。1つは，主権国家の同意であり，それによれば，条約漁りは国際私法上の「当事者自治原則」に匹敵し，国際公法の主権平等原則から来ており，SS Wimbledon 常設国際司法裁判所判決においても指摘されている通り，条約締結権は国家主権の一属性である。第2の点は，司法アクセス (access to justice) であり，条約漁りに反対する立場は裁判拒否 (denial of justice) に当たり得る。だが，著者によれば，投資協定上の仲裁へのアクセスは，当事国

の同意によるものであることを鑑みると，投資家には投資仲裁に関する固有の権利（inherent right）がなく，すでに国内裁判所へのアクセスが認められ，それによりホスト国が国際法上の最低条件を満たしている以上，賛成派の裁判拒否に基づく主張は成り立たない。このように，国際投資仲裁への国家の同意は条約漁りを正当化し得るように思われるものの，他方で，条約漁り反対派の主張として，著者は，①相互主義，②「正当性」に関する懸念，③持続可能性，④萎縮効果（regulatory chill），⑤公平な立場の欠如など，重要な政策的関心事項が指摘されていることを紹介している。

本書の中心を成す第2部「条約漁りに関する請求の有効性に対する体系的アプローチ」は5章から成る。第3章「国籍変更に関する慣習国際法」では，国籍移転に関する国際裁判の主要な判決とそれらの国際法への影響が検討されている。特に，自然人の国籍に関するNottebohm事件や法人の国籍に関するBarcelona Traction事件及びDiallo事件などの国際司法裁判所の判断を著者は検討し，国際投資保護に関する一般国際法と現在の投資条約枠組みが提供している投資保護の違いを明確にしようとしている。そして，検討の結果，慣習国際法上，直接株主にしか保護が与えられていないこと，換言すると，第三国から入っている株主の本国の外交的保護は認められないことなど，国籍変更に関してはむしろ慣習国際法の方が制限的なアプローチ（restrictive approach）を採用していることが確認されている。

第4章「人的管轄（jurisdiction *ratione personae*）」では，被告である投資受入国による，条約仲裁における自然人に関する管轄権に対する抗弁は，これまで成功したことが滅多になく，また，二重国籍の場合にも，投資仲裁は自然人の真正結合基準（genuine link test）の適用を一律に拒絶してきたことが明確にされる。また，二重国籍の場合，唯一の制限はICSID条約第25条(2)(a)であり，その他のUNCITRALなどのフォーラムにおいては，ホスト国の国籍を含む二重国籍者による仲裁提訴の可能性が残っていると指摘される。法人に関しては，問題となる投資協定に明確な追加的条件が置かれている，あるいは，法人格が濫用されている場合を除き，投資仲裁は企業の法的連鎖において法人（子会社）の独立性を認定し，法人格否認の法理（piercing the corporate veil）に関する主張を退けている，と著者は述べている。

申立人が侵害を被ったとする資産の投資該当性の問題に焦点を当てる第5章「事物管轄権（jurisdiction *ratione materiae*）」では，著者は投資協定における「投資の概念」とICSID条約上の「投資概念」に分けて論じている。まず，国際投資協定における投資財産の定義は，Barcelona Traction事件判断の枠組みをはるかに超えて，投資仲裁人によって株主や多層的な企業構造を有する間接投資（indirect investment）をも含むものとして理解されていることを指摘する。次に，ICSID条約の「投資から直接生ずる法律上の紛争」（第25条1項）の「投資」の解釈については，著者自体明確な態度を示さず，現在投資該当性に関する「客観的定義」，「主観的定義」及び，最近の仲裁判断によって採られている「柔軟な立場」を紹介するに止まっている。

文献紹介

　第6章「時間的管轄権（jurisdiction *ratione temporis*）」の冒頭では，どの時点で，投資家は自らが主張する国籍を所有しなければならないのか，と著者は問いかけ，時間的管轄権が抱える問題点を指摘する。その上で，ICSID条約や他の投資協定における国籍要件の時点，継続的国籍要件（continuous nationality requirement），既存の紛争の除外について考察し，投資仲裁において時間的管轄権についての判断があまり一貫していないことを指摘している。

　第7章「権利濫用あるいは手続の濫用による異議」では，著者は，国際法上の権利濫用禁止原則を適用することにより，正当な投資プランニングと条約濫用とを区別しようとしている。検討の結果，権利濫用禁止原則の重要性は否定出来ないものの，国籍変更時点での紛争の存否は時間的管轄権によって処理されており，権利濫用禁止原則は将来起き得る紛争が投資家にとって予測可能（foreseeable）かどうか，という観点から有益性を持っているとしている。Philip Morris事件の判断においても，既存の紛争がなかったとしても，オーストラリア政府との紛争が予期出来る状況において投資家の香港への国籍移転が行われており，この点が権利濫用にあたると判断されている。

　本書において解決策が示される部分は，第3部「条約漁りについての一貫性のないアプローチに対する可能な解決策」であり，2章から成る。第8章「条約漁りを抑制するために諸国家には何ができるか」では，著者は既存の投資条約を包括的に調べ，条約の主（Masters of Treaties）として，諸国家が条約漁りに対して自分を保護できる可能な解決策を特定している。結論として，3000以上の条約の一貫性を確保するために調整された（coordinated）多国間アプローチが最も望ましい解決策の1つになろうが，その政治的実現可能性は依然として疑わしいと述べられている。

　第9章「条約漁りにおける信義則の役割」では，これまでの投資仲裁における信義則の規範的内容を具体化し，正当な投資プランニングと条約濫用との区別における信義則の役割を評価している。著者によると，詐欺（fraud）や権利濫用・手続の濫用は，投資仲裁実務での信義則の表明（manifestation）・具体化・特定化（concretization・particularization）として，条約漁り問題により良く対応できる。

3　若干の評価

　以上，300頁以上に亘り詳細に論じられた本書が大きな成果を示してことには疑いがない。とりわけ，条約漁りの例としてよく知られている問題として，ホーム国で設立された企業で，ホスト国の国民により所有または支配されている企業（mailbox companies）による投資仲裁案件が増えている今日では，このような体系的な検討は重要な貢献と言えるだろう。但し，本書唯一の欠点として，著者が，第8章において広範な投資協定枠組みを詳細に検討しつつも，様々な条約においてとられている利益否認条項（denial of benefits clause）をモデルとして提案するに止まっており，著者自身の独自の見解を示していない点が指摘出来る。UNCTADの職員であるバウムガーナ氏が，自らの見解を示す機会を逃したのは残念に思われる。

本書の有用性は，理論的側面だけでなく政策的側面にも及んでいる。世界的には3000以上の投資協定が締結されているとはいえ，日本は29の投資協定（BIT）と16の経済連携協定（EPA）しか締結しておらず，日本人投資家による国際投資が日本の投資保護協定枠組みによって十分にカヴァーされているとは到底言い難い。したがって，本書は，投資仲裁における管轄権に関して実務家や研究者にとって欠かせない材料を提供している一方で，EU ─ Japan EPA の投資ルールを交渉している日本政府にとっても，予測可能な投資仲裁メカニズムを構築する上で重要な示唆を与えている。関係者に広く本書を推薦したい。

（名古屋経済大学法学部准教授）

Kathrin Betz,

Proving Bribery, Fraud and Money Laundering in International Arbitration: On Applicable Criminal Law and Evidence

（Cambridge University Press, 2017, xix + 341pp.）

内　田　芳　樹

1　本書の概要紹介

　本書は，国際的な紛争解決手段として現在最も活用されている国際仲裁裁判において，紛争当事者に贈賄，マネーロンダリング（資金洗浄，以下「マネロン」），詐欺等の問題が発覚した場合の取扱いについて，世銀グループの投資紛争解決国際センター（International Centre for Settlement of Investment Disputes, 以下「ICSID」）で実施された投資仲裁の事例と国際商工会議所（International Chamber of Commerce, 以下「ICC」）の行う国際仲裁裁判所（ICC International Court of Arbitration, 以下「ICC 仲裁裁判所」）の国際商事仲裁の仲裁事例を時系列的かつ論理的に分析し，その動向をまとめたものである。結果的に時が進むに従って，ICSID 仲裁においても ICC 仲裁裁判所裁判においても上記の贈賄，マネロン，詐欺等の刑事問題発覚時には国際仲裁裁判においても，これらの刑事犯罪行為を認めない（犯罪実行者にメリットを与えない）方針が貫かれつつある。但し，仲裁裁判ではこれらの犯罪事実の立証が困難である事例が多いが，これらの問題に実際にどのように対処が行われているか，最近の実務的対応も示している。結果として，国際仲裁における一種の強行法規として国境を越えた（Transnational）Public Policy の成立に至った事実を明らかにしている。

　確かに外国公務員への贈賄に関しては OECD の外国公務員贈賄防止条約の採択が1998年，腐敗の防止に関する国連条約採択が2003年であり，またマネロンに関しては，

文 献 紹 介

　1988年に麻薬及び向精神薬の不正使用の防止に関する国際連合条約（以下「ウィーン条約」）が採択され，その後1999年にテロリズムに対する資金供与の防止に関する国際条約（以下，「テロ資金供与防止条約」という）が採択される等，法的環境はそれ以前とは著しく異なって来ている。また2000年に採択された国際的な組織犯罪の防止に関する国際連合条約（以下，「パレルモ条約」）においては，マネロンに限らない詐欺行為・共謀罪等を含む組織犯罪への取り締まり等が規定された。国際的詐欺については，このパレルモ条約に限らず最近は特に犯罪タイプごと（例：財務粉飾，談合，脱税等）に国際的な協力関係に基づいて取り締まりが行われており，またこれらの諸条約の要請に従って，日本を含む世界各国で多くの関連立法が行われ，FATF（Financial Action Task Force）等の国際機関や米国司法省やSEC等の国家機関による犯罪取り締まりも最近格段に厳しくなっている。そして2000年代以降の度重なる経済危機やテロリズムの横行に伴い，先進国に限らず新興国や発展途上国においてもこれらの犯罪処罰件数は，過去20年間で激増し，各国の政治・社会・文化構造を変えるに至っている場合も多く見られる。

　このような法的環境下で，国際仲裁裁判においても当事者の一方が他方に対してその契約成立時やその後の贈賄やマネロン行為の存在を指摘し，契約の無効や履行免除を求める場合が多く見られる。また，申立人・被申立人のやり取りを審理する過程で仲裁人が対象取引行為に含まれている当事者の上記犯罪行為に気づく場合もある。本書はこれらの事例に焦点を合わせ，多数のICSIDの仲裁事例とICC仲裁裁判所の仲裁事例を時系列的に分析し，評価した内容になっている。また本書で「刑事法」ないし「刑法」と呼んでいる事例は，上記の世界的な潮流のためかその殆どが贈収賄，マネロン案件中心であり，少数ながら財務粉飾や虚偽表示等の詐欺罪類型を加えたものとなっている（但し，強要罪等の他の犯罪を論じている事例もあるがこれらは，付随的な例といえる）。

　勿論，仲裁裁判所には，国家が有する刑事裁判所の機能はない。また本書の仲裁裁判所は，それ自身が特定の国の国家機関ではないため，仲裁事案に刑事法上の問題提起があっても各国の警察・検察と必ずしも連携できない（連携しない）ことが通常である。このような制約下で，国際仲裁はどのように変容してきたか，また今後どの方向に向かうかについて最近の仲裁判断を参考にして論じたのが，本書である。

　なお，本稿において評者の私見は「3　まとめと意見」に記載し，他は一部評者の解説を加えたが，基本は著者の記述の概略をまとめ，紹介したものである。

　2　本書の構成と内容

　本書の構成は，PartⅠ．紹介（1．何が問題か？），Ⅱ．基本（2．国際仲裁の様式，3．国際仲裁の中での刑法行為の言及，4．証拠），Ⅲ．仲裁で犯罪行為の申立てがあった場合の実務現状，（5．投資仲裁，6．商事仲裁，7．現在の実務の中間結論），Ⅳ．重要な評価（8．どちらの規定が適用されるか，9．証拠の問題，10．刑事行為の法的結果），Ⅴ．最終意見（11．結果要約，12．結果）という構成になっている。

なお本書で取り上げられている投資仲裁は，世界銀行グループの紛争解決機関であるICSID（ワシントンDC所在）が，個別事案ごとにICSIDの組織する独立した第三者で構成される仲裁裁判所が行う仲裁をいう。ICSIDの仲裁管轄については，ICSID条約（2014年6月現在，世界150カ国が批准済み）が定めており，またICSID仲裁を行うための要件も同条約中に定められている。そして，この投資仲裁が行われる前提としては，外国の投資家と投資受入国の双方が，当該仲裁手続きが開始される前に「投資家と投資受入国との間の紛争解決（「ISDS」）の同意を行っている必要があり，通常国家間の同意は国際協定（二国間または多国間）の条項に記載されている。但し，本書の取り扱った案件では，投資受入国の側は実際には国家ではなく国有企業が，外国投資家との間で紛争となった事例が多い。また国営企業であっても，その機能として（functional test），政府機能を果たしている場合は，投資家ともなり，仲裁裁判の原告となれる他，両当事者がICSID条約非加盟国の当事者であっても一定の手続きを取ればICSIDの仲裁機能を使える道は開かれている。

　また，商事仲裁については最も伝統があり，国際的にも普及しているICC仲裁裁判所の仲裁の事案が本書の分析対象となっている。上記ICSID同様，ICC仲裁裁判所（Court of Arbitration）自身は仲裁を行わず，ICC仲裁裁判所事務局（Secretariat）の助力を得て，仲裁人を選任し，その仲裁を管理するために，ICC仲裁規則にて定められた機能を果たすことになっている。すなわち，ICC仲裁の申立ては，ICC仲裁裁判所事務局に対して行われるが，実際に仲裁手続を主宰し，仲裁判断を行うのは，仲裁人又は複数の仲裁人によって都度構成される仲裁法廷（Arbitration Tribunal）である。但し，仲裁裁判所によらない（Ad Hoc）当事者が仲裁人を選定してICC Ruleに従って行う仲裁案件も本書では1件ICC仲裁案件として取り扱われている。そしてICC仲裁では，両当事者は原則民間企業ないし個人であるが，実際には一方当事者が政府機関の部門責任者（Director）や国営企業である事例も取り扱われている。しかしICC仲裁は，基本的に私的なものであり，国家からは独立し（Autonomous），当事者自治の原則に服するものである。

　なお国家としては，仲裁裁判所（法廷）に刑事問題を取り扱うことを禁止又は制限する立法を行うことは可能であるが，そのような立法を行っている事例は通常見られない，とのことである。

　そして仲裁法廷が刑事問題を取扱うに際し実際にまず問題となるのは，適用すべき法律はどこの法律かという点と，証拠調べ・証拠採用の点である。刑事法はその適用が強制されるものである以上，どの国の刑法を用いるべきかを当事者自治で決めるのは，裁かれるものが自ら法選択を行うこととなり，不適切かつ実際上困難である。そこでまず，仲裁法廷では刑事法を一種の強行法規と取扱い，当該事案に対し適用を図っている。しかし国家機関である検察・警察による捜査・証拠収集が当該仲裁案件では原則できないため，代替手段として当事者が証拠提出を行う必要があるとされる。また，証明

の程度は刑事罰で検察・警察が行うものと同等の厳格なもの（Beyond Reasonable Doubt「合理的疑問が生じない程度，刑事上の立証責任（評者註）」）を要求しても，民間人（企業）には捜査権限が与えられていない以上，現実には同等の証拠提出は困難なため，民事上の立証責任である（Preponderance of Evidence「充分な証拠，民事上の立証責任（評者註）」）で良いこととされている。

　法選択の際注意すべき点は，まずICSIDの取扱案件の場合，その性格上当事者が選択しなくとも常に国際法の適用があり，ICSID条約上も当事者の法選択は1カ国の法体系全てでなくてよいこととされており，かつ紛争解決は両当事者の衡平法（Equity）に基づく合意で解決することも許されている（ICSID条約第42条3項）点である。そして実際には，当事者は投資受入国の法律ないしは国際法／法の一般原則（General Principles of Law）を選択することが多いと解説されている。但し，当事者が法選択を行った場合，当該選択された国の国際私法の反致規定によって別の国の法律が適用されることもある。両当事者が法選択の合意ができない場合は，ICSID条約第42条1項によって，仲裁裁判所は投資受入国法と国際法を適用すべきとされている。

　そしてこの国際法には，条約，国際慣習法（国家責任法を含む），法の一般原則，国際裁判所及び仲裁裁判所の判例，学説まで含まれ，さらに国連総会や世界銀行等の決議やガイドラインも含まれる。そして法の一般原則には，善意（good faith），贈収賄の禁止が含まれ，主張者が立証責任を負うと解されている。投資受入国法と国際法の関係は，仲裁裁判ごとに異なる。並列適用の事例もあれば，投資受入国法を主としつつ，補完的・強行法部分は国際法を適用している事例もある。その際注意すべき点は，ICSID仲裁においては，国境を越えたPublic Policyが決定的な重要性を持っている点である（これに対し，国内のPublic Policyは殆ど影響を持たないとされている）。またICSIDの仲裁手続きは，両当事者が強く排斥しない限り，ICSID条約の定める手続きによるものとされている。

　なお上記の結果，例えば賄賂によって投資が決まり投資協定が結ばれた事例では，賄賂の存在によって投資協定が無効とされると協定自体がなかったこと（無効）になり，ICSIDの仲裁自体が継続できない事態に至ることもありうるし，実際にそのような事例が本書でも複数記述されている（但し，最近はICSID仲裁継続のための解釈努力がなされる事例も増えている）。

　ICC仲裁裁判所による商事仲裁の場合は，民間事業者同士の当事者自治の原則が適用され，また刑事罰となる行為があっても「分離条項」により，契約の主要部分とは異なる仲裁合意自体は有効とされるためICSID仲裁のように仲裁自体が行えないという事態は，原則生じない（仲裁合意自体が詐欺等によって成立した場合を除く）。当事者自治が尊重される結果，ICC商事仲裁では，各国仲裁法（手続法を含む）が適用されるが，国際法のうち強行法規（実体法・手続法）は当事者自治にかかわらず適用されると学説上解されている。国際法上の刑事法は，強行法規の一種であり，当事者の意思にかかわ

らず適用され，さらに法定地法（*lex fori*）にも拘束されないとされている。

またICSID仲裁でもICC仲裁裁判所の仲裁でも問題は，「立証」であり，国内仲裁法が適用される場合にその規定により証拠収集のため国内裁判所の補助を依頼しできる事例もあるが，多くの場合証拠は仲裁裁判所が所在するのとは異なった管轄権内にちらばっている。ICSID仲裁ルール第34条3項では，仲裁裁判所が証拠の提出に関し当事者に協力を義務付けることができ，協力を得られない場合は不利な推定（adverse inference）を行うことが認められている。他方，ICC仲裁裁判所仲裁の場合は，適正手続上の懸念から仲裁裁判所は，不利な推定を行うことをためらっているように見える。この点，本書では参考例として以下のイラン米国請求権裁定委員会の判例を示している。

ⅰ）不利な推定を求めている当事者は推定を求める根拠となる全ての証拠を提出すること。

ⅱ）推定に反対する当事者が要求された証拠入手が可能であること

ⅲ）求められた推定が合理的なものであり，提出されなかった証拠の性質が論理的に記録された事実と一致するものであること

ⅳ）不利な推定を求める当事者は，一見明白な（prima facie）証拠を提出すること

ⅴ）推定に反対する当事者が，求められた不利な推定に対する反証を提出する義務があると知っている，又は知るべきであること

なお，仲裁裁判の過程で自己負罪の禁止（the privilege against self-incrimination）を理由とした証言拒絶は，一種の強行法規として認められ，また当事者の場合も嘘をつくのでなければ，同じく当事者にも認められている。但し，仲裁裁判において仲裁人の全体的評価は別途行われるので，その際の評価への影響はあるかもしれない。

また，贈賄案件，マネロン，詐欺行為については，判示実行者が自ら犯罪を認めるのは契約を無効にして自らの履行（支払）義務を免れることを目的としている場合以外は考えにくいことを踏まえ，Red Flagと呼ばれる各種の事象（例：サービスを行い，そのコミッションの支払いが行われた事実はあるが，何のサービスがいつどこでどのように行われたのか，その記載も記録もない，等）が見られた場合は，刑事罰違反の推定が認められる事例が特にICC仲裁裁判所の仲裁では多く見られている。

なお仲裁裁判において，これら刑事罰行為に仲裁人が気付いた場合は，仲裁人は純粋な私人ではない（仲裁判断は裁判と同じ効果を有する）ため，これらの行為を無視せずに，職権で（*Ex officio*）捜査を行い，証人等の召喚を行うことも求められている，と解されている。但し，当事者の非協力に直面した際，実際に仲裁裁判所が関連当局（誰かも問題になる）に刑事法違反を通報したとされる事例は知られていない模様である。勿論，このような場合は，仲裁人の辞職という手段も考えられる。

3　まとめと意見

本書は，従来日本ではあまり検討されてこなかった仲裁裁判中で刑事罰行為が問題とされた最近の事例を具体的に時系列的に紹介し，個々の仲裁判断がどのように行われて

文 献 紹 介

きたか，最近の多くの学術論文も踏まえ分析を行っている貴重な文献である。また，国際投資仲裁と商事仲裁において「国境を越えた（Transnational）Public Policy」の成立を明言したものである点も，貴重でもあると考える。

　我が国では，外国公務員への贈賄処罰件数が他国比著しく少なく，またマネロン対策も FATF からこれまで度々多くの不備を指摘され，何度も修正立法を行う等，国際的な実務趨勢とは随分異なる対応が過去継続している。本書で国際法の一種と分類された「国境を超えた Public Policy」とされた贈賄やマネロン等を対象とした刑事罰の強行法規扱いの概念が果たして現在，日本の仲裁人に十分浸透しており，将来，同様の問題を抱える事案が出てきた場合，適切な仲裁判断が行えるか，正直疑問がある。今後は，日本国内でも本書が指摘した国際法認識が共有化され，国内刑事実務も国際標準への一層の接近が望まれるのではないかと考える。

　　　　　　　　（MDP ビジネスアドバイザリー㈱代表取締役，ニューヨーク州弁護士）

中村達也

『仲裁法の論点』

（弘文堂，2017年，ⅹ + 510頁）

小 川 和 茂

1　本書の概要

　(1)　はじめに　　本書は，著者がここ10年ほどの間に公刊した論文から重要な論点を扱うものを選び，判例・学説のその後の展開を加筆・修正したもので構成されている。

　各章を概観すると，1 章 仲裁と法律上の争訟，2 章 仲裁と仲裁鑑定，3 章 独占禁止法と仲裁，4 章 知財関係仲裁，5 章 仲裁合意と特定承継，6 章 仲裁合意の効力の人的範囲，7 章 多層的紛争解決条項の効力，8 章 交渉，調停前置合意の確定性，9 章 仲裁機関による仲裁人の確認，10章 仲裁人の忌避に関する諸問題，11章 仲裁権限をめぐる紛争の解決，12章 仲裁合意と相殺の抗弁の可否，13章 仲裁と破産手続，14章 仲裁費用，15章 仲裁判断取消しの裁量棄却について，16章 渉外的仲裁における仲裁法附則 3 条，4 条の適用，17章 外国裁判所で取り消された仲裁判断の内国での効力，18章 国際商事仲裁におけるウィーン売買条約の適用，19章 投資協定仲裁とニューヨーク条約の順となっている。

　以上の各章は紹介者の視点で分類してみると 5 部に分けられる。第 1 部は 1 章から 4 章であり，仲裁可能性という仲裁制度の本質に関わる点について論じられている。そして第 2 部では，仲裁合意に関連する論点が 5 章から 8 章，12章，及び，13章で展開され

る。次に，第3部として仲裁手続中に生じる問題点が，9章，10章，及び，14章において論じられている。第4部は仲裁判断に関する論点が15章で取り上げられている。そして最後の第5部として，16章から19章において国際仲裁がテーマとなっている。

(2) 第1部 仲裁可能性　どのような紛争に仲裁を利用できるのかという「仲裁可能性」が主題となっている。以下のような前提のもとに議論が進む。すなわち，仲裁法が「民事上の紛争」を仲裁合意の対象としている一方で，裁判所法3条1項によれば裁判所が取り扱うことのできる紛争は法律上の争訟に限定されていること，もともと仲裁は民事訴訟法に規定されていたこと，仲裁は訴訟に代わる紛争解決手段であることから，仲裁で取り扱われる紛争は，法律上の争訟に限られるのが我が国の多数説という前提である。

1章では，法律上の争訟には当たらないという有力説のあるスポーツ団体による代表選手選考決定に対する競技者からの不服申立てをめぐる紛争などが仲裁の対象となるのかについて検討をし，「団体の自立性を尊重するため司法権の介入が許されず，法律上の争訟に当たらない紛争であっても，仲裁が当事者の合意に基づく私人による紛争解決手続であるという特徴から，団体の自律性が仲裁による紛争解決を妨げる原因とはならず，仲裁による終局的な解決が可能」と結論付ける。

2章では，当事者が法律関係の前提となる事実の確定を第三者の判断にゆだね，その判断に服する旨の合意に基づき事実に関する紛争を解決する手続である「仲裁鑑定」について，仲裁法適用の有無を論じる。そして，仲裁は，当事者の合意に基づく私設の裁判手続であり，かかる仲裁の特質から，訴えの利益を欠き訴訟の対象とすることができない場合であっても，当事者がこれを仲裁に付託している限り，仲裁可能性は肯定されるとする。さらに，国家が設営する訴訟制度の対象から外れる紛争が仲裁に付託し得るとも述べる。

3章及び4章では，仲裁可能性の限定要件として，仲裁法13条1項が「当事者が和解をすることができる民事上の紛争」と規定していることから生じる論点が取り扱われる。

3章では独占禁止法違反の存否が仲裁で取り扱えるかについて，仲裁は訴訟に代替する国家が法認した紛争の終局的解決手続であり，当事者の紛争解決利益を考慮すると，これを裁判所の専属的な管轄として仲裁可能性を認めない理由はなく，仲裁可能性は肯定されると述べる。他方で，独禁法違反の存否について仲裁可能性を認めた場合，仲裁判断が経済秩序に影響を及ぼしうるため，仲裁判断が独占禁止法違反の法状態を作出するような場合には裁判所は仲裁判断を取り消す責務があり，仲裁制度が保証している当事者の紛争解決利益と経済秩序を維持・確保する社会一般の利益を比較衡量し，刑罰権行使により経済秩序を維持すべく高度の公益にかかる独占禁止法違反については，仲裁判断の実質的な再審査をしても構わないが，それ以外の場合にはすべきではないとする。

文献紹介

4章では,特許有効性の仲裁可能性が論じられる。平成16年の特許法改正によって,裁判所は特許有効性の判断を実質的に行えることになった。しかし,仲裁においては特許有効性の仲裁可能性が肯定されてきたため,その理論的根拠を再検討するものである。

(3) 第2部 仲裁合意が仲裁合意の当事者以外の者にどこまで及ぶのか　5章では特定承継人に仲裁合意は承継されるのかという点について,問題となる場面ごとに分析する。6章では仲裁合意の効力が,当事者以外のどの範囲の者に及ぶのかを論じる。我が国では,仲裁合意の効力の人的範囲は,仲裁合意の準拠法によるとされているが,日本法が準拠法とされた裁判例はないとした上で,米国における判例法理を中心に,そこで示された法理が日本法の元でも妥当するかを検討する。仲裁合意の効力が第三者にも及ぶかどうかに関する諸外国の判例法理は,当事者の合理的意思解釈の問題であり,我が国の法体系のもとでも取りうる法理であるとする。

続く7章,8章は,紛争解決条項として,段階的に交渉,調停などのADR手続の利用を義務付け,そのような手続で解決できない場合に仲裁を利用するという合意,いわゆるADR前置合意の効力について,この条項を無視して仲裁・訴訟が行われた場合に,仲裁手続は終了決定がなされ,訴えは却下されるのかという点について,我が国の裁判例と諸外国の裁判例を踏まえ検討している。著者は,ADR前置合意は,不起訴の合意と同様に,その内容が確定しているものであるならば,当事者の意思を尊重し,手続法上の効力を認めるべきであるとする一方,文言の不備により仲裁条項と比べてその効力が争われる危険性を指摘する。

12章では「仲裁合意と相殺の抗弁の許否」が論じられる。被申立人から相殺の抗弁が提出されることがある。その際,自働債権の存否について争いがある場合,その争いを仲裁できるかという問題がある。仲裁法に相殺の規定はなく,各仲裁機関の規則も統一されていない。また,学説も見解が統一されていない。著者としては,相殺の抗弁を仲裁で出せるが,自働債権の存否が争われる場合,当該債権が仲裁合意の対象になっている場合には仲裁手続,そうでない場合には訴訟手続において終局的に解決されるという。

13章では,仲裁手続の当事者が破産した場合に,仲裁合意やすでに開始された仲裁手続に生じる影響を分析し,破産管財人と届出破産債権者は破産者の地位を承継するため仲裁合意に拘束され,双方未履行双務契約についても仲裁合意は破産管財人との関係で有効となるが,他方で,破産法固有の争点は,原則として仲裁可能性はないとする。

(4) 第3部 仲裁手続中に生じる問題点　9章では,仲裁機関が行う仲裁人選任時の確認が論じられる。仲裁人選任時に,仲裁人の確認をしないと選任の効力が生じない仲裁機関がある。仲裁人の確認の手続は,仲裁人の忌避の基準よりも厳しい基準やそれと同等の基準で行われる仲裁機関があることが明らかとなる。他方で,日本商事仲裁協会における仲裁人の確認手続は,当事者の仲裁人選任権を重視し,仲裁人の独立性及び

公正性によほどのことがない限り確認をしないことはないとの違いを示す。そして、仲裁人の確認が仲裁人の忌避手続と重複するような場合に仲裁人の確認には意味があるのかという疑問を呈する。

　10章では、仲裁人の忌避事由の有無を判断する際の指標となる「公正性」と「独立性」の概念について明らかにした上で、忌避の手続及びその忌避手続の判断並びにそれに対する裁判所への不服申立ての結果が、仲裁手続に及ぼす影響が分析される。

　11章では、仲裁廷の仲裁権限について論じる。仲裁廷の仲裁権限について争われる際には、仲裁と訴訟のどちらで解決するかとも直結するため、争いが終局的に解決されることが望ましいが、仲裁法は明確に解決できないこと、UNCITRAL 国際商事仲裁モデル法（モデル法）とは異なる立場を採るため問題が生じることを指摘する。仲裁法23条5項は仲裁廷の仲裁権限に関する判断に対する不服申立てを裁判所にすることを認めるが、裁判所の決定には事実上の拘束力しかないという問題である。

　14章では、仲裁費用について検討がされている。仲裁費用には含まれる費用を明らかにし、当事者間の負担割合について敗訴者負担が原則であることが示されている。

　(5)　第4部 仲裁手続後の問題　　15章では、仲裁判断の裁量棄却が論じられている。仲裁法44条が仲裁判断取消事由のある場合に仲裁判断の取消しを裁判所は「できる」と規定しているため、取消事由があったとしても、申立てが棄却される場合がある。しかし、どのような場合に裁量棄却となるかは明らかでない。著者は仲裁判断が取り消された数少ない我が国の裁判例とモデル法採用国の裁判例を参照しつつ、裁量の範囲を明らかにしようと試みる。著者は、仲裁合意・仲裁申立ての範囲の逸脱（仲裁法44条1項5号）の場合には仲裁判断の結果に影響を及ぼすため裁量棄却は行われないとする。他方で、仲裁手続に関する取消事由については、当該取消事由が仲裁判断に影響を与える蓋然性が認められる場合でなければ原則として裁量棄却となるという。

　(6)　第5部 国際仲裁に固有の論点　　16章は、弱者保護の観点から制定された消費者仲裁と個別労働仲裁に関する仲裁法附則3条及び4条に関するものである。仲裁法の地理的適用範囲は、仲裁地を基準として決めている。ところが、仲裁法附則に関しては、適用範囲に関する規定がないため、問題が生じる。近時制定された国際裁判管轄に関する立法の消費者契約や労働契約に関するルールとの整合性を考えると、仲裁法附則3条及び4条は仲裁地が日本国内にある場合のほか、消費者の住所や労働者の労務提供地が日本国内にあるか否かにかかわらず我が国の裁判所で裁判が行われる場合にも適用があると主張する。

　17章は、外国で取り消された仲裁判断の内国での効力について論じている。この問題は外国仲裁判断の承認及び執行に関する条約（ニューヨーク条約）5条1項（e）が、仲裁地国において仲裁判断が取り消されたことを承認・執行拒否事由に挙げている一方で、5条1項は締約国の裁判所が承認・執行拒否事由がある場合に、承認・執行を拒否できる（may be refused）としているために生じる。ここ20年ほど盛んに議論されてい

るところ、近時の米国・オランダ・ドイツ等の裁判例や投資条約仲裁の仲裁判断例とともに検討が行われている。

18章は、我が国も締約国となっている国際物品売買契約に関する国際連合条約（CISG）の仲裁における適用について論じる。条約を常に仲裁廷は適用しなければならないとする立場と、仲裁廷が独自に準拠法を決めその準拠法所属国が CISG 加盟国であり同条約の適用要件を満たす場合に、仲裁に適用されるとする立場が対立している。筆者は CISG がその適用を仲裁廷に強制しているとまでは読めないとして、後者の立場を支持する。

19章は、投資協定仲裁（投資条約仲裁）の仲裁判断はニューヨーク条約の適用対象となるのかという点について論じている。投資協定仲裁では投資紛争解決国際センター（ICSID）、常設国際仲裁裁判所（PCA）、その他商事仲裁機関が利用される。ICSID 仲裁の場合、ICSID 条約により仲裁判断の執行義務が加盟国に課されているが、他の仲裁機関の場合、その執行が問題となる。我が国では投資協定仲裁による仲裁判断に、ニューヨーク条約の適用はないという有力説が主張されていたところ、著者は、諸外国の裁判例や学説を踏まえ、ニューヨーク条約が適用されると主張する。

2 コメント

仲裁法では明確な回答が示されていない論点がこれほど多くあるのかと驚かれるだろう。しかし、我が国の仲裁法規は、古くは民事訴訟法中に規定され、民訴法改正により公示催告並びに仲裁手続に関する法律（公催仲裁法）とされた。条文数は極めて少なく内容は制定時から変更はなかった。平成15年にモデル法に基づいた仲裁法に改正された。

我が国には仲裁機関として日本商事仲裁協会があるが、その利用件数は毎年10〜20件で推移している。平成16年の仲裁法施行後、平成28年までに裁判所に係属した仲裁法関係事件の統計によれば（永末秀伸「東京地裁本庁における「仲裁関係事件」の審理状況等について」『JCA ジャーナル』64巻7号3頁）、裁判所は好仲裁的な態度を取っている。すなわち、東京地裁では、仲裁判断の取消し（23件）と仲裁判断の執行決定（34件）の申立てがあったが、仲裁判断取消しが認容されたものが1件、仲裁判断の執行決定については申立てが却下されたものが1件のみであった。

他方で、目を世界に拡げると、仲裁の利用件数は、年々増加している傾向にある。その中でも、シンガポール国際仲裁センターの存在感が大きくなってきている。平成16年には年74件だったところ、平成28年には年間340件以上の仲裁案件を取り扱っている。国家による仲裁利用促進の施策が行わた成果である。

平成29年6月に内閣府が公表した「経済財政運営と改革の基本方針」において、国際仲裁の活性化に向けた基盤整備が言及された。これに基づき平成30年5月には仲裁等の審問会場として利用可能なインフラ整備として、日本国際紛争解決センターが設立された。今後、国際商事仲裁のみならず、たとえばスポーツや知財などの分野における仲裁

の利用も活性化するだろう。仲裁法は近代化されたとはいえ，仲裁法に明確な答えがない論点は多い。我が国の仲裁法がモデル法を元にしたことを踏まえると，我が国の裁判例・学説のみならず，モデル法を採用国の裁判例や学説も踏まえた，仲裁法の解釈が求めらる。

本書では，モデル法採用国のほか，イギリス，フランス，アメリカなどのモデル法非採用国の判例・学説も丹念に参照している点にひとつの特徴がある。また，著者は長らく日本の仲裁機関における実務を牽引してきたエキスパートであり，本書には，そのような実務経験が反映されている。我が国における国際仲裁の活性化の流れの中で本書の与える示唆は大きい。

他方で，本書は，我が国の仲裁研究の課題も示している。本書では，公催仲裁法下の学説も詳細に分析されている。しかし，モデル法を採用して仲裁法を制定し，条文数は相当数増え，公催仲裁法との連続性はかなり断たれた。さらに，モデル法を採用している国の数も多く，裁判例の取得が可能な状況である。そうであれば，モデル法を採用した国における解釈論により重きを置いた我が国の仲裁法の解釈論の必要があるのではないか。

（立教大学法学部特任准教授）

寺井里沙

『国際債権契約と回避条項』

（信山社，2017，xi + 290頁）

福 井 清 貴

1　本書の概要

国際私法における客観的連結は，単位法律関係に応じた固定的な原則的連結点（当事者の常居所地や不法行為地等）を介し，準拠法を指定するという形式で行われる。しかし近時の国際私法においては，その原則的連結点よりもさらに密接な関係がある地があればその地の法を適用するという，いわゆる「回避条項」が用いられるようになってきた。法の適用に関する通則法（以下，「通則法」）においても，この条項が契約外債務の分野につき明文化され，また契約債務については導入されたものと解される。しかし，この回避条項にいう「密接な関係がある地」は，柔軟な連結点である反面，その定義の不明確性から，準拠法の予見可能性と当事者の法的安定性に難を残す。本書はそのような現状を踏まえ，法的安定性の確保を目指し，国際契約における回避条項の適用に係る基準をドイツの議論を参考に検討しようとするものである。

文献紹介

著者はこれまで国際契約における回避条項に係る論稿を複数公表してきた。本書はそれらを纏め加筆修正等がなされたものであり、著者が2016年度に中央大学大学院に提出した博士論文を基礎とする。

本書は、序論に加え4章で構成される。

まず序論では、前述の回避条項の特徴が説明された後、通則法8条は、同条1項が2項・3項における最密接関係地の「推定」が覆される場合に適用されるという構造をもつことから、その1項が回避条項の機能を有すると確認される。そして、この通則法との規律の類似性および学説と裁判例の豊富な蓄積を理由に、ドイツ国際契約法が検討の対象とされることが表明される。

ドイツにおける契約に係る国際私法ルールは、2009年12月17日を境に変更された。それより前は、ドイツ民法施行法旧27条以下により規律され、それ以後はEUの「契約債務の準拠法に関する欧州議会および理事会規則」（以下、「ローマⅠ規則」）により規律されている。第1章では、前者が検討される。その1節ではまず、国際契約における客観的連結を定める同法旧28条の構造が確認される。その構造を確認するにあたっては、独立抵触規定と従属抵触規定という著者独自の概念が用いられる。著者によれば、前者は単位法律関係と連結点とを通じて準拠実質法を直接指定する規定であり、後者はこの独立抵触規定の適用の可否を定める規定である。従属抵触規定の要件が充たされることにより、独立抵触規定の適用の可否が決定されるという意味で、従属抵触規定は間接的に準拠実質法を決定するという。著者は28条の各条文を両概念に分解して構造的に把握し、28条5項は、「複数の従属抵触規定と、独立抵触規定から構成される複合的な抵触規定として整理」(33頁)できるという。

第1章第2節においては、民法施行法旧28条5項の適用がなされた6件の裁判例が、詳細に紹介・検討される（うち1件が債権譲渡契約、1件が物品運送契約、残り4件が旅客運送契約に関するものである）。いずれの判決も事例は細部において異なり、かつ密接関係性の判断時に考慮される諸事実も様々であり、一貫性を見出すのは困難である。しかし著者は、これらのドイツ判例の検討から回避条項の適用基準（または密接関係地の判断基準）として2つの要素を抽出する。第1に、当事者の契約締結目的である。著者は、契約締結目的が当事者の主観に関わる事情であることから、これが密接関係地の判断に考慮されうるかを問う。そこでは、客観的連結において考慮される事情から当事者の主観に関わる事情を完全に排除することはできないとしつつ、契約締結目的という当事者の内心に直接関わる事情を密接関連性の考慮要素に含めることが批判的に評価されている。第2に、判例にて弱者保護という政策目的が密接関係性の判断時に考慮されていたことを指摘する。著者によれば、旅客運送契約に係る判決のうち3件において、他の事情と共に旅客の住所地や国籍も考慮されていたといいうるから、旅客の抵触法上の保護（旅客の準拠法に係る予見可能性）が重視されていた。そして、この判例のような考慮が、改正後のローマⅠ規則5条2項において旅客運送契約の準拠法につ

き，出発地または目的地と一致する旅客の常居所地の法が原則的連結点とされた背景である旨推測する。

　第2章は，ローマⅠ規則4条3項を主たる検討対象とする。同規則4条3項は，その前身たるローマ条約4条5項（民法施行法旧28条5項）から改正された部分がある。そのひとつは，回避条項たるローマⅠ規則4条3項が，原則的連結点よりも「明らかに」密接に関係する地の法を適用する旨定められたことである。起草者は，「明らかに」という文言の追加した理由を，回避条項が例外的にのみ適用されることを示すためと明言している。問題は，その「明らかに」という文言がさらに具体的な意義を有するかである。そこで同章1節においては，ローマ条約における回避条項の適用条件の寛厳につき態度が異なっていたオランダ最高裁判所とイギリス控訴院ならびに欧州司法裁判所の判決を検討し，その意義を探ろうとする。結論的に著者は，オランダ最高裁がいう回避条項の適用の要件たる「連結に値する真正の価値」といった厳格な基準は，回避条項の存在意義を失わせるため，「明らかに」概念の具体化には適当ではないという。

　第2章2節では，ドイツ学説のうち Thorn と Martiny の説に目を向け，「明らかにより密接な関係」を審査する際に，契約上のいかなる事情が重視されるべきかを検討する。著者は両説に共通して考慮される事情や各々において取り扱いが異なる点等を丹念に拾い上げる。その後に著者による両学説の評価が行われる。すなわち，両学説の説明はなおも抽象的であり基準が不明瞭であること，両学説は同一当事者間に関連性のある複数の契約が締結された場合に附従的連結を認めるが，それでも当事者の予見可能性を害しうる場合のあることが指摘される。また両学説の態度は明らかでないとしつつ，フランチャイズ契約や販売店契約の場合に弱者保護が附従的連結を通して確保されうることが主張される。

　第3章では，回避条項に基づく附従的連結の可否が検討される。検討される契約類型は，販売店契約（第1節），仲立契約（第2節），下請契約（第3節）の3種である。検討に際して題材とされるのは，第1節では2件のドイツ判決，第2節では1件のドイツ判決，第3節では von der Seipen の博士論文である。いずれの節においても，翻訳も織り交ぜられながら事細かな検討がなされる。

　第3章第1節においては判決を題材に，販売店契約と売買契約との準拠法が異なる場合，前者が解約されたときの後者における契約目的物の帰趨という問題において準拠法適用の矛盾不調和が生じうると指摘される。しかし，この問題はもっぱら販売店契約だけに係る問題として性質決定されることにより，単一の準拠法によらしめうるので，附従的連結の必要性が乏しい旨主張される。第2節においては，不動産契約の締結を目的とした仲立契約に追加的に当該契約を補助する従たる仲立契約が他の当事者との間で結ばれた事例において，前者の主たる仲立契約から後者の従たる仲立契約に附従的連結された判決が批判的に検討される。本件では従たる仲立契約の当事者間で報酬支払請求権が争われているに過ぎないこと等から，附従的連結をなす意義に乏しい旨批判される。

第3節では，下請契約と元請契約のように包括的な契約の集合体とみなしうる場合に両方に単一の準拠法を適用するため，元請契約の準拠法から下請契約に附従的連結をすべきと主張する Seipen の見解を手掛かりに，同契約類型における附従的連結の認否が検討される。著者は，Seipen により題材とされた判決と彼の学説の紹介後，彼によって両準拠法の不調和が生じる典型例として挙げられた危険負担，瑕疵修補請求権，協力義務に係る問題をより敷衍的に検討し，第二と第三の例においては元請契約から下請契約への附従的連結が認められうると主張する。その主たる根拠として，附従的連結を肯定し元請契約の準拠法を下請契約の準拠法とした場合と別々の準拠法を各々に適用した場合とを比較すると，後者の場合に元請人の被る不利益が，上記二例において特に大きいことが挙げられる。

　最後に第4章は，これまでの検討を基礎として我が国への示唆を探る。第1節では，ローマI規則4条と通則法8条の異同を確認したうえで，前者の議論が後者でも参照されうることが主張される。第2節では，旅客運送契約，フランチャイズ契約，販売店契約について，原則的連結と回避条項の適用とで重視すべき政策目的が示される。著者によれば，これらの契約類型の場合，原則的連結点たる特徴的給付者の常居所地法の適用は，事業者の契約実務の統一的処理や法的安定性に配慮するという政策目的を追求する。他方で，回避条項の適用を肯定し旅客，販売店，フランチャイジーのような弱者と密接に関係する地の法に連結することは，経済的弱者を保護する政策目的に配慮するという。その上で，そのいずれの結論を採用するかを決定するには，両政策目的の比較衡量が必要である旨主張する。第3節では，わが国における附従的連結の可否が検討される。著者はまず，複数契約間の附従的連結が問題となる場合について，同一当事者間で複数の契約が締結された場合と異当事者間で別々の契約が締結された場合との2つに分ける。そして前者では，同一当事者間にて附従的連結がなされると原則的連結による旨の一方当事者の予見可能性が害されうること，同一当事者間での準拠法の相違による法適用不調和は性質決定の段階で解決できることを理由に，附従的連結が原則的に否定される。他方で，後者の場合においては，以下の限定的な場面においてのみ附従的連結を認める。すなわち，①一方の契約準拠法の要件の成否が他方の契約準拠法の適用結果に影響を与え，かつ②附従的連結の否定によって生じる一方当事者の不利益が附従的連結の肯定により生じる他方当事者の不利益より過酷である場合，である。

2　コメント

　本書は，国際契約における回避条項について検討したわが国初のモノグラフであり，その点で意義がある。回避条項が適用される条件としての密接関係性は多義的であり，それ自体では意味を見出し難い概念である。著者は，ドイツの判例と学説の検討を通してこの難問に挑戦する。著者の議論にはわが国にて従来意識されてこなかった観点もみられ参考になる。ただし，読中に複数の疑問が湧いたのも事実である。以下では，そのうちの三点に限定してコメントしたい。

第1に，著者は，従属抵触規定と独立抵触規定なる独自概念を用いて，民法施行法旧28条，ローマⅠ規則4条，通則法8条の構造を説明する。この構造説明は複雑であり，ここで紹介はできない。ただ一点述べるとすれば，両概念をあえて用い条文構造を整理した根拠や意義がもう少し説明されてもよかったのではないだろうか。ただ条文や各法の異同を説明するつもりならば，複雑な概念装置を利用することなく，本書13頁，123頁以下のような条文の翻訳ならびに各条文の意義と適用関係（例えば，同じく「密接関係地」概念を用いる民法施行法旧28条1項と5項の異同ならびに相互関係等）をより一般的な形で解説すれば足りるようにも思われるからである。著者のこの理論は国際契約法にかかわらず，広く国際私法に妥当するものとして提唱されていることが伺える。そうとすれば今後，この理論の有用性等を含め，より詳細な解説がなされることが期待される（なお，ドイツにおいても独立的・従属的抵触規範（Selbständige —, unselbständige Kollisionsnormen）という概念により国際私法の構造が説明されることはある（MüKo/v. Hein 7. Aufl. (2018), Einl. IPR Rn 88）。しかし，少なくとも従属的抵触規範の概念は著者のものと大きく異なる）。

第2に，著者は請負契約における附従的連結の実施条件のひとつとして，「一方の準拠法の適用結果が他方の準拠法中の実質規定の要件の成否に影響を及ぼしてしまう場合にのみ附従的連結を行う」（255頁）という基準を持ち込む。その見解の当否はともかく，この際に著者が行うのは，抵触法上の利益ではなく実質法の適用結果の考慮であると思われる。この基準は，各々の契約につき準拠法が確定された後でなければ審査できないからである（これを著者はおそらく認識しており，「元請契約の準拠法が予め明確である場合にのみ附従的連結の可否を判断する」という旨の独特の条件を追加している（253頁参照））。

通常，国際私法における連結政策の妥当性やその可否は，実質法の具体的適用結果ではなく，より抽象的な抵触法上の利益衡量に基づき検討される。このことは，法律関係間の準拠法の不調和を回避しうることをひとつの論拠とする附従的連結の場合にも異ならない。著者の紹介する Seipen の見解においてもこれは踏襲されていると思われる（Seipen, Akzessorische Anknüpfung und engste Verbindung im Kollisionsrecht der komplexen Vertragsverhältnisse (1989), S. 218ff., 266ff.）。それに対し著者は，246頁以下における自説の検討の途上，個別具体的な事情を細やかに考慮しようとするあまり，実質法から中立的に準拠法を決定するという国際私法の伝統理論から離れた結論に至ったように見受けられる。伝統理論からの離反それ自体は，十分な理由が提示されれば問題ないとはいいうる。しかし他方で著者は，複数の法律関係の準拠法が異なるという理由だけで附従的連結をすることは，モザイク的処理を基本とする伝統的国際私法に反するともいう（248頁以下）。なぜ一方の伝統理論が軽視され他方の伝統理論は重視されるのか，その理由は明らかでない。附従的連結をごく限定的な場合にのみ認めようとする著者の企てがその要因とは推測される。しかし，その企てが価値中立性の原則から離反

する理由となりうるのかは検討の余地があろう。あるいは逆に，著者の見解が当該原則にそもそも反しないとも評価しうるのかもしれない。両方につき，より説得的な説明が期待される。

これに関連し第3に，著者の上記見解は元請人と下請人の利益の衡量という枠組みをさらに持ち込む。そこでは，関係当事者のうち一方の不利益の程度が過酷であるかに応じて，附従的連結の可否が左右される。この不利益性の審査は，本書250頁以下から看取できるように，かなりの個別具体的審査を裁判所に要求するものと推測される。そうとすれば，本書の目的とする法的安定性の保障に反することにならないだろうか。むしろ法的安定性を追求するならば，より画一的で明確な基準によらしめられるべきではないだろうか（著者の題材としたSeipenの見解や，下請契約につき附従的連結をほぼ認めないドイツの通説は，元々そういった方向性であろう）。もっとも，この点は今後，著者の提唱する要件がより具体化されることで解消されるかもしれない。

以上，自身の誤解に基づくものかもしれないものの，若干のコメントを試みた。ただ，仮に疑問点があるにしても，本書がわが国の議論にとって意義のあることは変わりない。通則法8条1項における最密接関係地の概念を扱う本格的な判決や学説はまだ多くない。この現状において，ドイツ国際契約法の情報のみならず，国際私法理論の前提にまで踏み込んだ著者独特の視座を提供する本書は貴重といえるからである。

（明治大学法学部専任講師）

〈2017年貿易・投資紛争事例の概況〉

WTO 紛争事例

伊 藤 一 頼

1　GATT
2　アンチダンピング（AD）協定
3　補助金協定
4　衛生植物検疫措置の適用に関する協定（SPS協定）

＊2017年中に公表された WTO パネル及び上級委員会の報告書の中からとくに注目されるものの概要を紹介する。上級委員会報告書を中心に扱い，パネル報告書については上訴中のものは除外した。それらは上級委員会報告書が発出された後に次号以下で紹介の対象とされる可能性がある。

1　GATT

インドネシア―園芸作物事件は，インドネシアが様々な法令に基づき，野菜等の園芸作物や食肉に関して18種類に及ぶ輸入ライセンス規制を導入したことについて，その協定整合性が争われた事案である。パネル判断では，これらの全ての措置が GATT11条1項違反を構成するとされ，また農産物に関して例外を定める11条2項(c)(ii)は，農業協定4条2項の成立によって効力が消滅した（inoperative）とされた。[1]

インドネシアは，かかる協定違反を GATT20条(a)号，(b)号，(d)号により正当化しようとしたが，いずれも認められなかった。特に，一部の措置については，これら各号に含まれる目的性テストと必要性テストのうち，目的性テストすら満たさないとされ，必要性テストの審査にまで至らなかったことが注目される。インドネシアは，これらの措置の目的はハラル遵守による公徳の保護などにあると主張したが，パネルは，目的性テストの要請として，それらの政策目的の実現にとって当該措置が「効果を持たないわけではない（not incapable）」と言いうる程度の最低限の関連性がなければならないところ，本件措置はその程度の関連性すら有していないと指摘した。[2]

政策目的の実現にとって当該措置が貢献するか否かという要素は，従来は必要性テストの一部をなすものとして扱われてきたが，明らかに政策目的との結び付きに欠けるような措置は目的性テストの段階でふるい落とすという考え方から，2016年のコロンビア―繊維事件上級委判断において，「効果を持たないわけではない」という基準が新たに追加されることになった。[3] もちろん，これは非常に緩やかな基準であり，措置と政策目

的との間に何ら関連性が見出せないという極端な場合でない限り，この要件はクリアできるはずであった（コロンビア―繊維事件でも，措置と政策目的の関連性はかなり薄かったが，それでも本要件を満たすとされた）。ところが，インドネシアの本件措置は，こうした最低限の基準であっても有効に機能しうる場合があることを図らずも証明したと言える。

なお，インドネシアは本件を上訴したが，この目的性テストに関するパネルの判断は争わなかった。上訴対象となったのは，GATT11条2項(c)(ii)の効力が農業協定により消滅したのか否かであり，上級委は，11条2項(c)(ii)の要件を満たす措置であれば農業協定4条2項の輸入数量制限の禁止からも除外されるという文言上の根拠はないため，パネルの解釈は誤りではないとした。[4]

これとは別に，インドネシア―鶏肉事件においても，輸入制限措置のGATT11条違反が認定され，インドネシアはこれをGATT20条(b)号や(d)号などで正当化しようとした。ここでもパネルは，各号の目的性テストにおいて「効果を持たないわけではない」という基準を用いているが，それを適用した結果，本件措置と政策目的との間には関連性があると認定された。[5]

2 アンチダンピング（AD）協定

米国―対中AD手続事件は，いわゆるターゲットダンピングに対するAD措置の手法が争点となった事案である。AD協定2.4.2条第2文は，調査対象産品の輸入価格が「購入者，地域又は時期によって著しく異なっている」ような状況（＝パターン取引）が観察される場合には，ダンピングマージンの算定に際して，加重平均正常価額と個別輸出価格とを比較する手法（W-T方式）を使用することを認めている。この手法は，特にゼロイングがAD協定違反であることが確定した後，米国で利用が増え始めたものであるが，同手法に関する解釈上の主要な論点はすでに2016年の米国―洗濯機事件[6]において扱われており，本件の争点もこれと共通・重複するものが多い。なかでも，パターン取引の認定において調査当局は，非パターン取引とパターン取引の価格動向の違いを量的のみならず質的にも分析する必要があること[7]，ただしかかる価格動向の違いの理由まで説明する必要はないこと[8]，ダンピングマージン算定に際してはW-Tを使用したパターン取引とW-WまたはT-Tを使用した非パターン取引との通算は認められないこと[9]，などが重要な説示であろう。

米国―油井管事件では，米国の調査当局が正常価額を構成価額により算定する際，調査対象である韓国企業が提出した実際の利潤データを使用せず，他の企業のデータを代替的に用いたことがAD協定2.2.2条に違反するかが争われた。韓国は，仮に販売量が少なかったとしても，それは調査対象企業の実際のデータを拒否する理由にはならないこと，2.2.2条に挙げられる代替的手法を用いることができるのはそうした実際のデータが入手できない場合に限られること，などを主張した。[10] パネルもかかる主張を認め，販売量が少ないことを理由に実際のデータを構成価額の算出において採用しなくてもよ

いとする根拠は2.2.2条には見出せないと述べた[11]。

中国—セルロースパルプ事件では，AD協定3条における損害及び因果関係の認定に関して，先例が発展させた重要な法解釈が再確認された。特に，AD協定3.2条に関しては，すでに中国—GOES事件[12]などにおいて，価格の押し下げを分析する際にはダンピング輸入と国内価格との関係を検討せねばならず，単に国内価格が下落した事実を示すのみでは，価格の押し下げにとってダンピング輸入の影響が顕著であったかを説明するうえで十分ではないと説示されており，本件パネルもこれを前提的に確認した[13]。そして，本件では調査対象期間中，輸入産品と国内産品の価格が同時に下落する状況が見られたが，パネルは，かかる事実を単に示すだけでは国内価格がダンピング輸入により押し下げられていることの論証としては不十分であり，そうしたパラレルな価格傾向の意味や，ダンピング輸入が国内価格にどのように影響を与えているかについて論理的な説明が必要であるとした[14]。

3　補助金協定

米国—コート紙事件は，インドネシアからのコート紙の輸入に対して，米国がアンチダンピング税と補助金相殺関税を賦課した事案である。このうち補助金相殺関税については，インドネシアが木材の輸出禁止措置をとっていることにより，同国内にコート紙の原材料となる木材が大量かつ安価に供給されていると米国は指摘し，これは補助金協定1条1項(a)(1)で定義される補助金の類型で言えば，私人（木材生産者）に対する「委託・指示」に当たると主張する。また，補助金による利益の存否を分析するための比較のベンチマークとしては，インドネシア国内では政府が支配力を持ち市場価格が存在しないと述べて，国外にベンチマークを求める（具体的にはマレーシアの木材輸出価格等を用いる）[15]。

これに対してインドネシアは，米国当局による利益分析の手法が補助金協定14条(d)に違反すると述べる。その根拠は，インドネシア国内における木材取引で同国の政府が支配的な地位を占めるという事実だけから，米国当局は直ちに，国内の市場価格は存在しないという結論を導いた（実際の取引価格の妥当性などを分析していない）という点にある[16]。パネルも，一般論として，政府が対象産品の支配的な供給者であるという事実のみから価格の歪曲という結論を自動的に導くことはできないと述べ，価格歪曲の有無は個別のケースにおける固有の諸事情に基づいて評価せねばならないとする[17]。そのうえでパネルは，本件で米国当局は必ずしも機械的な結論導出を行っているわけではなく，むしろインドネシア政府の木材取引価格が市場原理に基づいて設定されたものであるか否かを分析していると指摘する。したがって，本件で国内価格をベンチマークとして使用しなかったことは，補助金協定14条(d)の違反にはならないとされた[18]。

なお，本件パネルでインドネシアは，米国の補助金相殺措置のうち，主として利益分析の手法の妥当性を争い，木材の輸出禁止措置が「委託・指示」に該当するか否かは争点としていない。これに関しては，米国がカナダの丸太輸出規制を国内木材加工業者に

対する補助金と認定したことが争われた先例において、パネルは、「委託・指示」とは、政府が私人を通じて特定の政策を遂行しようとすることを意味し、具体的には、①政府の明示的かつ積極的な行為が、②特定の主体に向けられ、③特定の任務ないし責務の実現を目的とすること、が必要であると述べた。つまり、ある結果が発生するかどうかが、民間主体の自由な選択に依存する場合は、委託・指示があるとは言えない[19]。この解釈に照らすと、インドネシアによる木材輸出規制は、民間主体が木材を低価格で国内市場に供給するよう明確に委託・指示したものとまでは言えないため、補助金性が認められない可能性もあったであろう[20]。

次に、米国―大型民間航空機優遇税制事件は、米国ワシントン州が商業用航空機の製造・販売事業に対して各種課税を減免する措置をとったことに対し、EUが補助金協定違反を主張して提訴したものである。特にEUは、この税制上の優遇では、航空機の最終組立てや翼の組立ての工程がワシントン州の州外に置かれた場合には優遇の対象から外れるとされており、これは事実上、国内物品の優先使用を条件づけているため、本件は補助金協定3条が定める禁止補助金に該当すると主張した。パネルはこのEUの主張を認めたが、それは上級委で覆される結果となった。上級委によれば、補助金の受給資格が、対象企業によって使用される物品が国内物品になるか輸入物品になるかに「関係する」という程度では、国内物品の使用を事実上条件づけたとまでは言えない[21]。これは、補助金協定3条における事実上の条件性の基準をかなり厳格に捉えるものであり、単に当該補助金プログラムの効果として国産品の使用が大きく促進されるという現象面での連関を示すだけでは足りず、より明瞭に国産品の使用を必須とするようなメカニズムの存在を立証することが求められると言えよう。

4　衛生植物検疫措置の適用に関する協定（SPS協定）

ロシア―豚製品事件は、2014年にリトアニアでアフリカ豚コレラが発生したことを受けて、ロシアがEU全域からの豚・豚製品の輸入を禁止したことから生じた紛争である。EUは、域内には当該病気が発生していない国・地域があるとして、かかる清浄地域からの輸入を認めるようロシアに要請したが、ロシアが受け入れなかったため、WTOに提訴したものである。なお、ロシアとEUの間には、検疫措置に関する二国間合意（「家畜衛生条件」）が存在し、そこでは本件措置のようなEU全域からの輸入の停止が認められていた。そこでロシアは、この二国間合意により本件措置が合法化される旨をWTO紛争処理手続においても主張したが、上級委は、「仮にロシアの輸入制限が家畜衛生条件に基づくものであったとしても、ロシアは当該家畜衛生条件を執行するという決定を行ったのであるから、本件においてはかかる行為こそが措置を構成する」と述べて[22]、二国間合意を正面から扱うことを回避した。この結果、ロシアの措置は単にSPS協定との整合性のみが審査されることになり、清浄地域からの輸入を認めなかったことについて6条1項違反などが認定された。SPSの分野では、本件の家畜衛生条件のような二国間の特別な取決めを行っている例も多く、そうした取決めをSPS協定との関

係でどのように位置づけるべきかについて，本件は課題を残したと言える。

1) *Indonesia — Importation of Horticultural Products, Animals and Animal Products*, Panel Report, WT/DS477, 478/R, 22 December 2016, para. 7.60.
2) *Ibid.*, para. 7.632.
3) *Colombia — Measures Relating to the Importation of Textiles, Apparel and Footwear*, Appellate Body Report, WT/DS461/AB/R, 7 June 2016, para. 5.99. なお上級委によれば，目的性テストの審査では，措置が政策目的を実現する効果を持つかどうかが問われるのに対し，必要性テストの審査では，量的及び質的な観点から，措置が政策目的の実現に対してどの程度貢献したか（the degree）が問われる（*ibid.*, para. 5.103）。
4) *Indonesia — Importation of Horticultural Products, Animals and Animal Products*, Appellate Body Report, WT/DS477, 478/AB/R, 9 November 2017, paras. 5.73-5.75, 5.85.
5) *Indonesia — Measures Concerning the Importation of Chicken Meat and Chicken Products*, Panel Report, WT/DS484/R, 17 October 2017, paras. 7.124-7.133, 7.216-7.222, 7.405-7.419.
6) *United States — Anti-Dumping and Countervailing Measures on Large Residential Washers from Korea*, Appellate Body Report, WT/DS464/AB/R, 7 September 2016.
7) *United States — Certain Methodologies and their Application to Anti-Dumping Proceedings Involving China*, Appellate Body Report, WT/DS471/AB/R, 11 May 2017, para. 5.56.
8) *Ibid.*, paras. 5.62-5.71.
9) *Ibid.*, paras. 5.102-5.108.
10) *United States — Anti-Dumping Measures on Certain Oil Country Tubular Goods from Korea*, Panel Report, WT/DS488/R, 14 November 2017, para. 7.34.
11) *Ibid.*, paras. 7.39-7.47.
12) *China — Countervailing and Anti-Dumping Duties on Grain Oriented Flat-rolled Electrical Steel from the United States*, Appellate Body Report, WT/DS414/AB/R, 18 October 2012.
13) *China — Anti-Dumping Measures on Imports of Cellulose Pulp from Canada*, Panel Report, WT/DS483/R, 25 April 2017, para. 7.61.
14) *Ibid.*, paras. 7.77-7.81.
15) *United States — Anti-Dumping and Countervailing Measures on Certain Coated Paper from Indonesia*, Panel Report, WT/DS491/R, 6 December 2017, paras. 7.23-7.27.
16) *Ibid.*, para. 7.28.
17) *Ibid.*, paras. 7.31-7.35.
18) *Ibid.*, paras. 7.50-7.62.
19) *United States — Measures Treating Export Restraints as Subsidies*, Panel Report, WT/DS194/R, 29 June 2001, para. 8.29.
20) *Ibid.*, para. 8.31.
21) *United States — Conditional Tax Incentives for Large Civil Aircraft*, Appellate Body Report, WT/DS487/AB/R, 4 September 2017, para. 5.71.
22) *Russian Federation — Measures on the Importation of Live Pigs, Pork and Other Pig Products from the European Union*, Appellate Body Report, WT/DS475/AB/R, 23 February 2017, para. 5.19.

（北海道大学大学院公共政策学連携研究部准教授）

〈2017年貿易・投資紛争事例の概況〉

投資仲裁決定

福 永 有 夏

1 再生可能エネルギーなどの環境関連案件
2 日本企業に関連する案件
3 ICSID 条約廃棄通告後の仲裁申立て
4 その他

＊2017年中に公表された投資仲裁決定のうち特に注目されるものを紹介する。事件名（初出時）の後に付すかっこ内に，投資仲裁の根拠となった二国間投資条約（BIT）などの投資協定と適用された投資仲裁規則（投資紛争解決国際センター（ICSID）仲裁規則，国連国際商取引法委員会（UNCITRAL）仲裁規則，ストックホルム商業会議所（SCC）仲裁規則，アドホックのいずれか）を明記する。

1 再生可能エネルギーなどの環境関連案件

スペインの太陽光発電に係る固定価格買取制度（FIT）をめぐっては，多数の投資仲裁が申し立てられている。これは，太陽光発電を促進するために FIT を導入したスペインが，発電容量が増えるなどにより財政上の負担が拡大したことを受けて，2010年から2014年にかけて FIT を修正及び撤回するなどの措置をとったことに起因する。昨年から，一部の案件について仲裁判断が出され始めているが，昨年の「投資仲裁の動き（2016年）」で紹介した *Cbaranne B.V. v. Spain*（エネルギー憲章条約（ECT），SCC）仲裁判断では，管轄権は認められたものの，本案については申立人の申立てのすべてが退けられていた。[1]

2017年には，スペインの ECT 違反を認める仲裁判断と ECT 違反を認めない仲裁判断が公表されている。まず *Eiser v. Spain*（ECT，ICSID）では，仲裁廷は，課税措置を除く措置について管轄権を有すると認めた後,[2] 被申立人が ECT 第10条 1 項に定められる公正衡平待遇義務に違反したと結論した。[3] 公正衡平待遇義務違反の審理にあたって，仲裁廷はまず，状況の変化や公共目的に応じて国が規制制度を修正する権限は投資協定によっても失われないことを確認した。[4] 次に仲裁廷は，ECT 第10条 1 項の公正衡平待遇義務は，投資家が長期的な投資を行う際に依拠する投資受入国の法制度の本質的性質が根本的に変動しないことを求めており，これを踏まえると，投資受入国が投資家の依拠する法制度に合理的な修正を加えることは認められるが，当該法制度を劇的に変更す

ることは認められないと指摘する。[5] そのうえで仲裁廷は，2013年以降にとられた本件被申立人の措置は申立人の投資の価値を実質上すべて失わせる法制度の劇的な変更であり，したがってECT第10条1項に違反すると結論した。[6] 仲裁廷は，DCF（discounted cash flow）法に基づき1億2800万ユーロの損害賠償金などの支払いを命じている。[7] なお本件については，被申立人によりICSID条約第52条に基づく取消しが請求されており，2018年5月末現在係属中である。

　他方で，2016年に出され2017年に公表された *Isolux v. Spain*（ECT, SCC）では，*Eiser v. Spain* と同様の措置が仲裁請求の対象となっていたにもかかわらず，ECT第10条1項の公正衡平待遇義務違反がないとの結論が出されている。[8] すなわち本件仲裁廷はまず，公正衡平待遇義務が投資家の正当な期待を保護していることを確認したうえで，投資受入国の規制枠組が投資家に不利な形で変更されるであろうことが「慎重な（prudente）」投資家に予見し得る場合には，投資家は当該規制枠組に基づき正当な期待を有することはできないと指摘する。[9] またどの時点での予見可能性が問題かについて当事者が争っていたところ，本件仲裁廷の多数派は被申立人の主張を認め，投資を行う決定を行った時点ではなく実際に投資を行った時点（2012年10月）の予見可能性が問題となるとしつつ，申立人が投資を行った時点ではすでにFIT制度の修正が始まっており，FIT制度が不利益変更されるであろうことは予見できたはずであると述べる。[10] 以上をふまえ仲裁廷は，FITの制度変更により公正衡平待遇義務に違反したとの申立てを却下した。[11]

　Eiser v. Spain において *Charanne B.V. v. Spain* と異なる判断が出された背景には，後者では2010年にとられた限定的な措置が仲裁請求の対象とされていた一方，前者では2010年の措置とは根本的に異なる2012年以降にとられた措置が対象とされたという事情がある。[12] また，*Eiser v. Spain* と *Isolux v. Spain* は同じ2012年以降にとられた措置を対象としていたにもかかわらず異なる判断が出されているが，後者の申立人は前者の申立人よりも遅い段階で投資を行っており，その点が後者の申立人については公正衡平待遇義務で保護される正当な期待がないとの仲裁判断が出された理由と推測される。

　スペインのFIT関連措置をめぐっては2018年に入ってからさらに2つの仲裁判断が公表されているが（2018年5月末現在），いずれにおいてもスペインのECT違反が認定されている。[13] 引き続き係属中の案件も多く，今後の展開が注目される。特にうち2件は日本の投資家が申立てたICSID仲裁で，2018年5月末現在書面手続が行われている。[14]

　再生可能エネルギーをめぐる措置に関しては，スペイン以外の国に対する投資仲裁申立ても行われており，その一部については2017年中に判断が出されているか公表されている。たとえばチェコの *Wirtgen v. Czech*（ドイツ・チェコスロバキアBIT，アドホック）では，申立人の主張がすべて退けられている。[15] 特に公正衡平待遇義務について，仲裁廷は，一定額以上のFIT収入が20年の事業期間中保証されることや優遇税制が撤回されないことについて申立人は正当な期待を有していたとは言えないとして，違反を認めなかった。[16] また，2017年に公表されたイタリアの再生可能エネルギー関連措置をめぐる

Blusun v. Italy（ECT，ICSID）でも，公正衡平待遇義務違反は認められなかった。[17] すなわち仲裁廷は，投資受入国は特定の約束を守っている限りその法規則を修正する権限を有すると述べたうえで，本件においては特定の約束の違反は認められないし，法規則の修正も目的に比例して行われていると結論した。[18]

再生可能エネルギー以外の環境関連措置についての投資仲裁も注目される。たとえばエクアドルにおける石油開発をめぐる投資仲裁において，投資家の石油開発に起因する環境損害の扱いが問題となっている。中でも2017年2月に出された *Burlington v. Ecuador*（米国・エクアドルBIT，ICSID）における反対請求についての決定では，仲裁廷は，申立人である投資家の石油開発に起因する環境損害について申立人の責任を認め，損害賠償金の支払いを命じた。[19] なお本件では，上記決定と同日に出された決定において仲裁廷は，被申立人による違法な収用があったと認定し，被申立人に対して損害賠償金の支払いを命じている。[20] エクアドルにおける石油開発をめぐっては，Burlingtonと共同で石油開発を行っていたPerencoも仲裁を申し立てているが，この *Perenco v. Ecuador*（エクアドル・フランスBIT，ICSID）においてもエクアドルは類似の反対請求を行っている。[21]

2 日本企業に関連する案件

スペインの再生可能エネルギーをめぐる投資仲裁以外にも，日本企業が申立てた仲裁がある。すなわち日産がインドに申し立てた *Nissan v. India*（日印経済連携協定（EPA），UNCITRAL）で，インドのタミル・ナドゥ州における生産工場設立について同州政府の約束した補助金が支払われていないことを問題とするが，詳細は公表されていない。[22] 本件は，日本が締結したEPAに基づき申し立てられた初めての投資仲裁と考えられる。なお報道によれば，インドが本件投資仲裁の差止めを求める訴訟をインド国内で提起している。[23]

このほか日本企業が直接申し立てた仲裁ではないが，*Bridgestone v. Panama*（米・パナマ貿易促進協定（TPA），ICSID）も日本企業に関連する事件として注目される。本件は，株式会社ブリヂストン（日本）の「ブリヂストン」及び「ファイアストン」商標に関連して，ブリヂストン米国子会社がパナマに対して仲裁を申し立てたものである。申立人の主張によれば，パナマにおける類似する商標登録の出願に対して異議申立てを行ったところ，申立てを棄却されたばかりか，申立てによって他社のタイヤ販売に悪影響を与えたとしてパナマ最高裁によって損害賠償金の支払いを命じられたことを問題とする。本件については，被申立人が本件TPAに基づき申し立てた管轄権に関する簡易異議申立てについての決定が出されている。[24]

本決定では，商標が本件TPAで保護される「投資」に該当するかが争点となったが，仲裁廷はまず，一般論として商標は登録されるのみでは「投資」とは言えないものの，商標を利用した製造販売が行われたりその利用許諾が与えられることによって「投資」となり得ると認めた。[25] そのうえで仲裁廷は，本件において申立人は「ブリヂストン」商

標及び「ファイアストン」商標を利用しておりしたがってこれら商標についての「投資」をしていると認めた。商標及びその利用許諾が「投資」となり得ることを明確に認めた点で画期的と評価できる。このほか仲裁廷は，申立人が日本本社によって所有又は支配されておりかつ米国での実質的な事業活動を行っていないとして利益否認条項の適用を求めた被申立人の主張について，申立人の主たる活動は米国で行われているとしてこれを退けている。2018年5月末現在，本件は本案に係る書面手続が行われている。

3 ICSID 条約廃棄通告後の仲裁申立て

ICSID 条約第71条によれば，ICSID 締約国は，書面による通告により ICSID 条約を廃棄することができ，廃棄は通告が受領された後6カ月で効力を生じる。また ICSID 条約第72条は，廃棄通告前に与えられた ICSID 仲裁の管轄についての同意から生じる権利義務は通告によっても影響されないと定める。

2012年1月24日，ベネズエラは ICSID 条約第71条に基づき ICSID 条約の廃棄を通告し，6カ月後の2012年7月25日に廃棄は効力を発生した。廃棄通告後，ベネズエラに対して多数の ICSID 仲裁が申し立てられており，廃棄通告が行われているにもかかわらず仲裁管轄権が認められるかが主要な争点のひとつとなっている。

このうち廃棄の通告から廃棄が効力を発生するまでの6カ月間に仲裁が申し立てられた9件については，2017年末までに管轄権についての決定が行われるか別の理由で手続が終了しており，廃棄通告を理由とした管轄権に対する異議申立てはほとんどすべて却下されている。たとえば *Blue Bank International v. Venezuela*（ベネズエラ・バルバドス BIT, ICSID）仲裁廷は，ICSID 条約第71条に依拠しつつ，申立人は廃棄が効力を発生する前の2012年6月25日に仲裁を請求し，これにより被申立人による管轄権同意の申込みを承諾していることから，請求の ICSID 登録日が廃棄効力発生後であっても管轄権に対する合意は有効に成立していると結論した。

また廃棄が効力を発生した後申し立てられた仲裁（2017年末までに8件）についても，1件については管轄権を認める決定が出されている。すなわち2013年5月10日に仲裁請求が行われた *Valores Mundiales v. Venezuela*（スペイン・ベネズエラ BIT, ICSID）においては，仲裁廷は，紛争が発生していることについての通告は廃棄通告の前の2011年11月9日に行われているところ，特に本件においては当該紛争の通告によって仲裁請求も行われるとみなすことができ，これによって仲裁合意が成立していたと認めた。

以上に対して，*Fábrica de Vidrios Los Andes & Owens-Illinois v. Venezuela*（オランダ・ベネズエラ BIT, ICSID）では，廃棄通告後ではあるが効力発生前の2012年7月20日付で仲裁が申し立てられていたにもかかわらず，管轄権が否定された。本件仲裁廷によれば，ICSID 条約第71条は締約国の廃棄通告が当該締約国の締約国としての立場に与える帰結を定め，ICSID 条約第72条は当該締約国の個々の仲裁手続における当事国としての立場に与える帰結を定めており，本件仲裁廷の管轄権に関する問題は後者によって

判断されなければならない。仲裁廷はまた，第72条によって保護される「管轄についての同意」は，一方の当事者の管轄に対する同意の申込みではなく，双方当事者の申込みと承諾によって「完成された同意（perfected consent）」であり，かつそのような「完成された同意」が廃棄通告の前に成立していなければならないと述べる。そのうえで仲裁廷は，本件においては申立人の仲裁請求によって同意が「完成」されたのは破棄通告後であり，したがって管轄権は認められないと結論した。本件に対しては，申立人によりICSID条約第52条に基づく取消しが請求されており，2018年5月末現在係属中である。

今後，廃棄通告に関する同様の問題が発生すれば，ICSID条約第71条の問題として審理すべきか，ICSID条約第72条の問題として審理すべきかに争いが生じる可能性がある。なお，ICSIDを脱退したのはベネズエラが初めてではなく，2007年5月2日にボリビアが廃棄通告（2007年11月3日発効）を，2009年7月6日にはエクアドルが廃棄通告（2010年1月7日発効）を行っている。廃棄通告後ボリビアやエクアドルに対してICSID仲裁が申し立てられたことはほとんどなく，ベネズエラと同様の問題は生じていない。

このほか，繰り返し投資仲裁申立ての対象とされてきた国の中には，BITの見直しを進めるものもある。たとえばエクアドルは，2013年5月から実施していたBITの見直しを2017年5月に終え，計16のBITについて終了のための国内手続を完了している。また，インドもモデルBITの見直しを行っており，これに合わせて従来型のBITの多数について終了を通知している。

4 その他

そのほか投資仲裁に関する2017年中の注目される展開として，以下のようなものがある。

まず，周知のとおり，環太平洋パートナーシップに関する包括的及び先進的な協定（CPTPP．いわゆるTPP 11）及び日欧経済連携協定（JEEPA）が2017年中に大筋合意に至り，CPTPPについては2018年3月8日に，JEEPAについては2018年7月17日に署名されている。CPTPPについて，環太平洋パートナーシップ協定（TPP）からの投資仲裁に関する変更点として，「投資の許可」や「投資に関する合意」の違反を理由とした投資仲裁申立てが認められていないという点がある。「投資の許可」や「投資に関する合意」に関する規定は米国の要望によってTPPに挿入されたという経緯があるが，投資仲裁は投資協定の違反を理由として申し立てられるのが一般的であり，この変更による実質的な影響は限定的と考えられる。このほか，サイドレターによって投資仲裁を制限することに合意している国もある。

JEEPAについて，投資仲裁手続の維持を主張する日本と常設投資裁判所の導入を求めるEUとの間で対立が続いていたが，投資保護及び投資紛争処理に関してはJEEPAから切り離すことで双方が合意し，投資保護及び投資紛争処理については別途協定を締

結する方向で調整が進められている[41]。投資保護及び投資紛争処理が切り離された背景には，投資紛争処理規定を含む EU シンガポール自由貿易協定（FTA）がいわゆる「混合協定」であり，したがって EU 加盟国による批准が必要との判断が欧州司法裁判所によって出されたという事情もある[42]。投資紛争処理が切り離されたことにより，JEEPAの発効には EU 加盟国の批准が求められないと理解されている[43]。

最後に，投資家対国家の紛争処理の改革に関する議論が UNCITRAL の第3作業部会で始まっている。この中で EU は，既存の投資仲裁が多数の問題を抱えていることを指摘し，投資仲裁に代えて常設的な裁判制度を設立することなどを提案している[44]。しかし，日本を含む一部の国は常設的な裁判制度の設立に懐疑的で，議論は紛糾している[45]。

[追記（2018年8月）]　2017年7月13日，伊藤忠商事株式会社が ECT に基づきスペインに仲裁を申し立てた。Itochu Corporation v. Kingdom of Spain, ICSID Case No. ARB/18/25.

1 ）　福永有夏「投資仲裁の動き（2016年）」『日本国際経済法学会年報』26号（2017年）288-289頁。
2 ）　*Eiser Infrastructure Limited and Energia Solar Luxembourg S.À R.I. v. Kingdom of Spain*, ICSID Case No. ARB/13/36, Award (4 May 2017), paras. 160-321. なお，収用に関する申立てについても，ECT 第21条5項(b)に基づく租税当局への付託を行っていないとして被申立人の異議申立てを認めている。*Ibid.*, paras. 279-298.
3 ）　*Ibid.*, paras. 362-418.
4 ）　*Ibid.*, paras. 362-363.
5 ）　*Ibid.*, para. 382.
6 ）　*Ibid.*, paras. 388-418.
7 ）　*Ibid.*, paras. 460-474.
8 ）　*Isolux Infrastructure Netherlands, B.V. c. Reino de España*, Arbitraje SCC V2013/153, Laudo (17 de julio de 2016), para. 868. 同事件では，間接収用に係る申立ても退けられている。*Ibid.*, paras. 837-854.
9 ）　*Ibid.*, para. 781.
10）　*Ibid.*, para. 782. この点についての反対意見によれば，投資を行った時点で存在していた規制枠組が撤回されないことについて投資家は正当な期待を有しており，投資家に補償もせず既存の規制枠組を撤回することは公正衡平待遇義務に違反するとされる。*Isolux Infrastructure Netherlands, B.V. c. Reino de España*, Arbitraje SCC V2013/153, Opinión disidente del Árbitro (Prof. Dr. Guido Santiago Tawil) (6 de julio de 2016), paras. 6-13.
11）　*Ibid.*, para. 815.
12）　*Ibid.*, paras. 367-370.
13）　*Novenergia II - Energy & Environment (SCA) (Grand Duchy of Luxembourg), SICAR v. The Kingdom of Spain*, SCC Arbitration (2015/063), Final Arbitral Award (15 February 2018); *Masdar Solar & Wind Cooperatief U.A. v. Kingdom of Spain*, ICSID Case No. ARB/14/1, Award (16 May 2018). *See,* Lisa Bohmer, In Now-Public Masdar Award, Tribunal Says Achmea Ruling Has "No Bearing" upon ECT Dispute, Finds that Spain Reneged on

Specific Commitments, but Disagrees on Appropriateness of Discounted Cash-Flow Method, Investment Arbitration Reporter (20 May 2018).
14) *JGC Corporation v. Kingdom of Spain*, ICSID Case No. ARB/15/27; *Eurus Energy Holdings Corporation and Eurus Energy Europe B.V. v. Kingdom of Spain*, ICSID Case No. ARB/16/4.
15) *Mr. Jürgen Wirtgen, Mr. Stefan Wirtgen, Mrs. Gisela Wirtgen, & JSW Solar (zwei) GmbH & Co. KG v. The Czech Republic*, PCA Case No. 2014-03, Final Award (11 October 2017). 関連して，同じチェコの措置をめぐる *Natland v. Czech* では，2017年に出された仲裁判断（未公表）で投資協定違反が認定されている。Luke Eric Peterson, Heiskanen, Born and Thomas See Some Investment Treaty Breach in Czech Solar Case, but Debate over Remedies is Held over for Separate Phase, Investment Arbitration Reporter (26 January 2018).
16) *Mr. Jürgen Wirtgen, Mr. Stefan Wirtgen, Mrs. Gisela Wirtgen, & JSW Solar (zwei) GmbH & Co. KG v. The Czech Republic*, Final Award, paras. 354-437. 一定額以上の FIT 収入が得られることについて申立人は正当な期待を有していたと認める反対意見が付されている。*Mr. Jürgen Wirtgen, Mr. Stefan Wirtgen, Mrs. Gisela Wirtgen, & JSW Solar (zwei) GmbH & Co. KG v. The Czech Republic*, Dissent (Gary Born) (11 October 2017), paras. 17-75.
17) *Blusun S.A., Jean-Pierre Lecorcier and Michael Stein v. Italian Republic*, ICSID Case No. ARB/14/3, Award (27 December 2016).
18) *Ibid.*, paras. 313-374.
19) *Burlington Resources Inc. v. Republic of Ecuador*, ICSID Case No. ARB/08/15, Decision on Counterclaims (7 February 2017).
20) *Burlington Resources Inc. v. Republic of Ecuador*, ICSID Case No. ARB/08/15, Decision on Reconsideration and Award (7 February 2017).
21) *Perenco Ecuador Limited v. The Republic of Ecuador*, ICSID Case No. ARB/08/6, Decision on Perenco's Application for Dismissal of Ecuador's Counterclaims (18 August 2017). 本決定で反対請求の却下を求める申立人の主張は認められなかった。このほか環境損害への寄与とは異なるが，先住民族の反対運動を背景とした銀採掘事業の許可撤回に関する仲裁判断の反対意見（Philippe Sands）では，申立人が ILO 条約第169号に沿って先住民族の懸念に十分応えなかったことが反対運動を招いたとして，措置の違法性は認めるものの損害賠償額について申立人の寄与分を減額すべきと述べられているのが注目される。*Bear Creek Mining Corporation v. Republic of Perú*, ICSID Case No. ARB/14/21, Award (30 November 2017), Partial Dissenting Opinion (Philippe Sands).
22) 本手続に関する報道として，たとえば以下を参照。Douglas Thomson, Nissan Brings Claims against India, Global Arbitration Review (1 December 2017); Jarrod Hepburn, Indian State Government Seeks Domestic Court Order to Restrain Nissan's BIT arbitration, as Claimant Seeks Interim Measures to Restrain India, Investment Arbitration Review (20 December 2017). また以下も参照。UNCTAD Investment Policy Hub, Investment Dispute Settlement, Nissan v. India, at http://investmentpolicyhub.unctad.org/ISDS/Details/828.
23) 報道によれば，インドは日産とタミル・ナドゥ州政府との契約に排他的紛争処理条項（契約に係る紛争は契約上の仲裁に付託すべきことを定めているとされる）が挿入されていることや，日印 EPA 第96条6項が国内手続との並行手続を制限していることを理由としている。Jarrod Hepburn, Luke Eric Peterson and Ridhi Kabra, India Round-up: Updates on Five Pending Investment Treaty Arbitrations, Including Rulings (on Liability in Deutsche Telekom Case), Tribunals and Anti-Suit Injunctions, Investment Arbitration Reporter (21 March 2018).

24) *Bridgestone Licensing Services, Inc. And Bridgestone Americas, Inc. v. Republic of Panama*, ICSID Case No. ARB/16/34, Decision on Expedited Objections(13 December 2017).
25) *Ibid.*, paras. 163-177.
26) *Ibid.*, paras. 178-217.
27) *Ibid.*, paras. 286-302.
28) Luke Eric Peterson, *Analysis: What Have We Learned from the First Wave of Post-Denunciation ICSID Claims against Venezuela — and Why do Investors Keep Suing Venezuela There?*, Investment Arbitration Reporter(30 November 2017).
29) *Blue Bank International & Trust (Barbados) Ltd. v. Bolivarian Republic of Venezuela*, ICSID Case No. ARB/12/20, Award(26 April 2017), paras. 108-120. ただし, 仲裁廷は異なる理由で最終的には本件仲裁についての管轄権を否定している。なお本仲裁判断に付された個別意見は, この問題を ICSID 条約第72条の問題としたうえで, 本件 BIT に定められた被申立人の同意は廃棄通告によっても影響を受けず, したがって管轄権が認められると結論している。*Blue Bank International & Trust (Barbados) Ltd. v. Bolivarian Republic of Venezuela*, ICSID Case No. ARB/12/20, Separate Opinion by Christer Söderlund(3 April 2017).
30) うち5件が ICSID 追加的制度に基づく申立てである。
31) *Valores Mundiales, S.L. Y Consorcio Andino, S.L. c. República Bolivariana De Venezuela*, Caso Ciadi No. Arb/13/11, Laudo(25 de julio de 2017), paras. 210-224.
32) *Fábrica de Vidrios Los Andes, C.A. & Owens-Illinois de Venezuela, C.A v. Bolivarian Republic of Venezuela*, ICSID Case No. ARB/12/21, Award(13 November 2017).
33) *Ibid.*, paras. 269-270.
34) *Ibid.*, paras. 271-282. ICSID 条約第72条の問題として本件を審理すべきとの立場は上述した *Blue Bank International v. Venezuela* の個別意見と共通するが,「完成された同意」でなければ保護されないとの解釈は個別意見のそれと異なる。*See, supra* note 29.
35) *Ibid.*, para. 305.
36) List of Contracting States and Other Signatories of The Convention(as of January 11, 2018), ICSID/3.
37) 廃棄通告後はボリビアやエクアドルには UNCITRAL 仲裁が申し立てられている。ベネズエラに対しては廃棄通告後も UNCITRAL 仲裁ではなく ICSID 仲裁が申し立てられているのは, ベネズエラが締結している投資協定の多くが ICSID 仲裁が利用可能でない場合に限り UNCITRAL 仲裁を利用できると定めていることによる。Peterson, *supra* note 28.
38) Zoe Williams, *Ecuador Round-up: As Remaining Bilateral Investment Treaties are Terminated, New Developments Come to Light in ICSID and UNCITRAL Cases*, Investment Arbitration Reporter(22 May 2017).
39) Jarrod Hepburn, *Indian BIT Negotiator Clarifies Country's Stance on Exhaustion of Remedies, and Offers Update on Status of Country's Revamp of Bilateral Investment Treaties*, Investment Arbitration Reporter(31 March 2017).
40) Jarrod Hepburn, Investor-State Arbitration Opt-Outs Proliferate in Newly-Disclosed Trans-Pacific Partnership Agreement Side Letters, Investment Arbitration Reporter(8 March 2018).
41) 日本経済新聞夕刊2018年3月1日。
42) European Court of Justice, Opinion 2/15 of the Court(Full Court)(16 May 2017).
43) なお, EU が求める常設投資裁判所の EU 法との適合性について, 欧州司法裁判所で審理されている。Damien Charlotin, Analysis: EU's Highest Court is Asked Once More to Weigh in on International Investment Law Questions—This Time by Belgium in Relation to CETA's

"Investment Court System," Investment Arbitration Reporter (6 September 2017).
44) Possible Reform of Investor-State Dispute Settlement (ISDS), Submission from the European Union, A/CN. 9/WG. III/WP. 145 (12 December 2017).
45) *See, e.g.*, Luke Eric Peterson, UNCITRAL Meetings on ISDS Reform Get off to Bumpy Start, as Delegations can't Come to Consensus on Who Should Chair Sensitive Process ― Entailing a Rare Vote, Investment Arbitration Reporter (9 December 2017); Luke Eric Peterson, Analysis: What Did Governments Agree (and Disagree) on at Recent UNCITRAL Meetings on Investor-State Dispute Settlement Reform?, Investment Arbitration Reporter (4 January 2018).

(早稲田大学社会科学部教授)

編集後記

　年報第27号をお届けする。昨年秋の一橋大学における第27回研究大会の各報告を中心に，座長コメント2本，論説10本，さらに文献紹介9本，および前号から始まった貿易・投資紛争事例の概況の2017年度分を掲載することができた。各執筆者には，限られた時間と字数制限の中でご寄稿いただいたことに感謝申し上げたい。残念ながら，今回は投稿原稿がなかった。文献紹介については，本数は確保できたものの，和書は別にして英語以外の外国語文献には及ばなかった。また，本学会の会員の専門分野は多岐に渡るため，編集委員会としては各分野からの選書を心がけているが，年度によっては特定分野に偏ることがあり，本号もややその傾向が見られると思われる。会員諸氏には，より積極的に，論説の投稿と文献紹介に値すると思われるそれぞれの分野の文献の推薦をお願いしたいところである。

　第9期（2016~2018年）編集委員会による本誌の編集も本号で終了する。今期は，高品質の論説と書評を掲載し，学会誌としての水準をより一層高めることを目標に努力してきたつもりである。そのために，学会財政の改善もあり，前期よりも字数制限を緩和するとともに，文献紹介の充実を図り，総頁数を増加させてきた。また，前号からは，表紙のデザインも一新した。次期編集委員会には，改めて，新たな発展をお願いしたいと思う。今期編集委員会のメンバーは，副主任の川島富士雄のほか，内田芳樹，福永有夏，宮野洋一，および横溝大の各氏であった。編集方針の決定，論説執筆者の選定，文献紹介のための選書と執筆候補者の選定および依頼の打診など，この3年間様々にご苦労をおかけした。編集主任として，ここに記してお礼を申し上げたい。

　なお，この場を借りて，昨年度来取り組んでいる年報電子化作業について経過報告をさせていただく。現在，年報執筆者による承諾作業を完了し，J-Stageへの搭載のための手続と論文ごとのファイル化作業を行なっている。今しばらくお待ちいただきたい。

　最後になったが，法律文化社の田靡純子社長と編集部の舟木和久氏には，毎年のことながら厳しいスケジュールの中で柔軟に対応していただきご苦労をおかけした。改めて深謝したい。

平　　覚

執筆者紹介 （執筆順）

中川　淳司	東京大学社会科学研究所教授
菅原　淳一	みずほ総合研究所政策調査部主席研究員
梅島　　修	高崎経済大学経済学部国際学科教授
中村　民雄	早稲田大学法学学術院教授
西脇　　修	経済産業省通商政策局通商機構部総括参事官
荒木　一郎	横浜国立大学大学院国際社会科学研究院教授
伊藤　一頼	北海道大学大学院公共政策学連携研究部准教授
玉田　　大	神戸大学大学院法学研究科教授
清水　茉莉	経済産業省通商政策局通商機構部補佐・弁護士
東　　史彦	長崎大学多文化社会学部准教授
福井　清貴	明治大学法学部専任講師
舟木　康郎	農林水産省消費・安全局植物防疫課国際室長
阿部　克則	学習院大学法学部教授
関根　豪政	名古屋商科大学経済学部准教授
菊間　　梓	外務省欧州局中央アジア・コーカサス室課長補佐
田村　暁彦	政策研究大学院大学教授（前・経済産業省通商交渉官）
小嶋　崇弘	中京大学法学部准教授
ウミリデノブ・アリシェル	名古屋経済大学法学部准教授
内田　芳樹	MDPビジネスアドバイザリー（株）代表取締役，ニューヨーク州弁護士
小川　和茂	立教大学法学部特任准教授
福永　有夏	早稲田大学社会科学部教授

日本国際経済法学会年報 第27号 2018年
国際通商法秩序の現状と将来を考える
WTO上級委員会のマンデートを再考する

2018年11月1日発行

編集兼 日本国際経済法学会
発行者
　　　　代表者　清水章雄

〒171-8588　東京都豊島区目白1-5-1
　　　　　　学習院大学法学部（阿部克則研究室）
　　　　　　Email：secretariat@jaiel.or.jp

発売所　株式会社　法律文化社

〒603-8053　京都市北区上賀茂岩ヶ垣内町71
　　　　　電話　075(791)7131　FAX　075(721)8400
　　　　　　　URL：http://www.hou-bun.com/

©2018 THE JAPAN ASSOCIATION OF INTERNATIONAL ECONOMIC LAW, Printed in Japan
ISBN978-4-589-03966-8

日本国際経済法学会編

日本国際経済法学会年報

第21号（2012年）　日本国際経済法学会20周年記念大会　国際経済法における市場と政府　国際知財法の新しいフレームワーク　　Ａ５判・326頁・定価 本体4100円＋税

第22号（2013年）　資源ナショナリズムと国際経済法　北朝鮮著作物事件
　　　　　　　　　　　　　　　　　　　　　　　　　Ａ５判・314頁・定価 本体4000円＋税

第23号（2014年）　環太平洋パートナーシップ協定（TPP）　国際化時代の不正競争
　　　　　　　　　　　　　　　　　　　　　　　　　Ａ５判・270頁・定価 本体4000円＋税

第24号（2015年）　　　　　　　　　　　　　Ａ５判・220頁・定価 本体3700円＋税

国際経済法の発展における OECD の役割　　座長コメント…中谷和弘／国際社会のルール・メーキングと OECD…髙橋誠一郎／国際租税法における OECD の役割とその位置づけ…渕圭吾／外国公務員贈賄防止条約のフォローアップにおける OECD の役割…梅田徹／多角的貿易体制と OECD…濱田太郎

地域経済統合と法の統一　　座長コメント…髙永直／ラテンアメリカ地域における経済統合と競争法の調和…諏佐マリ／アフリカにおける地域統合と法統一…小塚荘一郎，曽野裕夫

自由論題　　EPZs in a Multilevel International Economic Law…Alejandra Maria González／米国海外腐敗行為防止法（FCPA）の域外適用と各国の対応…内田芳樹／WTO 紛争解決手続における DSU25条仲裁の位置づけ…張博一

第25号（2016年）　　　　　　　　　　　　　Ａ５判・260頁・定価 本体4000円＋税

WTO 成立20周年　　座長コメント…松下満雄／WTO のルール・メイキング…間宮勇・荒木一郎／WTO 交渉機能の現状…股野元貞／WTO 紛争解決手続における国家責任法の意義…佐古田彰／日本の WTO 紛争解決手続の活用…田辺有紀

民事救済の国際的執行　　座長コメント…多田望／競争請求に関する外国判決の承認および執行…西岡和晃／外国競争法違反に基づく内国消費者訴訟…宗田貴行／特許権の国際的な Enforcement に関する近時の諸問題…紋谷崇俊

自由論題　　EU 競争法と加盟国競争法の衝突と調整規定…長尾愛女／国際通商体制における規範の多層化…内記香子

第26号（2017年）　　　　　　　　　　　　　Ａ５判・304頁・定価 本体4200円＋税

投資紛争解決制度の再考察　　座長コメント…河野真理子／投資仲裁における効果的解釈原則…石川知子／Investor-State Arbitration as a 'Sub-System' of State Responsibility…Anna De Luca／国際投資仲裁判断の執行…髙杉直

国際カルテルと東アジア競争法の域外適用　　座長コメント…土田和博／競争法の域外適用とその課題…泉水文雄／Extraterritorial Application of Monopoly Regulation and Fair Trade Act in Korea…Oh Seung Kwon／International Cartels and the Extraterritorial Application of China's Anti-Monopoly Law…Xiaoye Wang and Qianlan Wu

自由論題　　サービス貿易規律における最恵国待遇原則…高橋恵佑／DPA（Deferred Prosecugtion Agreement）（訴追延期合意)、いわゆる交渉による企業犯罪の解決について…杉浦保友／個人情報の越境移転制限に対する規律…渡辺翔太／WTO 紛争処理における measure 概念の展開…平見健太

上記以外にもバックナンバー（第４号〜第20号）がございます。ご注文は最寄りの書店または法律文化社までお願いします。　　TEL 075-702-5830／FAX 075-721-6200　　URL:http://www.hou-bun.com/